本书为国家社会科学基金一般项目“近代科学兴起的人文情境及当代价值研究”（14BZX022）最终成果

本书为江苏省委宣传部、苏州市委宣传部、省市部校共建苏州大学马克思主义学院，江苏省中国特色社会主义理论体系研究中心苏州大学基地，苏州大学人文社科优秀学术团队（马克思主义政党与国家治理研究）理论成果

本书获得江苏省优势学科第三期项目资助

近代科学兴起的人文情境

◎杨渝玲 著

科学出版社

北京

内 容 简 介

本书根植于史料，就近代科学从萌芽到生成进程中的重大事件，即文艺复兴、宗教改革、启蒙运动的人文景观和样貌进行“来龙”和“去脉”的追溯和反思。同时探讨中世纪经院哲学和大学为近代科学孕育所提供的思想资源与交流平台。并以中国宋代为例，探讨了宋代文化对中国传统的塑形。尝试通过对近代科学兴起前后中西方所发生的部分重大文化事件进行深度解读，力图揭示近代科学的人文品性。

本书可以作为大学生与研究生的科学和人文素质培养普及读本，以及科学文化与人文文化的专业参考图书。

图书在版编目（CIP）数据

近代科学兴起的人文情境/杨渝玲著. —北京：科学出版社，2021.10
ISBN 978-7-03-069940-4

Ⅰ. ①近… Ⅱ. ①杨… Ⅲ. ①自然科学-影响-人文科学-研究 Ⅳ. ①C

中国版本图书馆CIP数据核字（2021）第198141号

责任编辑：王 媛 夏 霜 杨 静／责任校对：韩 杨
责任印制：张 伟／封面设计：润一文化

科学出版社 出版
北京东黄城根北街16号
邮政编码：100717
http://www.sciencep.com
北京建宏印刷有限公司 印刷

科学出版社发行 各地新华书店经销
*
2021年10月第 一 版 开本：720×1000 1/16
2021年10月第一次印刷 印张：12 1/4
字数：238 000

定价：118.00 元
（如有印装质量问题，我社负责调换）

目　录

导　言

在全球化的背景下，科技能力作为硬实力，对一个国家在国际上的地位具有决定作用。20世纪以来，软实力的重要价值愈加凸显，作为软实力的文化也成为体现综合国力的重要指标之一。软实力和硬实力已然成为一个国家崛起的两翼，缺一不可。例如，人工智能的发展，引发了越来越多关于人工智能的人文问题的争论与关注，自1986年“人机大战”引发的人工智能与人类智能的研究热潮，就使人们越来越多地关注科学技术的人文品性问题。

因此，科技创新与文化的关系研究无论是理论论证方面，还是实践诉求，都成为亟待深刻且系统研究的重要课题。同时，探讨西方近代科学（Modern Science）的人文文化对于我们的民族文化建设，对于增强国家科技发展与创新的软实力，无疑是必要的。中国优秀传统文化的“不忘本来、吸收外来、面向未来，在继承中转化，在学习中超越”[①]，需要从学理上探索参照坐标和找寻守正与创新的逻辑依据。西方近代科学的人文背景与情境相关研究可作为“他山之石”，为我们提供参考与启示。本书即是以近代科学兴起之时及其与人文情境的互动关系作为切入点展开的系列探究。

从人类文明发展的历史来看，近代科学的母体源于古希腊的自然哲学，并逐步独立发展起来，也就是说，近代意义上的科学是在古希腊文化土壤的滋养中产生并发展起来的。那么，我们回到近代科学兴起之初，从人类文明进步的整体角度来考察人文情境对于科学产生与发展的培育作用，这无疑有助于我们从根源上理解科学与人文的原初关联。

---

① 张樵苏：《习近平：在中国文联十大、中国作协九大开幕式上的讲话》，2016年11月30日，http://www.xinhuanet.com//politics/2016-11/30/c_1120025319.htm，2021年10月11日。

关于科学的文化研究有着悠久的传统，不论是笛卡儿、康德、胡塞尔、卡西尔等近现代著名哲学家，还是赫尔姆霍兹、马赫与爱因斯坦等哲人科学家，都曾对与科学文化有关的问题进行过深入的反思和探究。尽管在科学哲学界，随着逻辑实证主义的兴起，科学的文化要素被部分地遮蔽，但随着后现代思潮的兴起及其渗入科学哲学研究，科学哲学内部发生了转向（包括历史学转向、解释学转向和修辞学转向等），推动了科学文化研究热潮。于是，科学“内史”与“外史”之间的壁垒不再坚固，建构主义和科学知识社会学也随即蓬勃发展起来。至此，科学的文化研究逐渐成为一个热点问题，而科学的人文背景成为科学文化史的重要组成部分。

关于科学文化与人文文化的研究，可以说从近代自然科学兴起时就出现了，但是促使这一研究引发广泛关注与热议，并以“两种文化”（The Two Cultures）来命名的则是查尔斯·珀西·斯诺（Charles Percy Snow）于1959年在剑桥大学发表的“两种文化”演讲。中国较早关于科学与人文的讨论是“科玄论战”，国内很多学者都曾加入这场争论。2003年《两种文化》（上海科学技术出版社）发行时，田松教授曾经写过一篇文章，即《科学文化：超越斯诺与回归斯诺》。[①] 其中引用了英文版导言作者斯蒂芬·科里尼的一段话：“第一，他像发射导弹一样发射出一个词，不，应该说是一个‘概念’，从此不可阻挡地在国际间传播开来；第二，他阐述了一个问题（后来化成为若干问题），现代社会里任何有头脑的观察家都不能回避；第三，他引发了一场争论，其范围之广、持续时间之长、程度之激烈，可以说都异乎寻常。”[②] 2019年，在这一著名演讲60周年之际，《中国科学报》曾专版讨论两种文化的话题。

探讨科学与人文的关系问题，最基础的研究是史料的梳理与分析，从科学史的角度研究近代科学产生的人文背景，并展开系统研究的有一批西方学者，他们的研究成果非常丰富。其中，相对产生比较大影响的有美国的科学史学家乔治·萨顿（George Sarton）的系列著作，戴维·林德伯格（D. Lindberg）的《西方科学的起源》（1992年）和托比·胡弗（T. E. Huff）的

① 发表于《中华读书报·科技书屋》2003年4月9日，第21版。原题《攀援在文化的缓坡》。

② ［英］C. P. 斯诺：《两种文化》，陈克艰、秦小虎译，上海：上海科学技术出版社，2003年，“导言”第1—2页。

《近代科学为什么诞生在西方》（2010年）等。从哲学史的角度进行分析的代表性学者有丹皮尔、罗素、梯利等。

中国自20世纪50年代以来，有刘大椿、刘珺珺、李醒民、任定成、江晓原、吴国盛、刘兵、孟建伟、刘孝廷、李建珊、田松、张卜天、郝苑等诸多学者在科学文化方面翻译或撰写过专门的论文或著作，他们或是从科学史的角度就近代科学的不同发展阶段分别对科学的价值、科学文化背景、人文动力等方面进行了历史考察和理论探讨，或是在科学文化的哲学方面展开研究。同时，伴随着科学知识社会学说不断地被译述到中国来，科学与人文的问题逐渐成为学术界的热点问题。关于科学文化的国内外交流及促进国内研究的繁荣方面都取得了重要研究成果，亦提供了不可或缺的重要启发。

西方学界对科学文化的系统研究早于中国，其拥有固定学术期刊便可说明这一点，Routledge出版发行的《作为文化的科学》这一杂志于1987年创刊。中国科学院大学的《科学文化评论》于2004年创刊。*Cultures of Science* 于2018年9月正式创刊，由中国科协主管、中国科协创新战略研究院主办，是中国科学文化领域的第一种英文期刊。该期刊旨在发表国内外科学文化发展的最新动向，推介中国科学文化建设和实践的研究成果，致力于构建科学文化学术研究的国际化交流平台。该期刊的范围包括科技传播、科技史、科技哲学、社会学、社会心理学、公众科学素养、公众对科学的理解、科学作品、科学素质指标、科学文化对比研究等，体现出多学科交叉的特点。

科学史学科的创始人是乔治·萨顿。尽管在他之前，关于科学史的研究由来已久，但是将科学史推上独立发展的道路，使其成为一门专业的系统学科，是由乔治·萨顿推动实现的。他建立了以科学史学科为基础的学会；创办了重要的科学史刊物；建立起科学史的教学体系。他倾尽一生的努力，为科学史这门学科走上科学化发展道路做出了巨大贡献，他的著作成为科学史上的里程碑。

乔治·萨顿最具代表性的科学史著作有《科学史导论》（*Introduction to the History of Science*）和《科学史》（*History of Science*），尽管这两部著作未能最终完成，但并未削弱其巨大影响力。中国科学史界首位中科院院士席泽宗认为，乔治·萨顿提出的“科学史是沟通文理的桥梁”对中国来说非常重要。正如乔治·萨顿的学生所言，乔治·萨顿的不朽功绩在于，“他创造了一门学科的工具、标准以及批判的自觉性”，“现在科学史已是一个稳定的学术领域。他的确是科学史的第一位建筑师”。[①]

乔治·萨顿认为，作为史学重要组成部分的科学史，是唯一可以反映出人类文明进步程度的学科。他认为科学史能够成为联系自然科学和人文科学的桥梁。[②]他曾在《科学史和新人文主义》一书中提出“新人文主义”概念。其实他的这一概念在1920年的《爱西斯》[③]第三卷第二册的前言中就曾提出过。[④]后来，以四次演讲的讲稿为基础写成的专著《科学史和新人文主义》，收录这篇早期的短文作为前言，这一概念也就随之再次被强调。他在前言中指出：“一个人文主义者的职责不单是用一种被动羞怯的方式研究过去，并使自己沉醉在崇敬的心情之中，而且他对过去的深思必须从现代科学的顶点出发，动用全部人类的经验和一颗充满希望的心。”[⑤]这篇文章中的新人文主义包括人文主义和科学两大方面的有机结合与互动。

从科学起源的角度分析科学人文背景的是曾获1999年科学史界最高奖萨顿奖章的美国学者戴维·林德伯格（D. Lindberg），其里程碑式著作《西方科学的起源》曾获得约翰·坦普莱顿基金会神学和自然科学杰出著作奖。[⑥]戴维·林德伯格认为关于科学的起源，需要追溯到公元前600年—公元1450年的欧洲

---

① 刘兵：《中国需要一千个萨顿！——萨顿其人其事》，《文汇读书周报》2007年3月23日。

② [美]萨顿：《科学史和新人文主义》，陈恒六、刘兵、仲维光，译，上海：上海交通大学出版社，2007年。

③ 《爱西斯》（*Isis*）是乔治·萨顿创办的杂志，名字取自古代神话中专司生育和治病的女神。乔治·萨顿曾称梅·萨顿和《爱西斯》为自己的“两个女儿”。

④ 其实严格地讲，此书是一部由乔治·萨顿1935年发表的四次演讲稿和一篇1920年的文章作为前言汇集而成的文集，正式出版于1937年。而仅仅在10年后，钱宝琮就在1947年5月的《思想与时代》杂志（第45期）上，发表了颇有见地的评论文章《科学史与新人文主义》。转年，这篇文章被收入由竺可桢等人所著、由华夏图书出版公司出版的《现代学术文化概论》一书（第1册）。钱宝琮先生是国内较早把乔治·萨顿介绍到中国来的学者，他在出版的《李俨钱宝琮科学史全集》中提及并就具体的数学史研究进行了推介。

⑤ 刘兵：《新人文主义的桥梁——解读萨顿〈科学的生命〉》，济南：山东人民出版社，2002年，第46页。

⑥ 《西方科学的起源》曾获约翰·坦普莱顿基金会神学和自然科学杰出著作奖，而它的中译本获得了2001年度“Newton—科学世界杯科普图书奖”一等奖（即入选“十大科普好书”），被列为科普书籍，存在过争议。个人觉得也许是作者在其英文版序中强调“本书的目的是综合性的但并非无所不包，我努力拓宽研究的视角，探讨了古代和中世纪科学史中的主要论题，同时，我也提供了足够可靠的事实材料，以满足一些开卷之初对这个主题毫无了解的读者的需要。……”在介绍该书的适用读者时做这样表示，考虑到各种各样的读者，希望该书能成为受过教育的读者和并不专事古代和中世纪史的史学家们的读物。在笔者看来，就内容和研究功底而言，该书是一本专业的科学文化著作。

科学传统。也就是说，他认为近代科学的源头是古希腊。

《西方科学的起源》中文版指出："倘若我们希望理解科学事业的本质、科学与周围更广大文化背景的关系、人类对科学所涉内容的认知程度，那么历史研究，包括对早期科学的研究，就是必不可少的。……科学史还提供了其他宝贵的教诲。它揭示了科学和其他知识或信仰体系——哲学、宗教、政治、文学等等——的关系。在狭义的科学教育中，这些关系很少得到探讨。历史研究还有助于我们认识到，科学事业有很深刻的文化背景。……犹如人类所有的创造，科学理论也是文化的产物；而文化在形成科学方法和科学理论的内容方面所发挥的作用，历史研究揭示得格外清晰。……研究科学史（尤其是早期科学史），可以使我们有机会培养自己具备非常重要的理智能力，即根据适当背景判断思想或行为的能力。"① 因而，戴维·林德伯格认为对于科学史中文化情境的关注，是我们全面而深刻地理解科学不可或缺的重要内容。

戴维·林德伯格在其著作的最后一章"古代和中世纪的科学遗产"中简要地回顾了西方科学史界关于科学发展连续性的论战。② 他主张"连续的"观念。除了该书副标题之外③，书中还列举了一些具体例证，如在分析托勒密的天文学贡献之后，结论是"正是作为一个致力于用数学手段来'拯救现象'的研究天界的数学家，托勒密影响了中世纪和文艺复兴时期"④。

美国的托比·胡弗在著作《近代科学为什么诞生在西方》中主要从制度的角度进行阐释。对于众所周知的"李约瑟难题"⑤，该书以独特视角给出了这一难题的解答方案。他认为，阻碍中国原创思想和科学事业发展的原因是："一个是中国智识生活的体制化角色设置；一个是构建中华文明的文化独裁和

---

① ［美］戴维·林德伯格：《西方科学的起源》，北京：中国对外翻译出版公司，2001年。

② "连续性问题"，就是争论中世纪与早期近代科学之间究竟是连续的还是断裂的。

③ 该书副标题为"公元前六百年至公元一千四百五十年宗教、哲学和社会建制大背景下的欧洲科学传统"。副标题明确且清晰地阐明了时间、地点和研究内容，表明带着论题的深入的史学考察。

④ ［美］戴维·林德伯格：《西方科学的起源》，张卜天译，北京：商务印书馆，2019年，第145页。

⑤ "如果我的中国朋友们在智力上和我完全一样，那为什么像伽利略、托里拆利、斯蒂文、牛顿这样的伟大人物都是欧洲人，而不是中国人或印度人呢？为什么近代科学和科学革命只产生在欧洲呢？……为什么直到中世纪中国还比欧洲先进，后来却会让欧洲人着了先鞭呢？怎么会产生这样的转变呢？"

表征技术的因素，即语言应用的典型风格、中国文化的典型思维方式。当这两个领域——文化和体制因素——结合在一起的时候，我们看到了阻碍近代科学兴起的强大力量。”[①] 该书由于所涉及问题的理论性很强，并且很有现实意义，一直备受国内外学者的关注。

托比·胡弗的角度与其他研究者的不同之处在于，他采用科学比较历史学、科学社会学相结合的方法，尤其是把科学社会学家默顿的观点作为既定的正确前提来研究李约瑟难题，并采取了类似于数学中的“反证法”进行严谨的论证，从中能够让人感受到逻辑论证的力量。

值得关注的是，从研究视角来看，托比·胡弗对中国的传统文化、思维方式、法律、教育和考试体系、科学与社会组织等进行了西方式的解读，以一个旁观者的身份来看待中国问题，尽管对于中国传统文化的理解和材料的权威性可能还有待勘验，但其独特的视角确实给国人以启示。因为我们往往会“不识庐山真面目，只缘身在此山中”。因此，在认识西方近代科学时适当地参鉴西方观点是可取的，这就是“他山之石，可以攻玉”。

托比·胡弗结合科学史及科学社会学的研究成果，以伊斯兰文明、近代科学、中国文化三个方面作为研究原点，进行两两对比研究。从书中能感觉出他是科学社会学家默顿的坚定拥护者，因为他在书中套用默顿的科学精神气质所应具备的条件，用大约三分之二的篇幅加以论证了究竟是哪些条件的缺失导致在中世纪伊斯兰文明世界和中国未能产生近代科学。托比·胡弗还通过伊斯兰科学和中国中世纪的研究对比，指出尽管伊斯兰科学为近代科学革命铺平了道路，但是由于法律、宗教、政权、大学等因素的制约，伊斯兰科学没能让近代科学起飞。而中国，相关条件也是缺失的。

另外，托比·胡弗认为还有中国古代晦涩的、较多歧义的文言文给学术交流带来的困难；数学、天文学研究的不公开性；辩证法（原始的辩证法的含义：演讲术、辩论术）的缺乏，以及缺少自由辩论的传统；严谨的几何逻辑的缺乏等因素，都在一定程度上阻碍了近代科学在中国的诞生，妨碍了自由、开放、无私利性的智识的进步。在笔者看来，尽管托比·胡弗是对中国

---

① [美]托比·胡弗：《近代科学为什么诞生在西方》，周程、于霞译，北京：北京大学出版社，2010年，第272页。

情况的剖析，由于文化差异，理解也有失偏颇，甚至有些观点近乎苛刻，但他所揭示出来的阻碍科学产生和发展的若干条件与要素，在今天依然顽固地存在着，这是我们所无法否认的事实。

赫伯特·巴特菲尔德关于科学起源的观点，同时加入他关于辉格史的特征进行了分析："科学的辉格主义观点认为，与我们当前的知识相一致的发现是自然的和值得称颂的，从而谴责那些偏见和误解，因为它们引导科学家们相信了我们现在认为是错的观点。"①

赫伯特·巴特菲尔德认为哥白尼的思想和著作，从科学革命的意义上来说，不能算作真正意义上的"科学革命"，因为哥白尼理论更多地起源于哥白尼对球或圆是最完美的这一审美旨趣的崇拜与向往，其理论本身并未有太多对托勒密理论的颠覆，除了把以地球为中心换成以太阳为中心，其他并没有实质的改变，甚至在一定程度上捍卫了托勒密的理论框架。哥白尼曾在自己的著作中批评同一时代的人过分怀疑托勒密观测结果的精确性："天文学家开普勒后来说，哥白尼没能看到近在咫尺的财富，满足于解释托勒密而不是解释自然。"② 哥白尼之所以反驳托勒密，主要是因为他认为托勒密解释得不完美而已。尽管在客观上，哥白尼的理论不仅取代了托勒密的天文学说，而且在最深层次的理论上抨击了亚里士多德的物理学说，但赫伯特·巴特菲尔德认为哥白尼结论背后的动机是他对圆和球形的痴迷，这正是哥白尼思想的本质标志。

因此，关于哥白尼及其著作，"虽然它在16世纪颇有影响，但我们必须指出，它从未以那种重要的方式进入17世纪的思想或现代世界的科学"，"与其说他开创了新时代，不如说是结束了旧时代。和亚里士多德、托勒密一样，他本人也是世界体系的创造者之一，他们在造就一种如此神秘（与今天如此不相关）的综合体系的过程中显示出惊人的力量，以至于我们几乎应当把他们的工作看成仅仅与美学评价有关，一旦发现了哥白尼思想的真正特

---

① ［美］西奥多·M. 波特、多萝西·罗斯主编：《导论：社会科学史的写作》，第7卷翻译委员会译，《剑桥科学史》第7卷，郑州：大象出版社，2008年，第4—5页。

② ［英］赫伯特·巴特菲尔德：《现代科学的起源》，张卜天译，上海：上海交通大学出版社，2017年，第20页。该书中的"现代科学"是与本书的"近代科学"时间范畴界定一致的。

征，我们就不能不承认真正的科学革命还没有到来”。[①]

在哥白尼之后，开普勒则痴迷于数学，相信秩序和数的和谐，也正是他在专注于天球旋律的过程中，才发现了行星运动三定律。或者可以理解为开普勒对于数字样式和数学关系本身关系的崇拜，取代了哥白尼和伽利略对圆或者球追求完美的努力，从而成为一种新天文学的基础。

因此，“开普勒说得不错，哥白尼错误地固守了托勒密的旧体系，没能看到自己是多么富有”[②]。同时，“正是在同样的意义上，开普勒成了机械论体系的传道者——这是17世纪的第一个机械论体系——他意识到自己正渴望把宇宙变成纯粹的钟表，并认为这是他荣耀上帝所能做的最崇高的事情”[③]。这其中就涉及科学家的信念，或者更广泛地说，涉及科学家的价值观和审美旨趣，而这些往往会成为科学家进行选择的决定性因素和内在动机。著名物理学家埃尔温·薛定谔曾对于自然哲学的一些信念给予特别的关注，他认为：“科学家心中有一种不可或缺的自然倾向，那就是坚定不移地勇敢面对不明确的事物，将它视为进一步探索的动力和路标。”[④]

赫伯特·巴特菲尔德围绕在科学革命理论产生中起到决定作用的前因后果，进行了理论脉络的细致梳理，内容涉及科学家的审美、价值观等，也包括当时科学家的一些研讨、座谈甚至家庭聚会的记载。他认为印刷书籍的出现及木刻和雕版的出现，大大地改变了自文艺复兴以来的科学交流，使实验方法等大量流行并普及起来，促进了整个社会文化素养的普遍提升，自然科学也在这个过程中生发出来。

国内学者关于科学文化哲学研究得较为系统和深入，中国科学院大学的孟建伟教授从20世纪80年代开始从事该方面的研究，是国内较早进行系统研究的学者。他的研究成果对后来的相关研究产生了较大影响，尤其是其早

① ［英］赫伯特·巴特菲尔德：《现代科学的起源》，张卜天译，上海：上海交通大学出版社，2017年，第26页。

② ［英］赫伯特·巴特菲尔德：《现代科学的起源》，张卜天译，上海：上海交通大学出版社，2017年，第24页。

③ ［英］赫伯特·巴特菲尔德：《现代科学的起源》，张卜天译，上海：上海交通大学出版社，2017年，第53页。

④ ［奥］埃尔温·薛定谔：《自然与希腊人　科学与人文主义》，张卜天译，北京：商务印书馆，2015年，第7页。

期代表作《论科学的人文价值》以全新的视角探讨了科学的价值问题。他认为，我们谈论“人文价值”的“人”应当是“现实的人”，这里要澄清和摒弃两种情况，一种是将“人文价值”仅仅局限在文化价值或精神价值的范围内，只抽象地谈论人的精神生活；另一种是功利主义者，只关注人的物质生活。《论科学的人文价值》一书通过考察、探讨和研究科学的技术价值、经济价值、文化价值和精神价值，试图全面而深刻地揭示科学对于人和文化的全面发展，特别是对于人的生存、发展、自由和解放的意义和价值。孟建伟指出，要为新世纪树立一种新的科学观和文化观。

关于科学人文背景，学者郝苑从近代科学的人文根源、背景、动力、目的等角度进行了较深刻的挖掘。他从科学本体论、方法论和价值论探究了西方科学的人文根源。他由逻各斯概念的四层含义出发，指出其反映了与古希腊文化相关联的四个重要特征，并由此确立了自然科学所预设的本体认识和信念。科学的数学方法和认知价值，主要导源于推崇理性和真理的古希腊文化，而科学的实验方法和非认知价值，主要导源于注重实用和技艺的古罗马文化。科学的人文目的充分反映了科学与人文之间的紧密关联和积极互动，并为理解科学求真之目的提供了必不可少的文化背景。总之，郝苑认为自然科学与人文文化在动力、意义、目的、价值等方面有着深刻的关联，西方自然科学的兴起与发展，极大地受益于西方人文文化。郝苑从文学人文主义、科学人文主义、近代人文文化、现代人文文化等方面对科学的人文背景进行了分析。

李建珊在《科技文化的起源与发展》一书中探讨了科技文化的起源，以及科学的社会建制化过程和近代科学的民族特点，介绍了20世纪的科学革命、技术文化的新时代、当代科技文化与人文文化互动的新走向等内容，并围绕科技发展的社会文化功能及其引发的思潮提出了富有时代感的见解。①

张贤根对古希腊科学思想起源的人文背景进行了讨论，从神话自然观、人文地缘、民主政治制度、自由探索精神及古希腊哲学、文学、艺术等方面

① 李建珊主编：《科技文化的起源与发展》，天津：南开大学出版社，2004年。

进行了梳理。[①]江秀乐、权文涛则从近代科学的精神气质的角度分析并寻找其文化背景与古希腊来源。这两位学者把近代科学的精神气质概括为对理想世界的偏爱，对科学语言的规范性要求和对公共理性精神的追求，指出了生发这些精神气质的文化背景，并论证了这些精神气质与古希腊文化的源流关系。[②]

侧重于分析人文主义对近代科学影响的学者有钱兆华、申玉香、王国成等人。钱兆华、申玉香讨论了人文主义对现代科学诞生的影响，认为“经过伟大的文艺复兴运动，人文主义思想在西方社会逐渐深入人心。人文主义不仅把西方人和西方社会从中世纪的宗教神学束缚下彻底地解放出来，而且还重新激发起西方人探索自然界的热情，扫清了科学研究道路上的各种思想障碍，从而有力地促进了西方现代科学的诞生”[③]。王国成对意大利近代科学发展的文化背景进行了考察。他认为文艺复兴运动作为对宗教文化传统的一种反叛，继承并复兴了古希腊的文化传统，改变了传统的经验哲学观，使新自然哲学思潮不断涌现，新科学研究方法不断产生，这一切源于人文主义者，人文主义者直接推动了意大利近代科学的发展。[④]

就科学与人文的具体学科进行研究方面，比如科学与艺术的研究，较为集中探讨的是近十来年的事情，2010年在四川召开了“首届全国科学·艺术·哲学论坛”。科学与艺术的关系研究的内容有：科学中的艺术与艺术中的科学。第一方面把科学研究看作一种艺术创作过程，并探讨科学的研究艺术等。第二方面，探讨并论证指出艺术是一门科学，包括艺术中的科学技艺、科学技艺在艺术中的应用等，以及科学与艺术的相似性与共通性。其中的观点亦有交叉，第一方面的探讨又可以得出第二方面的判断，即第一方面是第二方面的证据。但总体来看，把艺术作为科学的背景进行研究的较少，部分文章中论及科学与艺术的研究并未展开分析。

关于科学与宗教关系的研究文献非常多，基本研究线索也较为清晰，简

---

① 张贤根：《古希腊科学思想起源的人文背景》，《兰州学刊》2001年第1期。

② 江秀乐、权文涛：《近代科学的精神气质及其文化背景和希腊来源》，《自然辩证法研究》2006年第8期。

③ 钱兆华、申玉香：《人文主义对西方近代科学诞生的影响》，《江苏大学学报（社会科学版）》2008年第1期。

④ 王国成：《意大利近代科学发展的文化背景》，《西安航空技术高等专科学校学报》2010年第4期。

而言之，即包括科学与宗教的相容观点、不相容或者排斥观点、无关观点三大类，当然各自观点的论述也不尽相同。研究文献大致可以概括为三大类：第一类是专门著书讨论科学与宗教；第二类是在探讨哲学、神学或科学问题时，提及关于科学与宗教及其影响；第三类是在对科学家的宗教信仰进行探讨时涉及科学与宗教的关系。讨论更多地集中于理论、案例和某个阶段的历史分析。

关于科学与哲学关系的研究文献更多，主要可以分为三大类：科学史与哲学史的考察；包括哲学史的科学研究中涉及科学与哲学的关系；在实证主义兴起后的科学哲学家们的一系列著作，对于科学进行的哲学分析，都涉及科学与哲学的关系。按照文献类别包括：专门的著述、著作中涉及科学与哲学的观点、科学史与哲学史的史学。大致的研究角度与研究观点如下：

第一，科学与哲学的内在关联，科学与哲学的相似性，科学中的哲学与哲学中的科学问题的研究。

第二，科学史与哲学史的考察，如丹皮尔、罗素、梯利、默顿等。丹皮尔的《科学史》的原序中指出："在希腊人看来，哲学和科学是一个东西，在中世纪，两者又和神学合为一体。文艺复兴以后，采用实验方法研究自然，哲学和科学才分道扬镳；因为自然哲学开始建立在牛顿动力学的基础上，而康德和黑格尔的追随者则引导唯心主义的哲学离开了当代的科学，同时，当代的科学也很快地就对形而上学不加理会了。不过，进化论的生物学以及现代数学和物理学，却一方面使科学思想臻于深邃，另一方面又迫使哲学家对科学不得不加以重视，因为科学现在对哲学，对神学，对宗教，又有了意义。"体现出哲学家们对科学的人文背景的关注与重视。

第三，科学哲学的研究方向。科学哲学，简单理解就是对科学的哲学研究，属于元科学范畴，即把科学作为一门学科进行研究。科学哲学视野中的"科学"主要指的是自然科学和数学[①]，也就是说，科学哲学探讨的是自然科学和数学学科中的元哲学问题，元哲学主要研究科学的本质、科学知识的进

① 自然科学的研究范围一般是指以自然界中的具体现象作为研究对象加以研究，而数学在严格意义上主要是作为方法论，研究的是抽象化的数量关系和空间结构，不是以自然界中的具体现象作为研究对象，所以一般不把数学作为自然科学的大类。

步、科学的逻辑结构与发展机制和模式等，有关科学认识论和科学方法论方面的基本问题。

国内对现代科学的哲学背景研究比较有代表性的是赵敦华。他对近代科学与哲学的历史进行了梳理与概括，探讨科学的哲学背景及哲学为科学做的铺垫。他认为关于近代自然科学与哲学的理性主义特征的关系，可以通过两个方面来阐述：其一，近代自然科学本身就充满着以理性主义为特征的哲学精神；其二，近代哲学的主要建树是对新科学的迎合与推进，它的理性主义特征处处体现着近代自然科学精神。

科学是人类文化的重要组成部分，是人类文明的重要表现之一。一般来说，科学至少有三个意义上的理解：西方传统的科学（以数学和实验科学为主要方法特征确立起来的科学）、东方传统的科学（中国文化背景下的科学）、自然科学与社会科学都属于科学范畴的大科学观。本书坚持并力图考察和论证的是第三种科学观。

本书着重于依据近代思想史与科学史的考察，分析科学产生的人文背景，通过在对思想史和科学史的爬梳，我们力图摸清近代科学究竟是在什么样的人文背景中产生出来的，以及是在怎样的生态环境中生发滋长，最终长成今天这个样子的。同时在一个宏观的历史语境之下，通过历史实践的前后贯通的分析，来加深我们今天对科学的理解。

我们要超越狭隘的自然科学传统，以开放的心态，在对中国优秀传统文化充分挖掘的基础上，将东西方文明融会贯通。我们也要超越狭隘的西方科学主义观念，既要注重科学文化，也要注重人文文化，这才是文化复兴的必由之路。那么如何看待和认识西方的文化与科学，同时如何避免因人文背景上的差异所导致的误解，并汲取西方文明的营养，就成为我们“知己知彼”的基础之一。因此，对于西方近代科学的人文背景的探究，有助于我们认知与理解东方与西方文明的异同，求同存异，而后才可以会通中西科学文化传统。

当然，对人类文化的全面研究是一项无比浩大的工程，也许需要几代人的共同努力，本书所能做的就是把时间锁定在近代科学兴起之际，聚焦人文情境在近代科学的缘起之时及辐射前后的影响和作用，考察人文情境为近代科学的兴起与发展提供了怎样的内在支撑及外部推动力。

关于科学与人文的话题，文献资料卷帙浩繁，本书只能选取人文情境中比较有影响力和代表性的艺术、宗教与哲学，其实对于这三个领域也无法尽数分析，这也是一项庞大的工程。于是，本书进一步将近代科学兴起的人文情境凝练为三个重要人文背景的关键节点，分别是艺术情境的文艺复兴、宗教情境的宗教改革和哲学情境的启蒙运动。尽管如此处理难免会以偏概全，挂一漏万，但仍寄望能够以点带面，书中每一章的引言部分对三个关键节点的前后情境也做了必要的交代。

本书的目的是，在科学史考证基础上阐释人文情境给近代科学的深刻烙印和培育作用，力图从科学史的角度来深刻理解科学的文化内涵及其重要价值。本书的重点不在于科学与艺术、宗教和哲学的关系，而是在于人文情境观念对近代科学的影响，尤其是若干重要转折点在近代科学的兴起之时所起到的重要牵引与拉动作用。借助于对近代科学的人文情境分析，让我们深刻理解科学与人文的内在关联。

近代科学发展至今，人类在享受科学技术带给现代生活满足感和丰富性的同时，也在承受科学技术带来的负面之痛，那么如何理解、缓解这种痛苦，是否存在可能的解决方案？近代科学中是否存在人文因素或者情境的缺失所带来的负面效应？本书回归到近代科学产生的初心，去追寻其兴起时的人文根源与情境，力图寻求可能的解法、解释或是答案。

第一，从理论研究的深度理解，包括科学精神与人文精神、科学文化与人文文化、科学素质与人文素质等方面的建设与研究是文化建设的重要组成部分，因此科学与人文的关系的研究是核心，在史学上的尽量精细考证，无疑是任何关于此类研究的重要基础与支撑，是无法绕开的。

本书采用历史脉络演进梳理与逻辑论证分析相结合的方法，既注重事件发生的历时性，又兼顾共时性，同时力图兼顾整体、突出重点。鉴于涉及艺术史、宗教史、哲学史等领域，覆盖面比较广，时间跨度也较长，本书注重凝练关键节点，挖掘推动近代科学兴起的人文助力。

从时间上看，本书重点探讨近代科学兴起的关键时段，同时兼顾“来龙”和“去脉”，一方面对古代和中世纪的思想与理论渊源的追溯和反思；另一方面根植于史料，并以之作为坚实支撑，审视人文文化在近现代科学发展进程中的样态和景观，力图不局限于历史主义，也不固步于科学主义。

笔者希望能够对近代科学兴起之际的人文情境脉络进行梳理以追溯缘起，尊重历史发展前后继承性，围绕人文情境核心线索展开讨论。把近代科学产生以来的人文背景作为一个系统的整体，关注近代科学产生之际及其前后的重要文化事件演进过程与脉络，尝试分析促进近代科学兴起的要素及其内在关联结构对科学起源产生的协同作用和对动力机制进行分析。

第二，从内容上来看，本书尽管涉及多学科兼容，但注重选取和提炼近代科学兴起的艺术、宗教和哲学领域的三个关键时期，即艺术史中的文艺复兴、宗教史中的宗教改革、哲学史中的知识论转向和启蒙运动，力求以点带面。

本书借助史学考察，希望通过阐释文化历史情境是以何种方式来促进近代科学的生发与滋长，尝试为科学的文化研究找寻有参考价值的事实依托与学理论据；力图通过对现代科学兴起人文情境的深度剖析，揭示科学的人文本性；注重从中抽取出与现代科学的生发与滋长的丝丝缕缕，从而深层考察和揭示科学文化的形而上之“魂”与形而下之“体”之间的内在关联与结构。

第三，本书希望为科学文化建设提供以史实为支撑的深层内涵式解读。科学产生的人文背景，着力探讨近代科学从种子到萌芽时期的人文背景，关注点不仅仅寻找科学自身的逻辑要求，更加注重找寻人文背景中对科学产生起到的支撑作用，包括直接、间接的方面，也包括有意识的、无意识的方面，更包括始料未及的方面。

本书立足于人文角度注视科学，目的是探讨人文背景对近代科学产生的影响，理清线索，明线是人文背景，潜在的线索是近代科学，同时能够较为清晰地展示出人文背景与近代科学的明与暗、正与反的关联。其实，一些负面的影响有时甚至可以转化为正面的影响，正如我们每个人在成长中所经历的顺境与逆境，也许都会成为对我们的督促与鼓励，就像经验与教训一样。

第四，本书以近代科学兴起的人文情境为切入点，基于中国历史研究对中国的近代化中的宋代科学技术与人文背景的历史考察与分析。

本书以近代科学兴起的人文情境为基础，从动态上探讨艺术、宗教、哲学等人文情境对科学起源和发展的驱动作用，凝炼出艺术、信仰和思维方式作为民族文化的智识内核，进而探讨由此形成的智识结构，以及其对我国民族文化复兴和实现中国梦的启示。

第一、二、三、四章围绕近代科学产生的人文动力机制这个轴心展开。通过梳理近代科学产生的三个重要节点——文艺复兴、宗教改革、启蒙运动——对近代科学起源和发展的支撑作用，并以此为时间基点延伸和拓展，阐释其对近代科学兴起的辐射与助推作用，进而分析艺术、宗教和哲学等人文情境的协同作用对民族文化、科学发展的重要支撑。

第五、六章是对中世纪的追溯，着重探讨中世纪大学，论证得出其为近代科学提供稳定研究和知识交流互动的平台价值，是近代科学萌芽阶段的重要物质基础和实践空间。近年来，随着学界对中世纪史料文献研究的挖掘与研究，对中世纪的认知也愈加趋于理性和客观。“黑暗中世纪”的观念正在被慢慢摒弃，甚至被推翻，中世纪科学的人文价值日渐凸显。尽管近代科学在中世纪的境遇与文艺复兴以来相比，存在着负面的压抑确属事实，但同样存在大量的事实证据表明，中世纪为近代科学的产生准备了文化根基和思想资源，中世纪孕育了近代科学的观点并不为过。当然，我们并不能因此就否定中世纪对于近代科学的萌芽时期带来的压抑，确实在中世纪的历史中出现过地域性的阻碍和限制某些学科发展的状况。但是纵观整个中世纪历史，从不断被挖掘的史料来看，促进应该是多于阻碍的，并且史料研究发现即使是压抑，也反而在客观上起到了刺激作用，从而形成了足够大的反弹，使文艺复兴为近代科学所准备的科学情境更为凸显，其对旧事物的反抗也更加彻底。

第七章是基于近代科学，对曾经走在通往近代科学道路上的文明——中国古代文明——进行反思。中国古代文明在宋代以后处于停滞状态，其中的缘由需要我们反思。尽管近代科学及其发展成为人类文明的标志，但随着启蒙运动之后的科学主义盛行，其弊端逐步显现。当我们回眸人类文明，深入挖掘中国古代辉煌文明的动力与机制时，我们会发现中国优秀传统文化在思维方式上的优势，重新审视与思考中国人文文化的独特性是一个非常有价值的课题。在后现代科学情境下，如果我们能将中国优秀传统文化用得其所，真正地实践起来，彰显出独特魅力，那么中国优秀传统文化应该会焕发出新的生机与活力……

从世界文明史的范围来看，中国古代有着辉煌文明，甚至在某些方面领先于欧洲文明上百年，但是正如“李约瑟难题”“钱学森之问”等所提出的那样，这一过程的影响尽管相对于近代科学的兴起是间接影响，但在整个人类文明中是重要的环节，尽管近代科学没有在中国古代辉煌文化中产生，但毋庸置疑的是，东方文明为近代科学孕育也输送了养分，科学需要文化的养成和孕育。

本书的讨论很容易使人联想到“李约瑟难题”。关于“李约瑟难题”，国内展开过大量讨论，1982年，中国科学院《自然辩证法通讯》杂志社在成都召开了“中国现代科学落后的原因”学术研讨会。本书所讨论的无疑是与“李约瑟难题”相关的。从西方科学的视域来看，近代科学没有出现在中国，尽管这个论断可能需要进一步论证，正如有学者认为“李约瑟难题”本身就是一个伪问题，并且依据是充分的，但开展这一研究本身也是历史研究的一个重要维度。

正如一位西方科学史学者所言：“李约瑟为中国做到了我们自己也还未曾为西方文化应该做的事情！”[①]中华民族传统文化有着深厚的底蕴，但是，关于“李约瑟难题”“钱学森之问”“中国的诺奖情结”等问题，暂且不论这些问题的真伪，事实上已给我们造成了一定的困扰。我们探讨的目的不是试图解答或者寻求论争问题的答案，而是希望通过对近代科学产生的人文情境进行有条件和可能的相对的还原，来探讨近代科学兴起时的人文情境的价值，试图了解科学之树长成所需要的土壤及对我们未来的可能启发。

正如陈方正所言：“在我看来，夸大中国传统科技成就，和贬抑西方古代科学的重要性，虽然好像能够帮助重建民族自尊心，其实是极度危险，是有百害而无一利的。中国今日已经走出近代屈辱的阴影，开始迈向富强，但正唯其如此，所以更急切需要对西方历史、文化的客观、虚心和深入了解，否则轻易就被自满自豪的情绪所蒙蔽，那目前的进步恐怕将难以为继吧。”[②]因此，本书尝试着探讨中国宋代定格在近代科学的半路上的可能解释和原因，

---

① 陈方正：《继承与叛逆：现代科学为何出现于西方》，北京：生活·读书·新知三联书店，2009年，自序XXI。

② 陈方正：《继承与叛逆：现代科学为何出现于西方》，北京：生活·读书·新知三联书店，2009年，自序XXI。

以及所带来的思考。

本书对宋代文化进行了梳理和研究，在笔者看来，宋代文化在整个中国历史进程中的成就瞩目，近代科学的概念其实是西方范式的，如果从西方科学的范式来看中国科学思想，那么肇始于宋代的程朱理学的“格物致知”理念，离西方科学可以说是最近的，尽管“格物致知”的具体内涵与西方科学研究传统仍有很大的距离，但相对于中国其他朝代而言，其距离西方近代科学是最近的。这是笔者选取宋代文化的重要依据。

本书试图探讨宋明理学在宋代的生成和发展，以及其对中国传统文化的塑形过程，分析科举制度在宋代尤其是南宋的书院的复兴，对于宋代文化乃至中国文化的重要作用。

目前科学主义盛行及其带来的弊端在逐步显现的世界情境之下，文化在治愈近代科学所带来的负面影响方面的功能越发显得重要。对中国古代辉煌文明产生的动力与机制的深入挖掘，已成为研究中国优秀传统文化在思维方式上的优势的重要基础。尤其是在科学技术迅猛发展的今天，充分了解中国优秀传统文化人文化成的独特性并重新审视与思考，显得格外重要。是时候让中国传统优秀文化真正彰显出独特魅力，焕发出该有的活力了！“他山之石，可以攻玉”，在全球化的文化背景下，我们对西方文化的研究亦是提高中国核心竞争力的文化优势应有之维度！

最后，本书所讨论的内容无意于将中国与西方文化进行对标，只是希望从文化整体和连续性上理解近代科学。因为近代科学从产生到发展，都是根植于西方的文化土壤之中。笔者希望在文化土壤中再爬梳出人文情境，从而深刻理解科学与人文的关系，进一步探讨近代科学产生的人文根源。就文化整体而言，中国传统文化与西方文化是两个不同的范式。

附注：关于“情境”概念的考证与探讨

本书中的“情境”一词，来源于“情境逻辑”（situational logic）概念。情境逻辑最早来源于科学哲学家卡尔·波普尔的情境分析观点。他在方法论个体主义中关于理论性构筑物的研究，指出必须要从每个人具体的见解，即要从每个人的态度、期待和各种关系的观点进行分析，这是他的方法论个体主义的核心。卡尔·波普尔提出在社会科学中可以采取所谓的逻辑构成法或理性构成法，或“零点法”（zero method）。卡尔·波普尔把这些称为“合理性原理”，并建议根据这种事先确定的原理进行彻底的情境分析。概括地讲，他所说的方法就是建立一个模式，这个模式以一切有关的个人都完全合乎理性（或者都拥有完备的知识）作为假定，并以模式行为用作零坐标以估计人们的实际行为与模式行为的偏离。

卡尔·波普尔在这段分析的注释中指出，他的方法部分地与哈耶克继承门格尔之后称为“合成的”（compositive）方法相吻合，并且自然科学方法中也在使用。也就是说，卡尔·波普尔尽管主要探讨社会科学方法论的情境分析，但承认其实在自然科学中，也需要对情境分析进行重要考虑。因此，在指认情境分析理论合理性的同时，卡尔·波普尔认为要利用各种法则，并把法则作为前提条件，把关注的重心放在把握初始条件，即关注原因上，并以此说明应该引发的事件，即结果。由此卡尔·波普尔明确了“情境逻辑”概念。也就是说，如果我们被置于当事人的情境（包括目标与知识）中，那么我们就会做出他所做的事情。

卡尔·波普尔并未明确进行情境分析的确切步骤，进一步的工作大多是由他的学生克尔特泽等人来进行的。根据卡尔·波普尔情境分析的观点，克尔特泽将人类行为细化为如下程序加以解释：

猜想这个答案是解释为什么当事人（the agent）A会这样，把这种特殊类型的行为称为X。第一步是为解释这种行为，需要描述一种情境，即当事人在问题出现的那一刻的行为情境。这种情境正常地包含了主观部分（当事人的目的、信念、愿望等），也包含了客观部分。第二步是提供一种情境的分析，以明确什么类型的行为是适合的（如理性的行为），给出当事人的情境。解释的第三步非常关键，即附加理性规则（ration priple，RP），也就是判断哪一个行为是实际的理性行为方式。此时允许我们根据RP去推理当事人的行为，从其对情境的描述和我们关于所有合适的分析来看，这个RP属于一个联系规则，是联系“情境”和“行为”的一座桥梁。

如果加以模式化，即为：

Ⅰ 情境描述：在情境S中的当事人A（简称SA）；

Ⅱ 情境的分析：在情境S中要做的合适的（理性的）事情是X；

Ⅲ 理性原则（RP）：当事人总是根据他们所处情境做出合适的事情；

Ⅳ 解释；

因此，A做X。[①]

情境分析与“语用学转向”相契合，语用学中“语境”是与认知主体相关的概念，是语言逻辑中的重要概念，也是很难精确定义的概念，因此对语境的准确界定众说纷纭。从狭义的“上下文”到广义的社会文化历史环境，都有学者使用。鉴于语境是从语言分析层面的理解，情境是从规律、定律本身出发得出的，情境因素更侧重于指示理论分析与建构中涉及的现实决定性要素。

同时，情境语义学也给了我们很多启发。美国著名逻辑学家J. 巴威斯（J. Barwise）和J. 佩里（J. Perry）在1975年发表的《素朴语义学与不妥协情境观点》中首次提出情境语义学的设想。情境语义学是20世纪末期诞生的一种新的语义理论。1981年J. 巴威斯发表了《场景与其他情境》一文，试图论证新型语义学“可视为可能世界语义学的替代品”。1983年J. 巴威斯和J. 佩里合作出版了《情境与态度》(*Situation and Attitudes*）一书，标志着情境语义学正式诞生。其核心思想是引入所谓奥斯汀型命题。J. 巴威斯等人进行了如下重述：

“依据奥斯汀，一个合法的陈述A提供两个东西：一个历史的（或实际的）情境S_A，和一个情境类型T_A。前者是现实世界（real world）的某个有限部分：说话者使用奥斯汀所谓‘指示约定’去指称它；而后者大致说来就是依据与（自然）语言相关联的‘描述约定’，由陈述所确定的情境属性。如果S_A具有类型T_A，则A为真，否则其为假。”[②]

理解奥斯汀型命题中本质包含的“情境”概念，“既要看到其指谓‘现实

---

① N. Koertge，*The methodological Status of Popper's Rationality Principle*，*Theory and Decision*，1979. 10.

② 转引自张建军：《逻辑悖论研究引论》，南京：南京大学出版社，2002年，第170页。

世界'之部分的客观性方面，也要看到其与语言使用主体的高度相关性。现实世界之'某个有限部分'正是由主体选择所确定的。因此，一个情境必是由特定的主体相关性所决定的一个有限事态集合"[①]。从而一个奥斯汀型命题p可表示为：$\{s;\ [\delta]\}$，s是p所处的情境，δ是p所描述的事态，$[\delta]$则表示取决于δ的情境类型。p为真，当且仅当，事态δ属于情境s。经典语义学只谈p，$\{\delta\}$。不过，这并不是说持经典命题观念的学者未意识到语境的重要性：恰恰相反，在分析自然语言语句时，从弗雷格、罗素开始，他们大都坚持"语境惟一确定原则"，即在确定的语境中才能确定语境的意义从而得到确定的命题。但是，他们只是把语境原则作为识别把握命题的途径。换言之，他们只是把语境理解为外在于命题的因素。奥斯汀型命题则把"语境""情境"当作命题的内在本质要素之一，命题系统的组成要件之一，是命题内部的一个因素。因此，有意义的是，情境语义学把认知主体引入并作为命题的一个内生变量，即内在状态参量。"在情境语义学看来，'情境'是与认知主体具有本质关联的对象集合，'是世界中由主体选择与分辨并高度组织起来的一部分'。"[②]

情境语义学的基础是情境理论，其基本概念是情境。简单地说，某时某地某个体（或某些个体）具有某性质（或某些关系）这样的事实（或若干个这样的事实）就构成了一个情境。在情境理论看来，外部环境的个体及其关系就是最基本的可处理数据。因此，自然有下列信息概念：

关系R成立或不成立于个体a_1，…，a_n之间。

这里的R是本体论意义上适用于n个个体的某个关系，a_1，…，a_n是本体论意义上适用于关系R的各自论元位置上的个体，则$\{R,\ a_1,\ \cdots,\ a_n,\ 1\}$或$\{R,\ a_1,\ \cdots,\ a_n,\ 0\}$分别指关系$R$在个体$a_1$，…，$a_n$中成立或不成立。一般来说：

$\{R,\ a_1,\ \cdots,\ a_n,\ i\}\ (i\in\{0,\ 1\})$

指信息条目。因此，现实世界是由各种各样的个体对象及其关系构成的，特定个体对象及其关系可以构成信息条目，用专业术语来说，信息条目就是信息的数据化。信息条目的概念还可进一步扩大，加入时间单位与空间（地点）单

① 转引自张建军：《逻辑悖论研究引论》，南京：南京大学出版社，2002年，第170页。

② 张建军：《逻辑悖论研究引论》，南京：南京大学出版社，2002年，第279页。

位，也就是可以包含时空的单位。情境就是信息条目的聚合。现实世界布满了各种各样的情境，并且现实世界的总体本身就是一个极大的情境，包含着若干由个体对象及其关系构成的信息条目。现实世界的各个片段也是一个个较小的情境。[①]人文情境主要是人为学科所对应的现实世界的片段组成的整体。

卡尔·波普尔就是想通过情境逻辑的研究，为自然科学、社会科学和人文科学搭建沟通的桥梁，以达到科学文化与人文文化的沟通。这对科学的健康发展和人类文明的进步是有重大意义的，因为一直以逻辑实证主义传统的科学主义发展至今，给人类带来了很多问题。例如，科学技术至上导致人类面临生态危机甚至生存危机，就是从一开始未给人自身以充分的关注造成的恶果。对科学进行人文思考，搭建一个进行交流和沟通的平台与空间。这种文化意义上的桥梁和纽带的意义是极其深远的。

正如导言提到的，西方学者C. P. 斯诺最先提出“两种文化”的概念。布洛克称这种现象为“西方文化大分家”。“两种文化”的概念对中国也产生了极大的影响，从20世纪20年代中国思想界的“科玄论战”到90年代“科学精神与人文精神”的大讨论，都深刻地反映了两种文化的深层矛盾和冲突。从实证的角度看，西方科学哲学的逻辑实证主义传统关于科学与非科学的划界标准进一步加深了自然科学与人文社会科学之间的裂痕。这种裂痕对科学的健康成长显然是不利的。

在马克思主义的视域下来看，马克思的实践概念除了含有对能动性的抽象、一般的表述之外，也指出在具体的历史时期，人的主体能动性和创造性（内在地含有在主体历史情境中“选择”与“建构”的能力）的发展与发挥更多地取决于现实的社会历史因素。也就是说，人具有能动性的同时也有受动性。其实，这种物质的和现实的关系是蕴涵在文化之中的，是完全浸染在文化土壤之中的。

实践论是马克思主义认识论的首要和基本观点，实践论中主体与客体借助于中介是互为改造的，无论是主体、客体还是中介，都存在于一定的情境之中，并造就着情境。正如马克思认为：“环境的改变与人的活动或自我改变

---

① 邹崇理：《逻辑、语言和信息——逻辑语法研究》，北京：人民出版社，2002年，第187—214页。

的一致，只能被看做是并合理地理解为革命的实践。”[①]“环境是由人来改变的，而教育者本人一定是受教育的。因此，这种学说必然会把社会分成两部分，其中一部分高于社会之上（例如在罗伯特·欧文那里就是如此）。环境的改变与人的活动或自我改变的一致，只能被看做是并合理地理解为革命的实践。”[②]环境的改变和人的活动的改变是同一个过程的两个方面。人们正是在改变环境的实践中和改变自身活动方式的过程中改造了外部环境，这是一个双向互动过程。因此，马克思的历史观本质地含有认知主体在具体历史条件限制下所进行的选择与建构，其“具体历史条件”即可理解为文化，“选择”与“建构”即是主体相关，是人在“摄取”。

从生存论和实践论上来看，无论是自然科学、社会科学还是人文科学，都应该是一个连续体，一个连续的区间，人类文明的一段序列，映射着世界的不同层面，无论是自然界、人类社会还是精神世界。人类在这种科学实践活动中改变着世界，也在改变着自己，从这个意义上来看，自然科学与人文社会科学是统一的。狄尔泰第一次在科学领域中区分出精神科学并把人类对生命体验的关注提升到一定高度，是有重大意义的，但是把自然科学与人文社会科学尤其是人文科学割裂开来就不足取了。

随着对主体文化情境因素认识的深入，应该进一步拓展人们对科学的认识，一定程度上打破传统“科学”观念，在其中适当地加入一些文化情境因素变量，使之更符合实际。在科学理论中加入一些文化情境因素变量绝不是向相对主义靠拢，而正是捍卫科学精神与科学理性，因为这些情境因素也是客观的，随着认识的不断深化，人们对“客观性”的理解也在深化，“客观性”含义也会随着认识的深入而不断拓展。因此，我们认为，科学是一个连续的统一体，而作为人类精神财富的自然科学和社会人文科学，不过是科学连续体上的不同部分。把科学作为一个整体，从整体上来理解科学，而文化情境因素正是理解自然科学与社会科学的关系的纽带。文化情境因素所决定的主体相关度不是测量科学与非科学的尺度，而是决定在统一的科学连续体上的不同位置的尺度。马克思的实践论分析也证明了这一点。

---

① 《马克思恩格斯选集》第1卷，北京：人民出版社，2012年，第134页。

② 《马克思恩格斯选集》第1卷，北京：人民出版社，2012年，第134页。

当然，我们说自然科学与社会科学居于统一的科学连续体之上，并不意味着忽视二者在产生、发展及各自的特征上都存在着明显的区别，这是毋庸置疑的。我们虽强调“统一”，却并不排斥区别与个性。这是从学科角度的分析。

众所周知，马克思有一个著名的经典论断：“哲学家们只是用不同的方式解释世界，而问题在于改变世界。”[①]解释世界是重要的步骤，但目标是改造世界。人类的活动可以分为两类，即认识世界和改造世界，包括世界观和方法论，这是一个问题的两个方面。科学研究即是这两类活动的集中体现，无论是社会科学还是自然科学，解释世界都是为了明晰世界的本质规律，任何规律的实现都存在着初始条件和过程要求，这是由实践来实现的，而实践因素是本质性地镶嵌于认识论之中的。因而，马克思的认识论内在和本质地蕴含着，并强调认知主体是处于现实的历史实践中的人，主体在具体的历史条件下可以通过选择、建构和重组条件来实现其目标，从而表明人类对创造自身历史能力可能性的肯定。

张建军先生通过“逻辑点”概念，提出主体通过实践来获得对事物的认知，人类的认知是在实践中对情境集合的选择的结果，“首先要把面对的对象与其他对象分离开来，从逻辑上视之为‘原子对象’，这样才会进一步深刻地把握事物。……在人们自觉或不自觉地运用经典逻辑的过程中，将什么视为对象即‘逻辑点’是相对的”[②]。

他指出，情境语义学的一个重要特点，是其所规定情境中的所有“对象”都是通过认知主体的“选择”加以确定的。这样看来，社会实践论与情境语义学是合拍的，都包含了主体选择因素，因而都本质地包含了情境因素。由本质地包含主体选择性的实践理论所引入的情境因素，非但不会排斥科学认识的客观性，反倒是这种客观性的有力保障。马克思正是把这一点作为他的新唯物主义区别于以往一切旧唯物主义的特质，即“把人的活动本身理解为客观的活动”，人们能够“在实践中证明自己思维的真理性，即自己思维的现实性和力量”。[③]

---

① 《马克思恩格斯选集》第 1 卷，北京：人民出版社，2012 年，第 136 页。

② 张建军：《科学的难题——悖论》，杭州：浙江科学技术出版社，1990 年，第205—207 页。

③ 《马克思恩格斯选集》第一卷，北京：人民出版社，2012 年，第 134 页。

自然科学有自己的特点，而社会科学也有自己的特殊性。经济学家马克卢普和科学哲学家内格尔分析指出，二者不存在实质的差别。经济学方法论学家马克·布劳格曾指出作为划界标准的可证伪性和可证实性都是程度性的问题。内格尔认为，二者不存在实质的差别。马克·布劳格也曾指出，“关于科学与非科学的划界可以看作是连续区间，一端是某种‘硬的’自然科学，另一端是艺术类……。”[①]由此马克·布劳格给经济学以这样的定位：由于经济学研究的是人的活动，要用人的行为原因和动机来解释事情的缘由，这一点与物理学不同；同时，经济学致力于提供关于人类活动的严格的、演绎的理论，从这个意义上说，经济学与社会学、政治学等学科不同。于是，马克·布劳格把经济学家的解释看作是科学解释大类中一个特别的分类，因此这种解释就呈现出某些特有的方面。

在笔者看来，科学与非科学的区别，在一定历史条件下是相对明确的。[②]但是，关于科学理论的产生一直存在着建构主义观点，科学史研究中也存在着内史论和外史论。如果坚持大科学观，则可以认为自然科学和人文社会科学都是人类文明的智慧成果，都应属于科学的范畴，并且属于一个科学连续体，只是它们分处于科学连续体上的不同方位。

连续体上存在着连续区间，自然科学与人文社会科学的界限也不是泾渭分明的，而是存在着模糊地带，在连续体的一端也许是弱情境或者无情境影响的，中间则是介于从弱度、中度到强度的情境依赖的过渡地带，另一端是强情境。在科学连续体上，由于认识过程中受主体因素影响及对情境的依赖程度不同，可以依据情境的依赖度来确定其位置，可以用强情境或者弱情境来表达，简称为“情境测度”。当我们认识现实世界的深度和广度时，即情境对事态发展所起到的影响力大与小的测度，而且这一影响所引起的变化是客观存在的。认识实践活动的过程，应该成为拓展人们对科学认识系统的内在指标和关键要素，其在认知结构中发挥着重要功能。

---

① [英]马克·布劳格：《经济学方法论》，黎明星、陈一民等译，北京：北京大学出版社，1990年，第15页。

② 当然，马克·布劳格的这个标准的叙述源于传统意义上把自然科学当作科学，但是按照自然科学的标准来衡量的社会科学，比如经济学，还不是科学的论争背景下的观点。

第一章　文艺复兴：近代科学兴起的艺术情境

一、引言　古代艺术的科学遗产

科学与艺术的关系一直是学界持续研究的问题。李政道曾在《科学与艺术》的“楔”中指出，“艺术和科学的共同基础是人类的创造力，它们追求的目标都是真理的普遍性”[①]。赫伯特·巴特菲尔德在《现代科学的起源》一书中，也认为：“在某种意义上，15世纪的意大利艺术也许可以在现代科学兴起的历史中占有一席之地。”[②]意大利学者欧金尼奥·加林曾如此总结：“中世纪的人主要停留于‘观察’，因为一切都是事先安排好了的，而文艺复兴时期已强调行动。”[③]德国著名艺术史学家格罗塞（Ernst Grosse，1862—1927）在其代表作《艺术的起源》（1894）中的第三章“原始民族”中指出：“艺术的起源，就在文化起源的地方。”[④]现在就让我们从艺术的起源上来追溯，艺术给予近代科学兴起的可能铺垫。

（一）艺术的起源

关于艺术起源的观点众多，也许是因为艺术出现的历史较为久远，史料

---

① 李政道主编：《科学与艺术》，上海：上海科学技术出版社，2000年7月，第6页。

② ［英］赫伯特·巴特菲尔德：《现代科学的起源》，张卜天译，上海：上海交通大学出版社，2017年，第30—31页。

③ ［意］欧金尼奥·加林：《中世纪与文艺复兴》，李玉成、李进译，北京：商务印书馆，2012年，“译序”，第6页。

④ ［德］格罗塞：《艺术的起源》，蔡慕晖译，北京：商务印书馆，1984年，第26页。

记载不够充分，所以艺术的起源问题被学界称为“斯芬克斯之谜”。众多观点中比较有代表性的是从原始巫术角度来解释艺术起源的“巫术说”。艺术家贡布里希（E. H. Gombrich，1909—2001）认为，也许是支撑“巫术说”的考古证据相对充分的缘故，这一学说是目前得到认可最多的观点。

英国著名人类学家爱德华·泰勒在《原始文化：神话、哲学、宗教、语言、艺术和习俗发展之研究》一书中，对原始宗教的巫术活动进行了人种民族学研究，指出原始社会的部落中存在一种相互感应的现象，原始人相信物体的外在形象与真实物体本身，二者之间有着某种神秘的、天然的关联，如果对某事物的形象实施一定操作，那么就相当于对该事物本身进行操作，会产生同样的作用，或者说产生同等效果，也就意味着对该事物施加了同样的影响。爱德华·泰勒举例说，英国一个原始部落里的渔民认为，吃鱼时应该从鱼尾向鱼头吃，因为这样可以引其他鱼头向岸边来，如果吃法不正确，鱼就会离岸而去，当然这样就会影响他们的谋生。[①]人们今天在一些洞穴里发现的原始壁画的画面中依然能够分辨出，原始人用利器刺中或击伤动物后在动物身上所留下痕迹的场景描绘，这往往被作为艺术起源“巫术说”的有力证据。

“巫术说”推断：艺术的专业性，源于原始人对自然的敬畏和想用巫术控制自然的愿望，原始人对自然界的认知的基础是希望通过一些表面现象的经验认知，来推测和猜想自然界现象背后的内在关联，并将这些发现运用于为人类的生存服务。从“巫术说”中我们可以发现这种对知识的原始诉求和从经验中总结出一般规律的方法，正是后世科学的基本方法之一。当然，“巫术说”也往往被认作其他学科或者门类研究的最初起源。

格罗塞在《艺术的起源》一书中，认为对艺术进行研究的起点应该是原始民族，这在一个侧面上是对泰勒观点的支持。同时，格罗塞以艺术领域为原点，来论证人的精神世界与社会经济生活的密切联系，分别从装潢、舞蹈、诗歌、造型艺术、人体装饰等方面进行了详细论证。

英国著名美学家和艺术史学家贡布里希持艺术起源的“巫术说”，并且指出了巫术对人类古代文明中的古埃及艺术的深刻影响，成为“巫术说”的进

① ［英］爱德华·泰勒：《原始文化：神话、哲学、宗教、语言、艺术和习俗发展之研究》，连树声译，上海：上海文艺出版社，1992年，第124—125页。

一步佐证。他以此为起点，系统地阐述了古埃及艺术对后世的影响力。他认为，史前时期、原始民族和古代美洲的原始巫术，成为艺术的“奇怪起源”，巫术成为艺术的出发点，巫术的诉求亦成为艺术进一步生成的动力，驱使艺术持续不断发展，并对后世产生重大影响，甚至今日之艺术依然可以辨别出古埃及艺术的影子和痕迹。原因也许是古希腊名家在最初是向古埃及艺术家学习的，而后世艺术是拜古希腊为师的，因而艺术作为一门学科产生于古希腊，但是追根溯源的话，如果认为艺术缘起于巫术，那么古希腊艺术其实深受古埃及艺术的影响。从这个意义上看，古埃及艺术对人类文明的影响也许更为久远和深刻。

贡布里希在《艺术的故事》的第二章“追求永恒的艺术”中诠释了古埃及艺术与巫术关系密切的证据。他指出古埃及艺术的特点是：“几何形式的规整和对自然的犀利观察，将二者结合起来乃是一切埃及艺术的特点。”[①] 他认为古埃及艺术家一直遵循着一条规则，即把自己认为重要的东西都包括在一个人的形状之中。事实上，单从艺术的角度做这样的推测是极不科学的。为此，贡布里希做了进一步解释。他认为古埃及艺术家对规则的严格遵守，大概与他们倾向于施行巫术不无关系。

古埃及人创造伟大的金字塔、绚丽的壁画和精彩的雕像，大多是为了使人不朽，希望人借此可以得到永生。这样看来，他们进行艺术创造的关注重心是功能，而不是单纯追求艺术效果本身。贡布里希认为实用性是早期人们对艺术的印象，“把那些建筑物用作礼拜和娱乐的场所或用作居室的人，首先是以实用的标准对它们加以评价。然而与此同时，他们也可能喜欢也可能不喜欢那座建筑物的设计或结构比例，也可能赞赏优秀的建筑家为把建筑物建造得既实用又‘合适’而花费心血。过去对绘画和雕塑往往也是这种态度。它们不是仅仅被当作纯粹的艺术作品，而是被当作有明确用途的东西”[②]。

同时，古埃及的雕像具有注重基本特征、忽略次要细节、把自然观察和几何形式结合起来的特征，这表明人类在艺术的想象力和创造力上获得了伟

① ［英］贡布里希：《艺术的故事》，范景中译，林夕校，北京：生活·读书·新知三联书店，1999年，第58页。

② ［英］贡布里希：《艺术的故事》，范景中译，林夕校，北京：生活·读书·新知三联书店，1999年，第39页。

大的进步。绘画也是一样，注重典型特征的刻画，甚至可以忽视真实性。以我们熟悉的古埃及人像为例，我们不难发现，古埃及人像中，往往正面的眼睛却呈现在侧面脸上，正面的胸膛但脚是侧面的（图 1-1）。古埃及人这么画，也许是为了完整突出眼睛的特点，利于辨认出和强调那是眼睛，所以雕刻出正面的眼睛，面部则是侧脸，更能凸显轮廓感，身体和脚的雕刻方法也都以此类推。古埃及人画像或雕刻人像一般不会把手脚重叠或者藏在身后，因为按照古埃及人的观念，如此对身体"缩短""切去"是不吉祥的，这印证了古埃及艺术和原始艺术的关联——把巫术超自然力量看得过重。

图 1-1　法老图坦卡门和王妃雕像

注：图坦卡门墓出土的宝座为木制，镀金彩色，约公元1350年。开罗博物馆藏

古埃及人的壁画兼具简约与抽象的风格。古埃及人进行艺术创造是出于他所"知道"和"理解"的场景，而不是那一刻所能"看到"的事物。"艺术家在画中所体现的不只是他对形式和外貌的知识，还有他对那些东西的意义的知识。"①

古埃及艺术家也许称不上现代意义上的艺术家，但至少可以称为艺术工作者。在创作艺术品时，他们可以不用直接向自然临摹，因为他们有自己的表现法则，根据所唤醒的记忆就可以从事创作，身体正面、脚侧面这种仅仅表现出最重点的技法，就是他们遵循原则的充分体现。对于真实的极端追

① ［英］贡布里希：《艺术的故事》，范景中译，林夕校，北京：生活·读书·新知三联书店，1999年，第62页。

求，与传统西方的雕像和绘画，特别是古希腊、古罗马之后的艺术是不尽相同的。但是这种表现手法与近代科学对自然界真相的诉求，在理念上存在着很大的相似性。

其实，即使到了古希腊时代，古希腊艺术家已经对古埃及艺术进行了革命性创新的情况下，古埃及艺术的“风格”与“规则”依然保留着，“希腊艺术家仍然力求把艺术形象的轮廓尽量画清楚，力求在不破坏人物外形的范围内，把他们的人体知识尽量表现在画中。他们仍然喜爱坚实的轮廓和平衡的构图。他们远远不是想把自己对自然偶然一瞥的印象原封不动地描摹下来。古老的公式，即那种在几千年中建立起来的人体形式，仍然是他们的创作起点，只是他们不再处处把它奉为圣典”[①]。

因此，从起点上来看，古埃及艺术对后世人类文明有着不朽的影响力。但是，从古代艺术的整体发展来看，真正达到一个艺术的制高点，还是最先在古希腊实现的，古罗马在古希腊的基础上进一步发扬，达到了古代艺术的辉煌。从这个意义上来看，或许可以认为古希腊和古罗马一起奠定了西方文化的根基。

（二）古代艺术风格留给后世科学的遗产

古希腊的地理范围包括欧洲东南部的希腊半岛、爱琴海诸岛和小亚细亚西部沿海地区。古希腊最重要的艺术表现形式之一是雕刻艺术，包括雕刻人像与雕刻建筑，其雕刻作品写实而优美，意境高雅，被称为西方古典现实主义典范，为后世留下了宝贵的文化遗产。

古希腊雕刻艺术大致分为以下四个时期：

第一个时期是公元前7—前6世纪的“代达罗斯风格”。这一时期，与东方的接触推动了古希腊雕刻艺术的发展。虽然处于早期尚未成熟阶段，作品表达较为呆板，缺乏生机与活力，但其人物形象刻画得理性且严谨。

第二个时期是公元前5—前4世纪的“古典时期”。这是古希腊雕刻艺术

---

① ［英］贡布里希：《艺术的故事》，范景中译，林夕校，北京：生活・读书・新知三联书店，1999年，第81—82页。

最辉煌的时期，雕刻艺术日趋成熟，形成了自己独特的艺术特点，可以说达到了古希腊艺术的鼎盛时期。这一时期的艺术家开始展开对人体解剖的探索，为古希腊雕刻奠定了重要基础，此时的雕刻作品较之前的作品更富于动感。艺术家们开始按照真实的人的形象进行雕刻，尽管雕刻主题多以男女裸体[①]为主，但看上去坦荡无邪，无论姿态还是表情都显示着一种高贵的单纯，反映出一种对“美”的凝视与欣赏。杰出的作品有《雅典娜处女像》《命运三女神》《掷铁饼者》《荷矛的战士》等。

第三个时期是公元前4世纪的“古典后期”。因各个城邦混战不止，战乱频发，导致经济严重衰退，社会矛盾不断激化，艺术表达上也随之发生改变。例如，在雕刻艺术上，原来崇尚庄重的风格被优美柔和的风格所取代，体现出当时的人们对和平宁静生活的向往与期待。

第四个时期是公元前4—前2世纪的“希腊化时期”。它是对古典时期的继承与发展。希腊马其顿国王不仅使自己的疆域扩大到欧亚非三大洲，还促使古希腊艺术达到顶峰。正是由于马其顿对艺术的情有独钟，把古希腊艺术带到他所征服的地域，又从这些地方带回当地的艺术，在客观上和事实上实现了人类文明的互鉴。

因此，古希腊艺术的叙事风格体现在以上各个时期，古希腊时期对自然界描述的叙事，对事件、人物的描述尽量去体现原貌，突破了古埃及艺术风格，不再像古埃及艺术那样只是描画人们眼中重要的东西的特点。例如，不管是否符合事实，古埃及艺术家都会在侧面的脸上画上正面的眼睛。

古希腊艺术出于对自然原有形状的尊重和描画，如为了真实再现场景中事物的形态，在技艺中大量采用短缩法，以勾画出自然界的远近层次及变化，同时开始追求理想和完美的风格。这就形成了古希腊艺术对古埃及艺术的明显变革，被称为两大革命发现，一方面是源于叙事的诉求，表达真实；另一方面又追求理想和完美的风格。

对真实画面的追求，必然会大大增强对真实生活场景的关注度，使古希腊艺术从原来以神为中心的天国题材，逐步转向平民百姓的日常生活。

---

① 关于古希腊艺术以裸体为主题的原因存在着多种解释。

古希腊艺术的理想化风格是在叙事风格和古埃及艺术风格基础上的升华，主要体现为外在与内在两个方面，一是外在表现为对人体纹路结构的重视与强调，二是内在体现为对人物内心活动状态的动态刻画。

一是注重表现人的身体结构和轮廓，这是源于古埃及艺术的古老观念。这种古老观念激励着艺术家们去探索骨骼和肌肉的解剖学，并力图真实地表现人体结构的轮廓与形象，哪怕所描画的人物正处于衣饰飘拂的动态情形之下时，也能够清晰地勾画出人体轮廓的骨骼结构。“正是严格地循规蹈矩和寓变化于规矩之中二者所达到的平衡，使得希腊艺术在后来各世纪里博得了那么巨大的赞美。也正是因为这一点，艺术家才一再回顾希腊艺术杰作去寻求指导，寻求灵感。”①基于此我们可以判断，艺术家们是在用他们所掌握的关于人体结构的知识来构图并进行雕刻或绘画的，这在一定意义上体现了对人体的认知诉求。

二是艺术家们借助艺术来表达画面人物的内心世界及心灵情感。据说苏格拉底曾学过雕刻，据他的门徒记载，苏格拉底是这样敦促艺术家的：“艺术家应该准确地观察‘感情支配人体动态’的方式，从而表现出‘心灵的活动’。”②

这两方面集中体现于著名的米龙的《掷铁饼者》（约公元前450年），这是古希腊时期较早表现男性形象的作品。这位在奥林匹克竞技赛场上的运动员，在即将掷出铁饼的一瞬间被艺术家所捕捉，并被艺术地再现出来。无论是在构图上还是在形态描画上，雕像所表达和传递出的男性健康美、刚劲美与和谐美，以及雕刻家对于造型拿捏之精准、对运动感与节奏感把握之贴切，都使两千多年来的观赏者无不叹为观止（图1-2）。“至于它跟最恰当的掷铁饼动作是否完全一致，那是无关紧要的，重要的是就像那时的画家征服了空间一样，米龙征服了运动。”③

---

① [英]贡布里希：《艺术的故事》，范景中译，林夕校，北京：生活·读书·新知三联书店，1999年，第87页。

② [英]贡布里希：《艺术的故事》，范景中译，林夕校，北京：生活·读书·新知三联书店，1999年，第94页。

③ [英]贡布里希：《艺术的故事》，范景中译，林夕校，北京：生活·读书·新知三联书店，1999年，第90页。

该时期的艺术家们都力图以静态的雕刻或雕刻艺术来表达动感的情态，也就是借助于对空间的描绘与勾勒来体现运动的状态。艺术家们让静止的雕刻产生灵动感，做到这一点是需要作者具备对空间和运动的细致观察力和深刻理解力的。《角力者》（公元前5世纪）尽管属于浮雕作品，但其艺术水平完全可以与上述雕刻作品相媲美。观察《角力者》，便可以看出作者对于空间与运动的驾驭和把握能力，他通过对外在形态结构的空间勾勒，让人产生动感画面的想象空间。艺术家们所要表达的是人的心灵，人与人之间的内心情感世界及其变化，以期产生观者与作者的共鸣。

这一点到希腊化时期得到了充分的彰显和发挥，使古希腊雕刻艺术原来占有核心地位的对权力的崇尚与描绘，渐渐被以“爱”和“美”为主题的题材所取代。将这一题材意境发挥到极致的作品当属《维纳斯》（图1-3），该作品堪称古希腊人体雕塑典范，随之而来的这类题材层出不穷，留下了众多精美绝伦的佳作。

图1-2 《掷铁饼者》

图1-3 《维纳斯》

如果我们换一个角度，从现代科学来看，艺术所展现出维纳斯的身体比例和解剖关系，竟然都符合生理学与医学的原理，这是很让人佩服的，其完美符合的程度令今人叹为观止！这使这件作品成为艺术与科学完美结合的见证和典范，“在熟练的雕刻家手下，古老的人物型式已经开始活动，开始呼吸了，他们像真人一样站在我们面前，然而却像是从另一个更为美好的世界降临的人”。事实上，之所以他们给人感觉是来自另外一个世界，倒不是因为希腊人比别人健康和美丽，“而是因为当时的艺术已经达到那样一种境界，类型化的形象和具体的形象之间取得了一种新的巧妙的平衡”。[①]

古希腊艺术的叙事与理想化风格及由此取得的成就对后世艺术的影响有目共睹，即使对包括近代科学在内的其他文化领域，也产生了重要影响，为人类文明留下了宝贵财富和文化遗产。

众所周知，在文艺复兴时期，古希腊在艺术上的辉煌成就构成了“回归古代”“复兴文艺”的核心内容，在文艺复兴时期所倡导的通过对自然形态的关注让人物灵动起来，以此来表达人物的心灵，成为文艺复兴的重要起点，艺术也得以从此起飞！

古希腊艺术家们把对神的赞美与崇敬，转向透过对人类日常生活的描述，以对人性之美的赞颂来反映神的伟大，把平民抬高到像神一样完美的境界，家喻户晓的《维纳斯》雕像是最典型的代表，借助艺术创作展现人体美和女性美，展示了艺术在表现人性美方面所具有的独特优势与魅力。古希腊艺术在心灵的自由发挥和精神境界的提升等方面，对于近代科学起到了不可低估的铺垫作用。因此，挖掘近代科学兴起背后的人文情境就显得尤为重要！

（三）古罗马的艺术风格留给后世科学的遗产

古罗马通常指从公元前9世纪初在意大利半岛（即亚平宁半岛）中部兴起的文明。古罗马征服古希腊后，大量艺术品，尤其是雕刻和绘画作品被当作战利品运回古罗马，并用以装点、美化罗马城。于是，在罗马城掀起了一场古希腊艺术热，古罗马人崇拜和模仿古希腊艺术，以古希腊艺术作品为典范。这鼓励着古罗马人自觉地进一步引进古希腊艺术。有学者曾精辟地概括为：表面上是古罗马征服了古希腊，但是从文化艺术的角度来看，是古希腊征服了古罗马。

---

① ［英］贡布里希：《艺术的故事》，范景中译，林夕校，北京：生活・读书・新知三联书店，1999年，第105页。

从民族性上看，由于不同的社会生活环境和民族特点，古罗马人十分重视实用性，这种民族性使进入古罗马的古希腊艺术，首先就要经历古罗马人民族性的改良，因而逐渐形成了不同于古希腊艺术的特色，即以实用性为主导的艺术风格。另外，古罗马艺术比古希腊艺术更注重对个体的刻画，古罗马雕刻十分在乎对人物性格与心理的描述。因此，尽管古罗马本土的艺术作品在整体上无法与古希腊艺术作品相提并论，却也有其独特之处。

古罗马人有崇古传统，人去世后，为了便于祭拜祖辈，他们会制作亡者雕像，收藏于家中，在需要的仪式中拿出来以供祭奠。这个传统使古罗马人在相当长的时间里直接根据面具制作肖像雕刻。早期肖像雕刻是以亡者的面目为模板制作而成的，没有修饰和任何美化，完全按照死者的面部表情，没有任何生气，只要让人觉得与本人相似就算达到制作要求。这种酷似真人的肖像丝毫不加以美化和艺术创造，人物形象却丝毫没有猥琐之处，“艺术家设法成功地实现了既逼真又不平凡”[①]。因此，古罗马雕像十分看重对人物面部表情的精确勾勒，这成为古罗马艺术的一个特色。而与之不同，古希腊艺术更注重通过肢体语言来刻画人物形象。因此，在古罗马雕像中，如果丢失了头部，那么剩余的肢体部分往往会因千篇一律、毫无个性特色而失去保存和收藏的价值。但是，古希腊雕像完全不同，古希腊雕像的肢体语言十分丰富，甚至每一部位都包含特定的内容和含义，充满活力，因而哪怕只剩下一只胳膊或者肢体的一个部分，都依然能让人感受到生命活力的存在。

如此来看，尽管古罗马艺术的水平无法和古希腊艺术相媲美，但自然与逼真的风格也体现出了独特性。即使到了希腊化时代，罗马人开始自觉地对雕像加以美化了，但质朴地表达人物真实的状态的这一特色依旧保留下来（图 1-4）。

同时，古罗马艺术在继承古希腊艺术造型风格的基础上，进一步革新和发展。例如，在对人的认识上，古希腊艺术风格中体现了对人的关注与重视，这时人的尺度开始出现，在古罗马艺术中被继承下来，同时又被赋予了新的含义。具体来看，古希腊人崇拜的“人”是通过以“神”的方式来表现

---

① ［英］贡布里希：《艺术的故事》，范景中译，林夕校，北京：生活・读书・新知三联书店，1999年，第121页。

图 1-4　古罗马雕像

并透过崇拜“神”来展示的。古罗马人对人的崇拜，则倾向于对世俗、现实的人的崇拜，并直接表达出来。同时对于人思想意识的体现也从群体转向了个体。正是在这样一种意识之下，古罗马建筑不仅借助当时的先进技术手段，继续发扬着古希腊建筑艺术风格的和谐、完美、崇高的特色，还在新的社会、文化背景下，将神从“神殿”上请到世俗中来，赋予这种风格以崭新的美学旨趣，努力通过现实世界的人来实现和表达，从而推动了古罗马艺术在古希腊艺术基础上的大踏步前进。

古罗马文化与艺术的突出成就，主要体现在建筑、壁画、肖像雕刻方面。古罗马艺术的实用风格突出表现在建筑领域，罗马的每一处建筑都具有很强的功能性，无论是广场、桥梁、高架输水道、隧道、剧场和住宅，还是用于纪念战功的凯旋门和纪念柱。

从艺术风格来看，古罗马雕刻艺术具有叙事和写实的特征，最突出的代表作是图拉真纪念柱上的浮雕。这些浮雕将历史事实作为雕刻题材，从人物个体的服饰装扮，到对作战过程的刻画，都力图尊重史实，以历史真实性作为创作的起点和基本原则，详尽地再现了图拉真皇帝亲自率军征服达契亚人的全过程。

罗马帝国晚期，古罗马艺术的写实和个性化风格体现得更为突出，这与当时的政治环境有很大关系，在当时政局不稳定、人民生活处于不安定的生存境况下，艺术风格体现出更加追求写实性的特征。古罗马雕刻的画面上，大多都充满了恐慌、野蛮、狡诈等情绪表达，从侧面反映了罗马人当时的生存状态和精神状况。这些艺术作品通过外部形象的特征体现内心和精神的焦虑与不安，这与古希腊艺术体现的和平、宁静完全不同，一定程度上反映出古罗马人敢于表达真性情的性格特征。

概括地讲，古罗马艺术具有写实与实用的风格：写实，力求真实表达人物，文艺复兴也继承了这一风格；实用，注重艺术作品的实用功能。古罗马艺术的这种叙事与写实形成了一种观念，即对自然界的真实描述及注重实用性。后来，这种观念在文艺复兴时期以现实主义的形式再现，为人类文化精神做出了不可磨灭的贡献，也成为后世科学研究的思想观念入口和重要模版。

（四）中世纪艺术留给近代科学的遗产

一般把欧洲古代文明结束到再次复兴之间的年代，前后大约一千年的时期称为“中世纪”，时间从公元476年西罗马帝国灭亡开始，到1450年意大利文艺复兴为止，后来这一名称被历史学家沿袭下来。与文艺复兴的特点相比较而言，以往学者们把中间的这些世纪称为“黑暗中世纪”。但从20世纪以来的考古挖掘成果来看，中世纪似乎并非如人们所以为的那样“黑暗”，甚至恰恰相反，中世纪是人类现代文明重要的铺垫。

在欧洲中世纪主流文化中，基督教拥有着至高无上的权力，甚至决定着当时的社会生活方式和社会意识形态，整个社会的指导思想的核心是围绕宗教展开的，艺术当然也不可能例外。于是，宗教，确切地说是基督教决定着欧洲中世纪艺术的根本诉求：艺术作品的主题就是赞颂神的伟大。因此，有人索性将欧洲中世纪艺术称为基督教艺术。

与古希腊人和古罗马人不同，在中世纪的人们看来，神与人是对立的：神是永恒的，人是暂时的；神是全能的，人是软弱的；神是智慧的，人是愚蠢的；神是至善的，人是有罪的。艺术应当表现神、歌颂神。因此，中世纪艺术充当着表达和呈现上帝与教会旨意的重要角色。

中世纪的教堂建筑标志着中世纪艺术的开端。几乎可以认为中世纪艺术与宗教建筑是同义词，因为中世纪艺术是围绕教堂建筑为主体进行创作的，宗教是精神寄托的家园，建筑艺术围绕这一要求进行创作，教堂建筑成为宣扬教义和用雕刻绘本的方式讲述基督教故事的重要媒介。这一主题的确立，使艺术创作有了新要求和新标准，中世纪艺术就是在基督教要求的框架下进行的。教堂的架构与设计就是为了营造一种超脱的氛围，同时出于传教和宣传的目的，画面制作讲究简洁明了、通俗易懂，以力图覆盖足够大的受众面。

于是，中世纪的艺术风格给人的明显感觉，是在试图用新的手法来突出表现抽象的灵魂，表达对宗教的虔诚情怀，甚至不惜以失去所塑造人或物的真实性为代价。在内容上，以宣扬神学禁欲主义为主，导致形式上毫无生气、呆板古怪，甚至有的作品整体给人抽象、怪异的感觉，不够自然和谐。在观念上，中世纪主要是借助于这种特有的艺术形式宣扬对天国的赞美、期盼与向往。例如，中世纪人物的刻画，具有独特的要求：身材细长，脚与身体不成比例，偏小，脸部轮廓为椭圆形，眼睛直视正前方，线条生硬。这类作品大多是按照之前艺术家们的创作模仿出来的，并且按照《圣经》故事绘制的，目的是展示圣灵的神圣，在作品中能够感受到超凡脱俗的美感。

中世纪的艺术创作要求艺术家们全身心地投入对宗教的感悟中，艺术家们也竭尽所能地把他们技艺所能达到的最完美状态呈现出来，因此中世纪为人类留下了建筑艺术史上堪称举世无双的宗教佳作。中世纪教堂代表了艺术达到的高度，并且在艺术运用手法上，也可圈可点，如圣索菲亚大教堂（图 1-5）。这座教堂光线运用极佳，堪称绝品，在圆顶周围安装一圈采光效果好的窗户，一眼望过去，宛若天上照过来的天灯，光芒四射，似乎是上帝照到人间的神圣之光，抚慰着信众的每一根神经，加上光线经过空气中尘埃的反射，产生一种云雾缭绕的效果，很有意境，给人感觉仿佛到了俗世与天堂的交会处，在其中安宁、平静而祥和。

查士丁尼以后，拜占庭艺术有了新的进展，这一时期最具代表性的是希腊达夫内修道院教堂（11 世纪）里的镶嵌画作品，其中《耶稣钉在十字架上》这幅画尤为出名。画中的人物造型既反映了写实诉求，又很好地把握了空间远近的程度，画面质朴简洁，悲壮中隐含着静谧、安详和神秘的氛围。

另外，拜占庭的镶嵌画也很有特色，既光彩耀眼又有厚重的结构感，力图借助色彩的明暗和色调的对比突出主体造型。在光线充足的情况下，通过

图 1-5 圣索菲亚大教堂

颜色的交相辉映，给予基督徒一种安详和谐、崇敬神秘的宗教感。镶嵌画以其独特的材质优势，很好地保持了宗教的肃穆、矜持的庄严感，又不乏激荡心灵的震撼与喜悦感。哥特式建筑①的特色之一就是玻璃镶嵌画，整个画面的每个小彩色镶嵌画之间用铅条分隔，当光线投射下来的时候，会产生美丽而神奇的光线，很好地映衬出教堂内静谧、庄严和神秘的气氛。

中世纪后期建造的巴黎圣母院（1163—1345）堪称经典中的代表。②法国文豪雨果曾给予巴黎圣母院以极高评价。他说："毫无疑问，巴黎圣母院至今仍然是雄伟壮丽的建筑……每块石头上都可以看到在天才艺术家熏陶下，那些训练有素的工匠迸发出来的百般奇思妙想。"中世纪的教堂就像古希腊艺术

---

① 哥特，原为参加覆灭古罗马帝国的一个日耳曼民族，这一称谓含有粗俗、野蛮的意思。它是文艺复兴时期的欧洲人因厌恶中世纪的黑暗而"赠"给中世纪建筑的。文艺复兴时期人们的本意是以此来贬斥中世纪的建筑风格，但后来随着历史的发展，这一称谓失去了褒贬性，而成了一种专有名词。在习惯上，人们将与中世纪主要建筑风格一致的建筑，均称为"哥特式建筑"。另有说法认为，"哥特"原是蛮族的一支，文艺复兴时期的艺术家把12世纪、13世纪的艺术看作落后、不开化、野蛮的哥特人的创造，所以有了"哥特式建筑"这一名称。哥特式建筑、雕刻比起罗马式建筑、雕刻来，发生了质的变化，但是在绘画表现上依然发展缓慢。

② 巴黎圣母院是中世纪教堂的经典之作。它不仅因雨果的同名小说而出名，更因是巴黎最古老、最宏伟的天主教教堂而出名。巴黎圣母院坐落于巴黎市中心塞纳河中的西岱岛上，它是中世纪最辉煌、瑰丽的建筑。巴黎圣母院是一座典型的哥特式教堂，是欧洲建筑史上一个划时代的标志。哥特式建筑的特点是：高高的尖顶直指苍穹，它把你的视线一直向上引导，那上面是神居住的地方！哥特式教堂把你带入了人间的天堂，它的内部是富丽堂皇的玻璃镶嵌幕墙，是金碧辉煌的圣殿，你仿佛步入了天堂……它表现了浓厚的宗教情感。但让人很伤感和很遗憾的是，2019年4月发生大火，巴黎圣母院顶部被烧塌。

一样，其艺术魅力是永恒的，后人无法企及。

在中世纪的绘画中，宗教性压倒了艺术性。创作从形式到内容都受到严格的限制，形成了当时绘画艺术非写实、平面化的单一风格。以描绘《圣经》为题材的绘画作品大量涌现。甚至历史中实实在在的人也被描绘成摆脱了世俗情感的、神化了的人物。

（五）中世纪艺术为现代科学所作的铺垫

中世纪艺术是人类文化史上的明珠，时间跨度很长，经历了上千年的时间沉淀，而空间上东起黑海东岸，西至不列颠，南起北非，北抵斯堪的纳维亚的广袤地区。在艺术史上，也许再也找不到跨越如此广阔时空的艺术景观。整个中世纪犹如一座艺术的大教堂，艺术与教堂合二为一，呈现了对宗教感情进行艺术表达的诉求。

中世纪艺术同样为近代科学留下了宝贵的遗产，艺术的自由与中世纪的压抑同时为文艺复兴做好了铺垫，为人文主义思想准备了土壤，对近代科学的兴起产生了直接的抑或间接的重要影响。

第一，中世纪各个时期和各个国家虽然艺术特色迥异，但在为宗教服务这一点上是基本一致的。艺术家进行创作基本都是参考《圣经》，围绕宗教故事展开，由于《圣经》故事是以文字记载的，而艺术家们需要用画面来展示与表达，在创作的过程中，需要根据《圣经》故事发挥想象力。不过，艺术家越来越发现在安排人物和形状时，使用纯粹的装饰性方法就可以达到很好的效果。此时，绘画“倾向于变成一种使用图画的书写形式；然而这种简化手法的恢复，却给了中世纪艺术家一种新的自由，去放手实验更复杂的构图（‘构图’一词是composition，即放在一起之意）形式”[①]。于是，艺术家感到，他们的想法与想象可以超出自然界，甚至色彩层次都可以是想象的，既可以超脱于自然界，也可以去模仿自然界。这一切“都表明那些名家很好地发挥了不受自然束缚这一做法的长处。正是由于摆脱了模仿自然界这一束缚，获得了自

① ［英］贡布里希：《艺术的故事》，范景中译，林夕校，北京：生活·读书·新知三联书店，1999年，第183页。

由，他们才能传达出那种超自然的观念”[①]。从这个角度来看，中世纪的宗教艺术，似乎比以往更激发了艺术家的想象力，而宗教题材也为艺术想象力的发挥留出了更大的空间。

尽管中世纪艺术经历了基督教对古典艺术的清洗，似乎真实的美已不为基督教所容，但在事实上并未从根本上泯灭人们对艺术的兴趣，只是在表现形式上被压抑为另外的形式，艺术品不再模仿现实生活本身，而转向表达一种理念，反而更激发出了艺术家的想象欲望，打开了想象的闸门，拓展出了更广阔的想象空间。

第二，中世纪艺术是对古希腊艺术和古罗马艺术的继承与发展，中世纪晚期的艺术家和文艺复兴初期的艺术家，为文艺复兴做出了不朽的贡献。这在对艺术精益求精的艺术追求上体现得尤其突出，他们对待自己作品精准度的要求很高，如果用今天时间量化的方式来衡量其价值，甚至可能出现无法估量的情况。例如，吉贝尔蒂（Lorenzo Ghiberti，1378—1438）就是那个时期的典型代表之一，其工作坊是文艺复兴时期极重要的创作熔炉。他于1403年开始制作一个铜门，这个铜门倾注了他20年的心血。他自己是这样描述的，这件作品是随着制作过程变得越来越庞大的，第一扇门就有28片镶板，镶板的绲边则重达340磅。他是“以极谨慎和辛勤的态度……才智与技术”[②]来制作的。在当时的铸造过程中，如果稍有疏忽或失误，就必须从头再来，即使经过这样反反复复的过程，也不算完美，还要进行反复润色和修饰，甚至润色和修饰时间就需要数年之久。最后，这件作品用去了吉贝尔蒂20年光阴，成为绝世佳作，以富于活力的方式再现了《圣经》故事，吸引了大批意大利各地的艺术家和收藏家慕名前来欣赏、研究和观摩。

第三，受到基督教影响的中世纪艺术，使艺术本身所具有的自由特性以特殊的宗教想象力的方式得以释放。另外，艺术的自由个性由于受到宗教教义的限制和压抑，反而产生了一定的反弹，这种反弹积蓄到文艺复兴时期，便转化为艺术发展的动力。也就是在漫长的中世纪，让艺术在基督教的外衣

---

① [英]贡布里希：《艺术的故事》，范景中译，林夕校，北京：生活·读书·新知三联书店，1999年，第183页。

② [英]保罗·约翰逊：《文艺复兴：黑暗中诞生的黄金年代》，谭钟瑜译，天津：天津人民出版社，2007年，第67页。

下生存，对艺术的本性，即自由的展开，形成一种压力，但也为文艺复兴的艺术的充分打开提供了反弹的动力。正因经历了中世纪的漫长准备与等待，人们对古希腊艺术的向往更加强烈，才有文艺复兴时期回归古代的更大决心，才最终使文艺复兴得更为彻底。因此，人文主义者对中世纪的“恨之深”，加深了对古典艺术回归的“爱之切”。正因为中世纪的长久压抑，才反弹出人文主义思想的凸显，为文艺复兴的爆发及持续时间之久与蔓延空间之广做好了铺垫。

第四，中世纪艺术尽管成为基督教宣扬教义与思想的媒介，但并未影响艺术所能达到的高度。比较有代表性的是哥特式教堂的庄严肃穆，拜占庭镶嵌画的简洁华丽。黑格尔在《美学》中把建筑划分成了三类：古埃及的象征主义建筑、古希腊的古典型建筑和中世纪的哥特浪漫型建筑。“浪漫型建筑在材料和建筑构形的科学性、合理性、完善性方面都超过了古典型建筑，也就是说在审美判断力的主导之下，最合宜的材料和最经济合理的构形被组合成无与伦比的人类构造物，并体现了人类最崇高的理想。”[①]

二、文艺复兴的复古和创新与近代科学传统

文艺复兴运动从14世纪兴起，到16世纪达到顶峰。其最先兴起于意大利的城市，随后蔓延到西欧各国，成为近代科学兴起的重要阶段。这一时期给人类文明带来的巨大震撼，使之成为人类文明的重要里程碑而被载入史册，也常常被认为是中古时代和近（现）代的界限。

文艺复兴时期是一个伟大时代的开始，正如恩格斯所评价的，“这是一次人类从来没有经历过的最伟大的、进步的变革……”[②]它对哲学、宗教、艺术产生了极为深远的影响，形成了近代西方文化中的主流思想，近代科学恰是在这一时期诞生。“无论是出于偶然性还是出于历史必然性，在欧洲，种种因素以恰当的比例凑合在一起，又经历了不可避免的宗教磨炼和政治压力，于是不断相互作用、结合，终于形成了一种崭新的文化产物。全世界的现代科

① 李卫、费凯：《建筑哲学》，上海：学林出版社，2006年，第357页。

② 恩格斯：《自然辩证法》，北京：人民出版社，1975年，第7页。

学正是从这唯一源泉中成长起来的。”[①] 意大利的文艺复兴对艺术来说意味着一场革命，其巨大冲击波无疑给近代科学以强烈的震动，为近代科学的诞生营造了浓郁的艺术氛围，成为推动近代科学产生的人文情境中的靓丽景观。

笔者在此试图通过挖掘对科学产生推动作用的艺术背景与情境，着力探询文艺复兴时期的艺术对近代科学的启示作用。事实上，近代科学正是吸纳和整合了这些人文资源，才摆脱了禁锢，脱壳而出的，并在一系列丰厚的人文背景的滋养中逐渐羽翼丰满直至展翅高飞，完成了凤凰涅槃的过程。

文艺复兴时期，古典文化对人们来说存在着独有的魅力，被认为是完美风格的智慧宝库。当时的人文主义者热衷于挖掘古典文献，希望通过“再现”古希腊和古罗马文化，复兴古代文化。这种对古典文化的“复活”和“再解读”本身就给人们带来了大量知识，并使人们逐渐养成了向前人学习的良好治学传统。

当然，文艺复兴所倡导的“复古”不是简单地为了复古而复古，而是试图对古典的再次感悟，对文献的复古挖掘也是综合性的，因此复古的目标是为了面对现实，为了使人在现实生活中生活得更加丰富，以摆脱中世纪的沉闷。“古人世界的重新发现释放了新的能量，刺激了想像力，最后发现了新的真理，创造了新的形式，而不仅仅是恢复过去已被淹没或歪曲的许多价值。”[②] 同时，文艺复兴的时间持续得较长，从早期意大利文学中“重新发现”古代，即再发现古罗马和古希腊开始，直至中期这种古典文化对欧洲其他地区产生的震荡，再到后期的“兴盛”，都弥漫着这种复古与创新的气息，并持续地对科学、艺术、哲学和宗教的发展产生巨大作用。“不可否认的是，要想寻求科学革命爆发的原因，我们就必须要到欧洲著名的文艺复兴巨变（sea-changes）中去寻找所发生的广阔变革。”[③]

14世纪末，艺术家的兴趣已经不再是仅仅关心如何才能把宗教故事以最

---

① [英]约翰·齐曼：《知识的力量——科学的社会范畴》，许立达等译，上海：上海科学技术出版社，1985年，第229页。

② [英]阿伦·布洛克：《西方人文主义传统》，董乐山译，北京：生活·读书·新知三联书店，1997年，第12页。

③ John Herry，*The Scientific Revolution and the Origins of Modern Science*，Palgrave Publishers，2002，p.9.

佳方式生动地表现出来，而是开始希望能够以最忠实的方式表现自然界，他们已经不满足于描述宗教故事的技术细节，“他们想探索视觉法则，想掌握足够的人体知识，像希腊人和罗马人所做的那样去构成雕刻和绘画中的人体。一旦他们的兴趣发生这种转变，中世纪的艺术实际上已告结束。我们也就来到通常所说的文艺复兴时期[Renaissance]”[①]。

文艺复兴时期，哥特式雕刻家也开始琢磨，怎样才能使所刻画的事物与真实情况符合度更高。这与古希腊和古罗马时期的艺术有异曲同工之妙。他们有意识地回到现实世界，毋宁说是摹拟自然，为了使所描绘的事物更加逼真可信，他们开始有意识地向大自然学习。“公元前五世纪的希腊艺术家主要关心怎样构成躯体美丽的人像。而在哥特式艺术家看来，那些方法和诀窍都不过是一种手段，他要达到的目的是把宗教故事叙述得更令人感动、更令人信服。他叙述宗教故事的目的不在于故事本身，而在于其中的启示，在于使信徒可能从中汲取安慰和教诲。对他来说，基督望着临终前圣母时的姿态，显然要比肌肉的精巧刻画重要得多。”[②]在中世纪后期的13世纪，雕刻家们则企图给石头灌注生命，体现了艺术家们的主要功绩和绘画功力。

15世纪初的两位大师——雕刻家多纳泰罗（Donatello，又译多纳太罗、唐纳太罗，1386—1466）与英年早逝的画家马萨乔一样，在对光辉的古典情有独钟的同时又不拘泥于传统，实现了很大程度的创新，比以往任何时候都更专注于创造充满生活气息的人物形象，以逼真生动、优美坚实的人体绘画和雕塑呈现人类的精神风貌，力图能够彻底驱散中世纪的幽灵。尽管人文主义对古典的过度迷恋容易陷于模仿的窠臼，但是艺术家们特有的敏感与想象力非但没有因此受到限制而窒息，反倒因受到刺激而被激发。

多纳泰罗从吉贝尔蒂的经验中吸收最多，“尤其是那种想在文学中得到真理，在艺术中表现眼前真实的不可抵抗的渴望，是一股推动作家和艺术家达到最高境界的力量”[③]。相对于中世纪而言，文艺复兴留给艺术家们的足够多

---

① ［英］贡布里希：《艺术的故事》，范景中译，林夕校，南宁：广西美术出版社，2008年，第221页。

② ［英］贡布里希：《艺术的故事》，范景中译，林夕校，南宁：广西美术出版社，2008年，第193—195页。

③ ［英］保罗·约翰逊：《文艺复兴：黑暗中诞生的黄金年代》，谭钟瑜译，天津：天津人民出版社，2007年，第67页。

的想象空间，以及更大的自由度，恰恰是艺术所必需的构件。因此对于艺术家而言，文艺复兴的人文情境无疑是最适合不过的。于是，天才们在文艺复兴的动力推动下完全释放自我，充分展示艺术天分。例如，多纳泰罗以普通市民的身份，创造性地促成了城市精英与艺术家们真诚地合作，从此“将美之制造者的社会地位从工匠提升至艺术家”①。多纳泰罗对于艺术的社会地位所做的努力，为艺术，也为人类文明的进步贡献了一己之力。于是，从事绘画、雕刻和建筑设计等的手工业者们，由社会的平民阶层——工匠，不断跃升成为艺术家，收获了社会对他们的尊重。

多纳泰罗创造性地实现了工匠与精英的密切合作，由此带来了一系列改变，包括改变了城市面貌，改变了工匠的社会地位，改变了艺术家在社会中的境遇，可谓创意无限。“在他之前，艺术家明白艺术的极限在哪里，什么艺术是可行或应当行的。但多那太洛的创意持续且惊人地出现，以致在他之后，所有的限制似乎消失了，艺术家唯一受限的，将是自己的能力。”②艺术家们充分地挖掘自己的潜力和能量的时候来了。

文艺复兴时期，复古是为了面向现实的人，希望重新发现古代为现代所用，人文主义者希望通过传统文化来陶冶人们的情操，使人们变得更加文明，通过文字修辞的训练，使人们的语言表达更加清晰，进而形成理想人格。因此，文艺复兴时期的“复古”是为了丰满人性，陶冶性情，塑造完善的人，促进人的全面发展，吸收古代的精华以滋养现代人，打造完美的人。人文主义的教育理想是通过接触古希腊、古罗马的文献来丰富和陶冶人们的心灵。人文主义借助于复古，目的是用现实的眼光来审视人类经验的内部结构，其根本宗旨在于追求文化和智力的统一，即“塑造拥有最高智慧的全才（whole man）”③。

在文艺复兴时期，画家扮演着通才的角色，可以同时是建筑师、设计师、工程师和工匠。具有这样才能的画家，在文艺复兴时期可以列出一长串

---

① ［英］保罗·约翰逊：《文艺复兴：黑暗中诞生的黄金年代》，谭钟瑜译，天津：天津人民出版社，2007年，第68页。

② ［英］保罗·约翰逊：《文艺复兴：黑暗中诞生的黄金年代》，谭钟瑜译，天津：天津人民出版社，2007年，第68页。

③ ［美］罗兰·斯特龙伯格：《西方现代思想史》，刘北成、赵国新译，北京：中央编译出版社，2005年，第13页。

名单，一些画家经常会受到城市或君主之召，去建教堂或铜像等，胜任此等工作的基本条件是画家们对建造材料了如指掌，并且技艺十分娴熟。

达·芬奇就是其中的典型代表，他可以运用高超的绘画技艺把当时任何有用的机器绘制得精良无比。达·芬奇向米兰公爵自荐时，就提及了自己所能制造的若干军用器械。他的笔记本中也记录着他研究当时金属和机器工人的各项操作流程。尽管按照今天的自然科学来看，即使他筹到了足够的资金，他的任何一件机械也不能真正起作用，但他给学界留下了一种深刻的观念，即“自然界的种种操作可用机械来阐明”[①]。这种观念对于后来的近代科学尤其是机械力学的发展来说，无疑是一笔宝贵的精神财富，也是先期的有益尝试。[②]至少在设计上是开近代科学之先河的，这在一定程度上激发了科学的想象。

安德烈·夏斯特尔在谈到文艺复兴时期的艺术和古代的关系时，称它是“文化仿造的一件大事……为了要重新发现古代它创造了完全不同的东西”。对古典文献的挖掘是，对古典兼收并蓄，这种兼容意味着整合和继承，为未来奠定了前进的基础。瓦拉说：“这些作品之所以神圣，并不在于它们永远关闭了人们前进的道路，而是打开了人们前进的道路。”[③]从更深远的意义来看，“文艺复兴意味着西方思想完成了最后一次大综合”[④]。这种综合在艺术中展示得最为到位，因为古典艺术相对于其他领域而言更为集中与具体，便于高效率地加以研习，因而艺术有着优越的复古条件，是集继承与创新、发展的典范，堪称经典。

文艺复兴时期的艺术，在古典文化发掘的深度与力度上都是空前的，为艺术的迅猛发展奠定了坚实而广阔的基础。这种既尊重古代但又不拘泥于古代的原则，为艺术的发展指明了方向，推进艺术达到了巅峰。反过来，艺术

---

① ［英］约翰·德斯蒙德·贝尔纳：《历史上的科学：科学革命与工业革命》卷2，伍况甫、彭家礼译，北京：科学出版社，2015年，第301页。

② Paolo Rossi，*The Birth of Modern Science*，translated by Cynthia De Nardi Ipsen，Blackwell Publishers，2001，pp.30-33.

③ ［意］加林：《意大利人文主义》，李玉成译，北京：生活·读书·新知三联书店，1998年，“导言”第6页。

④ ［美］乔治·萨顿：《文艺复兴时期的科学观》，郑诚、郑方磊、袁媛译，杨惠玉校，上海：上海交通大学出版社，2007年，第380页。

的主流导向起到了类似于带头学科的作用，影响着时代的进程。艺术家在对古代文化的挖掘中，发现和领悟到古典文化精华及他们应该努力创新的方向，即古典文化的“魂”及未来的方向。

因此，复古的功绩与目的是创新，在艺术家那里掌控得恰到好处，一大批全才的出现就是一个明证。同时，机械观念的影响也对近代科学意义深远，即可以看作近代科学的另一传统——分析传统——的实践发扬。

复古与创新构成了文艺复兴的主旋律。文艺复兴时期的人文主义者重视向古代学习，但并不迷信古人的著作，为近代科学准备了适宜的人文土壤。由于知识视界的日益开阔，人们也变得越发自信，敢于怀疑权威，甚至敢于挑战权威，由此养成了科学的怀疑精神，而这正是近代科学的重要品质。

因而，在思想史上回归历史的真实以后，亚里士多德的“权威”强势逐渐减弱，到后来甚至已不复存在，他变得同普通人一样，成为一个受历史时代局限的思想家。被誉为近代科学实验方法奠基人的伽利略的“自由落体定律”是对亚里士多德“权威”的挑战与批判的产物，就成为历史和科学发展的必然。接下来，哥白尼虽尘封观点数十载，但最终还是将颠覆托勒密学说的《天体运行论》出版，向神学下了挑战书，为近代科学的大幕拉开了至关重要的一角！

文艺复兴时期通过对古代文献的再发现和再认识，为科学的产生奠定了极为完整和系统的文献铺垫。从长远来看，注重向前人学习的治学传统，对人类以往知识整合与交会的重视，为科学家研究自然界知识的兼收并蓄提供了基础与可能，并成为文艺复兴时期的持久成就。同时，在“复兴”大潮之下，注重精致修辞训练的古典文献的重新发现，对科学及其实践也产生了重要影响。

文艺复兴时期的艺术正是复古与创新的最大受益者，艺术可以说是率先垂范地重建了经典，通过学习历史，在复活古代文化的进程中得到古典世界的滋养，并以突出的表现和卓越的成就进一步扩散了复古与创新的观念与气息。众所周知，复古与继承、创新与发展是科学产生和进步的要义，可以为近代科学的产生打通学习的道路，并指明了前进的方向。作为近代科学的时代象征，“站在巨人肩膀上的”牛顿把至少四门“学科”变成了“科学”，就是继承与创新传统的充分展现。

三、文艺复兴的艺术风格与近代科学方法

文艺复兴时期的思想家突出表现为对经院哲学的反叛及与其决裂，他们重新发现古代世界，古希腊思想吸引人之处在于以人为中心，而不是以上帝为主题，是对人的肯定和对人性的颂扬，倡导在现实的世俗生活中实现理想，形成了明显的人文主义思潮。文艺复兴时期苏格拉底被复活，哲学被从天上带到地上，“文艺复兴思想家们再一次把人置于中心地位。在这种思潮中，人的活动将按其本身价值受到尊重，因之，科学的探索也以崭新的惊人的步伐向前迈进”①。因此，人文主义者借助于复古与创新，希望在现世中实现理想的生活，而不是像中世纪一样把愿望寄托于“来世”，认为更加有意义的是“此岸”而非“彼岸”。艺术家们得到了理想主义和现实主义真谛，并进一步合二为一地加以发挥，以艺术所特有的方式来对这一诉求加以表达和传递。

整个15世纪，雕刻家多纳泰罗和英年早逝的画家马萨乔作为领袖，引领艺术不断超越。马萨乔（Masaccio 1401—1428）首倡把“愈接近自然就愈完善”的信念作为艺术的基本原则，将艺术提升到一个新高度，“接近自然”指现实主义，“完善”则指艺术理想。在他的绘画作品中，这种现实与理想的完美结合已初见端倪。他的创作不在于继承晚期哥特式绘画的优雅风格和装饰意味，而是把塑造真实形象和真实空间放在首位，对人物的刻画更注重体现其性格特征。他在运用透视学和解剖学及色彩学上比前人更驾轻就熟，他的代表作品有《纳税金》《逐出乐园》《圣母子》等。马萨乔的绘画就是对“接近自然”理念的践行。他的画无论人物神韵还是风景意境皆力求逼真生动，充分体现了对人性伟大尊严的关注。

《纳税金》是一幅宗教题材的大型壁画。画中人物不同、场景变幻，层次有序，凸显了画面的真实感，富于体积感。马萨乔善于把握人物内心，运用透视法绘制建筑和自然环境，并把人物融入其中，整个画面就像是一个真实而生动的生活场景。画中塑造的人物庄严而厚重，结构明确而清晰，画作中

---

① ［英］伯特兰·罗素：《西方的智慧》，马家驹、贺霖译，北京：世界知识出版社，1992年，第219页。

的每一个人都被很恰当地安置在各自的位置上。马萨乔比较早就注意到光对于表现物体的作用，通过对光与空气层次的描绘，画面上的人物与环境产生了距离感（图1-6）。再现真实，正是马萨乔的艺术特色。

图1-6 《纳税金》

因此，马萨乔被称为“乔托百年沉寂之后第一人”，他一方面继承了乔托的现实主义绘画风格传统，另一方面在表现人物上厚重深沉，使光与自然能更好地融合在一起，在传统的基础上有所创新。这种真实来源于对生活的细致观察和体验，正如拉斐尔所指出的，艺术创作既要观察生活，又要依靠理想，因此“胜过自然、高于生活”的领悟与把握正是在复古与创新的主旋律下，艺术家领会了人文主义诉求的精要，即艺术在文艺复兴时期高歌猛进的主要根源。把思想内容和创作手法，即人文主义思想和现实主义的表现手法结合起来，并以之为前进的灯塔。

马萨乔的画尽管不像当时人们已经司空见惯的那样悦目，但突出地强调了生动真实，他笔下的人物雄伟强壮而自然质朴，反映出文艺复兴蓬勃积极的时代真谛。尽管他英年早逝，但他的作品成为后世艺术学习者的典范。后来的多纳泰罗则秉承了马萨乔的画风，对自然的新颖、生动的观察追求胜过对细致优雅的强调，力求对自然、对人物的描绘达到惊人的真实效果。

进入16世纪以后，文艺复兴盛期的大师们更是深得人文主义之精髓，推动艺术达到了空前繁荣，甚至在某些方面超越了古典，领悟到了古典艺术的最高理想——和谐之美，或者可以理解为他们是在写实求真与理想加工之间找到的一个最佳平衡点，使艺术创作渐入佳境。

文艺复兴时期理想主义与现实主义的完美结合，对近代科学的产生有着深远的意义。受人文主义影响的现实主义绘画，需要仔细观察纯自然，如花、鸟、鱼、虫、山、石、树等，这样就建立了以自然界为基础认识事物的观念，不同于中世纪认为的知识是从书本上和逻辑中派生出来的观念。为了反映现实，艺术家们就必须对自然界进行细致入微的观察，以达到对人物和景致的细节的深刻描画，力图在绘画和雕塑中，对每一个人或物达到栩栩如生的描绘和刻画，对景致的远近细节的勾勒几乎达到科学的精确性，坚持像镜子一样反映现实的全部细节。从这一点来看，文艺复兴时期的艺术家为近代科学的分析传统做出了典范。在这个过程中，他们引导人们亲近自然，引发了人们对自然界的兴趣，从而冲破纯粹的思辨，摆脱经院哲学的禁锢。

达·芬奇称画家是“一切看得见的自然景物的模仿者”，并且认为一幅画越接近“模仿的东西”就越好。画家杨·凡·艾克（Jan Van Eyck，1390?—1441）的画作，把自然再现在画面中几乎具有科学的精确性，“他耐心地在细节上再增添细节，直到整个画面变得像是镜子般地反映可见世界为止，使人感到真实”[①]。为了实现这一意图，杨·凡·艾克不得不改进绘画方法，发明了一种新配方，用来调制颜色以便画到板上。他在肖像画领域的成果影响最大，他最著名的画作之一就是《阿尔诺菲尼的订婚式》详见图 1-7（a）。

杨·凡·艾克的这幅画中的每一样物品都勾画得细致入微，现实世界的一个重要而庄严的时刻被定格在这幅画中。这是一幅很有特色和意蕴的画作，其第一个特点就是签名的位置特殊，反映了独特的意义，很有创意。正常情况下，画家会在画作边缘签名，但这幅画的作者把自己的拉丁文名字“Johannes de eyck fuit hic”签在画中心偏上位置，以示强调，表明作者本人在场。这个“在场”意味着见证，即见证一个庄严的婚礼仪式，房间后面的镜子让我们能够看出画师这一方向的情况，我们似乎可以模糊地看到，正在作画的画师兼见证人的影像，详见图 1-7（b）。此种新式绘画，会让我们不自觉地联想到当代的照相效果，也丝毫不逊于我们现在的签名照片。在那个时代，姑且不说画家的画技，仅就绘画构思和角度而言，就极富创意。“不管是

---

① ［英］贡布里希：《艺术的故事》，范景中译，林夕校，北京：生活·读书·新知三联书店，1999年，第240页。

谁首先想出这个主意，无疑他是很快就认识到凡·艾克的绘画新方法中蕴涵着巨大的可能性。艺术家在历史上第一次成为真正的目击者，一个不折不扣的目击者。”① 这幅画作影响很大，也许是杨·凡·艾克最著名的画作之一。

(a)《阿尔诺菲尼的订婚式》

(b)《阿尔诺菲尼的订婚式》画作局部特写

图 1-7 画作及局部

因此，文艺复兴时期的现实主义表现手法对“逼真”的追求，体现了“求真”的诉求，背后的理念是对真实世界的渴望与追求，蕴涵着科学的“求真”的种子。文艺复兴时期在文学、绘画、建筑、天文学各领域都取得了巨大的成就。

艺术展示了复古与发展的魅力，人文主义在“复古”中所“复活”的新柏拉图主义的思想助推了艺术对古代的再发现。反过来，文艺复兴时期的艺术把新柏拉图主义的两股思潮——“万物皆数”与“万物皆磁”——推向高峰，由此分别引发的数学原则与主动原则。人文主义者对古希腊文化的再发现使他们意识到，对事物的数字结构理解给人以驾驭其周围环境的新力量，使人更像上帝，这也是对经院哲学的教条和例行公事的逆反，认为人如果能在某种程度上运用并改进数学技艺，就能更加接近神的地位，可以认为这是

① [英]贡布里希：《艺术的故事》，范景中译，林夕校，北京：生活·读书·新知三联书店，1999年，第243页。

古代苏格拉底学说点燃了思想家的想象之火。

“万物皆数”的集大成者是数学神秘主义的代表毕达哥拉斯。他在数学的和谐与音乐的和音中发现了基本的关系。而数学“是人类的智力攀升过程当中出现的一道通往神秘和理性思维的阶梯”①。其实毕达哥拉斯以其特有的天分，在古希腊时期就发现了数学与艺术的内在关联。之后不管是艺术借助数学，还是数学在艺术中得以发展，都表明数学在自然科学发展中的历史作用如何强调都不为过，借助数学表达可以穿透自然界的空间结构。值得一提的是，在艺术领域曾经产生了数学分支学科——射影几何。

自然的法则是由数学构成的，这是毕达哥拉斯所坚持的观念。他认为数学就是自然的语言。文艺复兴时期，艺术界发明的透视法就是实现用数学描述出自然界的运动原则，将运动呈现在画布上，最终展示出自然界真实的层次感和距离感。

对自然界动态的描述的数学研究，即瞬时运动的数学表达，是由17世纪的两个卓越人物发明出来的——一个是妇孺皆知的牛顿，另一个是博学多才的莱布尼兹。“自然的法则成为运动的法则，而自然本身也不仅仅成为一系列静态的方框，而且还是一个移动的过程。”②尽管“文艺复兴时期并没有科学设备可以一刻一刻地停止画面。但是，文艺复兴时期有智力上的设备，画家内在的眼睛，还有数学的逻辑工具”③，这同时构成了一种关于自然观的形成，为世人展示了一幅自然界的动态画面。

达·芬奇认为，“为了追求自然主义，绘画必须受制于‘数学科学’”④，艺术家们把描绘现实世界作为绘画的目标，研究如何把三维的现实世界绘制在二维的画布上。透视法就是为了满足这一需求而做出的努力，它革命性地改变了艺术的原有叙事方式，被称为在艺术中产生的数学分支学科。

科学透视法的发明人是布鲁内莱斯基（Filippo Brunelleschi，1377—1446）。据说，布鲁内莱斯基之所以擅长数学，是因为受到他的一位朋友保

---

① [美]雅·布伦诺斯基：《科学进化史》，李斯译，海口：海南出版社，2006年，第144页。

② [美]雅·布伦诺斯基：《科学进化史》，李斯译，海口：海南出版社，2006年，第179页。

③ [美]雅·布伦诺斯基：《科学进化史》，李斯译，海口：海南出版社，2006年，第177页。

④ [英]阿伦·布洛克：《西方人文主义传统》，董乐山译，北京：生活·读书·新知三联书店，1997年，第52页。

罗·托斯卡内利的影响[①]，从而为现代艺术做出了巨大贡献。文艺复兴时期，一批艺术家研究怎样做才能使画作更为真实地反映自然的数学理论，从而确立了早期的数学透视法思想，这些工作和观念成为18世纪射影几何的起点。

布鲁内莱斯基创作了历史上第一幅按透视法画的城市街景（实际的画作已失传），并将此法传授于马萨乔和多纳泰罗，指导他们各自在绘画与雕塑方面掀起划时代的技法革命。透视法涉及解剖学和光学的时空光线转换问题，为使透视法进一步增强真实感，将透视法加上光线处理，如此便可以达到景深错觉的效果。因此，现实主义的表现手法传递着精确、真实地反映自然界的信息。贡布里希在《艺术的故事》一节中描述文艺复兴时期的15世纪初期时，就是以“征服真实”为大标题的。

艺术史家潘诺夫斯基认为，近代科学诞生可以追溯到“视觉革命”，“视觉艺术对于科学发展的影响在全部历史里其他时代从未产生过这样的效果，而这种兴趣正是科学史中最重要变化的开端，不迟不早，或许不是偶然的。”[②]埃杰顿甚至提出，由14世纪的意大利画家乔托所开创的“艺术革命”，运用解剖、明暗和透视法等科学手段，为17世纪的“科学革命”提供了一套全新的观察、再现和研究现实的“视觉语言”。

艺术上被称为伟大发现的时期，至少包括意大利艺术家求助于数学来研究透视法，求助于解剖学来研究人体结构，这两种诉求在绘画艺术中极尽发挥，反过来同样促进了至少这两门学科的巨大进步。

关于透视研究，早在公元1000年左右，阿拉伯科学家阿尔哈桑就关注到了。“阿尔哈桑第一个确认，我们看到一个物体，是因为物体的每一个点引导并反射光线到眼睛里。”[③]希腊人原以为光是从我们的眼睛发出投向物体的，在这种概念框架下无法解释物体在移动过程中为什么会发生大小的变化。而阿尔哈桑对此做出了在今天看来是正确的解释。他以手为例，指出来自手的轮廓与外形的光线的锥角，会在我们将手从你的眼前移开的时候变小，当把手移向你的时候，进入你眼睛的光线的锥角会变大，并且对着更大的一个

① ［日］盐野七生：《文艺复兴是什么》，计丽屏译，北京：中信出版社，2016年，第178页。

② ［英］约翰·德斯蒙德·贝尔纳：《历史上的科学：科学革命与工业革命》卷2，伍况甫、彭家礼译，北京：科学出版社，2015年，第297页。

③ ［美］雅·布伦诺斯基：《科学进化史》，李斯译，海口：海南出版社，2006年，第171页。

角。这样就轻而易举地解释了物体移动过程中会发生大小变化的问题。“但是，在600多年的时间里，科学家们竟然没有注意到它（罗杰·培根是个例外）。但是，画家在很早以前就注意到这个现象了，而且是以实用的方法认识到的。来自物体针对眼睛的光线锥角的概念成为透视法的基础，而透视法就是使数学复生的新主意。”[①]

透视法强调一种运动感，不仅仅停留在描述上，更加注重透过画面的空间架构来体现事物的运动感（图1-8、图1-9）。画家故意避开绝对的抽象的画面，“一个地方就是为我们固定下来的一刻，是一闪即逝的过去：时间上的视点大于空间中的视点”。所有这些都通过数学方法实现，这个方法已被德国画家阿尔布雷希特·丢勒记录下来，透视法在于画家不仅仅是一个观察点，更是一个活动过程和连续的操作。丢勒的画中心的圣餐杯就是教授透视法的一个教具，今天计算机上可以做出这样的模拟，让我们体会到当时的透视画家们的分析，“他的眼睛就跟转盘一样跟随和探索着移动的形状，使圆拉长变成椭圆，并捕捉住时间的一刻，使其成为空间的拖痕”[②]，这对于后来开普勒对哥白尼的天体的圆形说更正为椭圆形的研究不无启示。

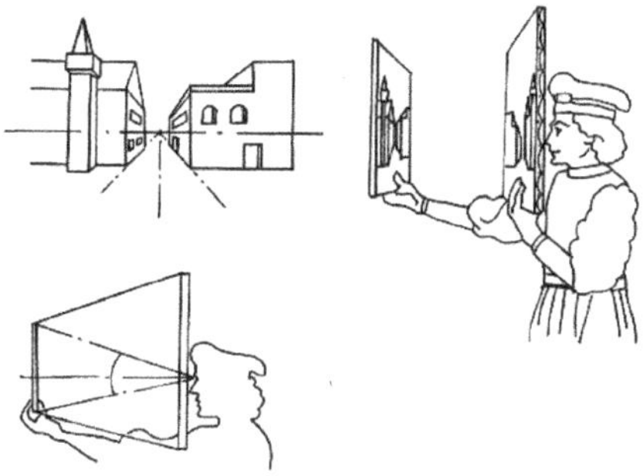

图1-8　美术中的透视法

图1-9　阿尔布雷希特·丢勒的透视仪器

透视法是艺术家们的杰作，而几何是运用这一方法的关键。文艺复兴时期，艺术家们通过研究古代透视方面的著作而大受启发，而古代透视学与古希腊和古罗马艺术是紧密相连的。“当然，新方法更为主要的是受到了渴望描述真实世界这一愿望的刺激。最为根本的目的，则是把握空间结构和发现自

① [美]雅·布伦诺斯基：《科学进化史》，李斯译，海口：海南出版社，2006年，第174页。
② [美]雅·布伦诺斯基：《科学进化史》，李斯译，海口：海南出版社，2006年，第176—177页。

然界的奥秘……这些艺术家们在他们的创作中，运用独特的技艺去展示自然界，他们具有与那些借助于数学、实验方法而建立起现代科学的研究者们十分相似的精神气质和研究态度。”[①] 实际上，文艺复兴时期的艺术被认为是一种知识和一门科学，它包括 4 种柏拉图式的艺术形式：算术、几何、声学（音乐）及天文学，其中就包含后来属于自然科学的学科。

透视法体现了数学与实验方法的完美结合，堪称典范。透视法不仅仅在于对事物的描绘，更强调一种运动感，并注重画面的空间结构的层次感。尤其是到文艺复兴时期，透视法激发了艺术天才们研究如何在二维的画布上描绘出三维景物，随之创立了一种全新的绘画风格。这一绘画风格不仅带来了绘画的革命，还产生了一门新的数学学科——射影几何。可以说，透视学为文艺复兴的绘画艺术做出了巨大贡献。“画家们把主要精力集中于这一方面，从而构造了一个令人满意的光学透视体系。数学家们从这一思想出发，得到了一个全新的研究领域——射影几何。”[②]

今天我们知道这门学科若能恰当地应用，便可以解决一些实际问题，它尽管曾经遭受过冷落，但在19世纪再度兴起。后来，人们证明这门学科是集合学的“母亲”。“也许正是由于绘画，使这门学科的思想变得丰富多彩，五彩纷呈，因而由德扎格创造的这门‘诞生于艺术的科学’，成了今天最美的数学分支之一。”[③]“通过这一方式，艺术家们‘偿还’了他们利用数学方法、思想而‘拖欠’数学的‘债务’。”[④]

艺术家对自然界的认识的科学程度和科学要求丝毫不逊于现代意义上的职业科学家的研究。最典型的代表当属达·芬奇，他广泛而深入地研究了解剖学、透视学、几何学、物理学和化学，并且大多能够在他的绘画作品中完美呈现。不过，采用数学方法找寻人体和世界的奥秘并加以真实地表达，是

① [美]莫里斯·克莱因：《西方文化中的数学》，张祖贵译，北京：商务印书馆，2013年，第171页。

② [美]莫里斯·克莱因：《西方文化中的数学》，张祖贵译，北京：商务印书馆，2013年，第203页。

③ [美]莫里斯·克莱因：《西方文化中的数学》，张祖贵译，北京：商务印书馆，2013年，第203页。

④ [美]莫里斯·克莱因：《西方文化中的数学》，张祖贵译，北京：商务印书馆，2013年，第186页。

他最大的兴趣。他曾在《绘画论》中表达了这一思想："欣赏我的作品的人，没有一个人不是数学家。""任何人类的探究活动也不能称为科学，除非这种活动通过数学表达方式和经过数学证明来开辟自己的道路。"[①] 客观上，他的艺术精品为近代科学积累了宝贵的财富，其艺术魅力更是至今仍在震撼着人们的心灵，启迪着一代又一代人的思想。

达·芬奇的成就是艺术和科学完满结合的经典案例。艺术和科学以不同的方式在描绘和探索世界，寻求真理，而真理的精髓都借助于数学语言。艺术家们把透视看作一门科学的范本，"所谓科学是指在画家的观察中结合对数学的寻求……"，从而透过艺术的数字信息的传递，强化了数学的伟大作用，这在后来的科学复兴中体现得淋漓尽致。如果说基督化的亚里士多德注重神的理性，新柏拉图思想则关注充沛万物的灵的运作。揭示出自然界背后的奥秘是一种神秘的透视，超越了逻辑的分析。[②]

15世纪初期艺术的巨大发展和新发现，在当时引发了巨大震动，吸引了画家和赞助人的目光，原来"艺术不仅可以用来动人地叙述宗教故事，还可以用来反映出现实世界的一个侧面。这一伟大的艺术革命的最直接的后果大概就是各地的艺术家都开始试验和追求新颖、惊人的效果。这种勇于探索的精神支配着15世纪的艺术，标志着跟中世纪艺术的真正决裂"[③]。

艺术家们不再满足于去迎合雇主的异想天开，不愿再充当工匠的角色，而是从单纯被动地提供服务过渡到积极主动地自由创作，并立志成为名副其实的艺术家。"接踵而来的是伟大的发现的时期，意大利艺术家开始求助于数学去研究透视法则，求助于解剖学去研究人体的结构。通过那些发现，艺术家的视野扩大了。艺术家不再与那些随时接受活计，根据雇主的要求也可做鞋、也可做柜橱、也可做画的工匠为伍。他名副其实地成为一个艺术家，如果

---

① ［美］莫里斯·克莱因：《西方文化中的数学》，张祖贵译，北京：商务印书馆，2013年，第172页。

② William B. Ashworth，Jr. *Nature History and Emblematic World View*，*Reapraisals of the Scientific Revolution*，ed，David C. Lindberg and Robert S.Westman，Cambridge：Cambridge University Press，1990，p.305.

③ ［英］贡布里希：《艺术的故事》，范景中译，林夕校，北京：生活·读书·新知三联书店，1999年，第247页。

不去探索自然的奥秘，不去研求宇宙的深邃法则，就得不到美名和盛誉。”①

（一）文艺复兴时期艺术中实验方法的运用

如上所述，艺术促成新柏拉图主义思潮的回潮，体现为两种理念的加强：一是数学观念，即毕达哥拉斯学派“万物皆数”。另一个是新柏拉图主义的思想路线，由“万物皆磁”的研究所铺设的，即法术、巫术和炼金术，后来其中的一部分演变为医学和化学，“万物皆磁”的理念认为自然界中存在着固有的类似于属灵化的动力作用，人类可以掌握这种动力，并使之为自己服务，即所谓“主动的原则”。巴拉塞尔士就认为一切事物都是一种被动的原则（物质）和一种主动的原则（道德或精神）的结合体，后者决定前者②，也就是道德精神主动地去认识自然界。

巫术是这一原则的最早倡导和践行者，巫术之所以是有效的，就是因为古人认为在自然界中存在着深层的主导力量，掌握巫术者则掌控着这一力量。这一观念为人的行动力提供了无限可能性，也就是仅仅陷入思辨和沉思是远远不够的，需要采取行动参与其中。

赫尔墨斯是一位比摩西还早近一千年的埃及智者。《赫尔墨斯文集》（*Corpus Hermeticum*）于1463年被马斯里奥·菲奇诺（Marsilio Ficino）翻译成拉丁语版，是一部公元3—4世纪创作的新柏拉图主义著作，直到17世纪还不为人知。但是，这部著作“激起了文艺复兴时期人们对诸如炼金术、占星术和自然巫术等技术的关注。这些技术致力于人类征服自然的积极活动，成为文艺复兴时代科学的先导”③。

炼金术则将这一原则付诸实践，并且使之与数学理念相结合。“虽然炼金术的辉煌岁月在大约三个世纪以前就结束了，但这门高贵技艺（Noble Art）仍然以许多方式存在着。”④关于炼金术的历史是一个庞杂的进程，炼金术的理

---

① ［英］贡布里希：《艺术的故事》，范景中译，林夕校，北京：生活·读书·新知三联书店，1999年，第287页。

② Hilde Hein. *On the Nature and Origin of Life*，New York：McGraw-Hill，1971，p.111.

③ ［美］理查德·奥尔森：《科学与宗教：从哥白尼到达尔文（1450—1990）》，徐彬、吴林译，济南：山东人民出版社，2009年，第18页。

④ ［美］劳伦斯·普林西比：《炼金术的秘密》，张卜天译，北京：商务印书馆，2019年，“导言”第1页。

念与灵知主义有一定联系，灵知主义是公元2—3世纪的一种宗教运动，强调需要启示的知识（灵知）才能获得拯救。“这种拯救性的知识包括意识到人的内在本质有着神圣的起源，但被囚禁在一个物质身体当中。必须用知识来克服人对其起源的无知（或遗忘），使他自己（即他的灵魂）能够渐渐地不再受制于身体及其激情，不再受制于物质世界和支配它的邪恶力量。”①在这样的理念驱动下，炼金术以一定的速度和规模发展起来，这个进程对近代科学中的化学起到了奠基作用。总之，炼金术士认为外界事物具有可塑性，人则可以对事物具有支配和控制的能力，这种能力对事物起到塑造和改变的效果。

新柏拉图主义在16和17世纪影响极大，人们希望借此来摆脱亚里士多德理性主义的枯燥与乏味。②绘画中所体现的，对现实生活中人的关注及对人体的真实写照，都表现出对人的关注与颂扬。艺术中这一对人的重视进一步肯定了人所具有的主动性的能力，这种诉求和实践也在一定意义上推动着新解剖学的问世。确切地讲，解剖的流程就是一个实验的操作过程。因此，约翰·德斯蒙德·贝尔纳甚至做出了这样的判断：“哈维的血液循环说的新解剖学，应归功于艺术家，几不下于医生。”③于是，人们开始更加积极主动地认识和研究自然界，人们之所以可以实现和做到这一点，就是因为人具备主动的能力，这一观念无疑是对古代和中世纪的被动地接受一切观念的颠覆。

进入15世纪，当文艺复兴的人文主义者对古代的研究成为主流的时候，以达·芬奇、保罗·托斯卡内利、巴乔等人为代表的成就和威望，使意大利拥有了在数学上和自然科学上无可比拟的崇高地位，“而每一个国家的学者，就连雷吉奥蒙达努斯和哥白尼也都承认他们自己是意大利的学生”。④

于是，“万物皆数”与“万物皆磁”两种理念，最终奠定了数学方法和实

① [美]劳伦斯·普林西比：《炼金术的秘密》，张卜天译，北京：商务印书馆，2019年，第25页。

② [美]兰西·佩尔斯、查理士·撒士顿：《科学的灵魂：500年科学与信仰、哲学的互动史》，潘柏滔译，南昌：江西人民出版社，2006年，第71页。

③ [英]约翰·德斯蒙德·贝尔纳：《历史上的科学：科学革命与工业革命》卷2，伍况甫、彭家礼译，北京：科学出版社，2015年，第299页。

④ [瑞]雅各布·布克哈特：《意大利文艺复兴时期的文化》，何新译，北京：商务印书馆，2007年，第318页。雷吉奥蒙达努斯（Regiomontanus，1436—1476）是德国的天文学家和数学家（转引自本书译者注）。

验方法的观念基础，即对数学的或者数字的倍加推崇，并且相信人类具有主动寻求的能力，这两个方面通过炼金术的广泛传播与融合，在起源上助推着近代科学的兴起和日益兴盛。炼金术产生的历史久远，其影响力不仅仅限于化学一门学科，正如劳伦斯·普林西比在《炼金术的秘密》一书结语中所总结的，“炼金术是一种头手并用的努力。它既是理论的又是实践的，既是文字的又是实验的，而且这两个方面还不断进行互动”，“实验室和更大世界中的观察形成了一个经验核心，使这些理论能够从中产生并且继续发展。这些理论的存在及其在实际工作中的作用使人们不再相信那种旧的观念，即炼金术仅仅是不断试错的烹调术罢了”①。

从自然科学中的学科成熟时间先后来看，新柏拉图主义对天文学意义尤其重大，哥白尼的观念“即使不是太阳崇拜，也有新柏拉图主义神秘哲学的意味”②。哥白尼的观点“并没有添加任何事实知识”③，宇宙是数学系统的观念，更加坚定了哥白尼坚持日心说的信念。在哥白尼的心目中，神是一位“最佳和最有秩序的工匠”。因此，在哥白尼与托勒密之间的取舍，归根结底在于已被纳入基督信仰中的亚里士多德系统和当时尚在主流思想之外的新柏拉图主义之间的抉择。④而哥白尼以其数学优势使天文学研究倾向于数学而远离自然哲学。⑤

强调毕达哥拉斯和柏拉图的数学传统，这是导致16和17世纪科学探索的惊人复苏的主要发展趋势之一。⑥这种数学传统在绘画方面的复苏，成为近代自然科学产生的艺术气氛的重要组成部分，当数学成为思想的动态模型时，也成了人类攀升过程中的重大思想进步，预示着人类借助于数学可以达到的

① [美]劳伦斯·普林西比：《炼金术的秘密》，张卜天译，北京：商务印书馆，2019年，“结语”第294—295页。

② [美]詹姆斯·E.麦克莱伦第三、哈罗德·多恩：《世界史上的科学技术》，王鸣阳译，上海：上海科技教育出版社，2003年，第244页。

③ A. R.，*Hall the Scientific Revolution，1500-1800：The Formation of the Modern Scientific Attitude*，Boston：Beacon Press，1954，p.36.

④ John Dillenberger，*Protestant Thought and Nature Science*，Notre Dame：University of Notre Dame Press，1960，p.27.

⑤ Toby E. Huff，*The Rise of Early Modern Science Islam，China and the West*，2nd Edition，Cambridge University Press，2003，p.334.

⑥ [英]伯特兰·罗素：《西方的智慧》，马家驹、贺霖译，北京：世界知识出版社，1992年，第239页。

可能高度！近代科学的辉煌成果恰恰用事实证明了这一点。而主动性的理念给解剖学带来了巨大的变革。

文艺复兴时期艺术界的透视法将数学方法与实验方法完美结合，对近代科学产生与发展的影响不能不令人遐思——“科学上存在这样的情况，即科学发现出现之后，人们发觉它对物质世界的描述早已被以往的艺术家以奇妙的方式放入了自己的作品。……虽说艺术家对物理学领域的现状所知甚少，但他们创造出的图形和寓意，在被嵌入后世物理学家搭起的有关物质实在的概念框架之中时，却是那么令人惊异地合适。艺术家引进的图形或符号，到后来会被证明实乃当时尚未问世的科学新时期的前驱性思维方式”①。因此，有学者得出这样的判断：“艺术的重要作用是为未来开路。”②

这样看来，近代科学得以确立的两大基本方法，即数学方法和实验方法，在文艺复兴时期已经各自得到了极大的发挥和深化，更为重要的是，还展示了将二者结合起来的巨大魅力，即实验方法和数学方法得到巧妙和完美的结合，并取得了累累硕果，反映着现实与理想的结合。

文艺复兴是一场伟大的革命，萨顿认为：“这场革命发生在此时，基本原因就是将这种工艺和实验的精神用于探索真理，这种精神突然由美术界扩展到科学界，这正是列奥纳多和他的同行们所做的工作。此时此地，现代科学才得以诞生，遗憾的是，列奥纳多一直保持缄默，而科学的代言人，是在一个世纪以后才出现……”③同时，文艺复兴时期，艺术发展处于全盛状态所营造的艺术强劲势头，对于整个社会而言，实现了对世界观、人生观和价值观的全面提升、牵引和激励的效果，激发了科学家的灵感，近代科学在艺术的滋养中越来越富有活力。

综上所述，人文主义对艺术产生了巨大影响，或者可以说艺术领悟了并实践着人文主义的精髓，倡导愈完善就愈接近自然，由此形成了现世主义绘画风格。文艺复兴时期的艺术以其独有的方式，发挥着艺术对自然界的特有的感知能力。尤其体现在绘画艺术中，人文主义者对自然界的热爱，引导艺

---

① ［美］伦纳德·史莱因：《艺术与物理学——时空和光的艺术观与物理观》，暴永宁、吴伯泽译，长春：吉林人民出版社，2001年，第6页。

② Robert Hughges，*The Shock of the New*，New York：Alfred A.Knopf，1980，p.366.

③ ［美］乔治·萨顿：《科学的生命——文明史论集》，上海：上海交通大学出版社，2007年，第77页。

术家细致入微地观察自然界，为更加精确而使用的实验方法，以及在艺术中产生的数学分支学科等，都在一定程度上显示出人文主义者借助艺术手段为人类的认识和科学研究做出的巨大贡献。

从近代科学史的角度来看，艺术以其特有的方式促进了实验方法与数学方法的发展，更促进了二者的完美结合，这对近代科学的发展是至关重要的。李醒民先生曾指出："文化语境并非仅仅作用于科学的表面，它还可以直接作用于科学的深层，即作用于科学概念框架和方法论原则的形成，并进而对科学理论内容和形式有所影响。"①文艺复兴时期为近代科学所准备的恰恰就是"文化语境"的作用，艺术家们完美地运用数学方法与实验方法，在客观上却成为近代科学的方法论基础的示范，为人们展示了进入科学殿堂的钥匙。这样看来，艺术为近代科学做出的巨大贡献是不容忽视的。

另外，艺术的现实主义手法进一步强化了现世主义，强调"人如果想侍奉神，不是退隐到寺院去作隐士，而应该忠诚而勤奋地做有用的工作"②，对自然的潜心研究是作为信徒的一种神圣责任。哥白尼、伽利略、开普勒、莱布尼兹、牛顿等著名近代科学的开创者都是在这种观念的鼓励下走上科学研究道路的。从事科学研究工作有助于促进人性之善，会改变人类在现世的命运。艺术在文艺复兴的强盛的氛围强化了科学思想感情的动力。

人文主义者瓦拉在《论欢乐》中指出："'自然就是上帝的业绩'。一切自然的东西都是神圣的，我们应当真诚地投入统治着我们和世间万物的神圣规律的怀抱，这样我们将得到欢乐。"③因此，人投入大自然——上帝的怀抱，才可以获得快乐。阿尔贝蒂认为，代表文艺复兴典型思想的格言之一是"德行战胜命运"，颂扬使城市和家庭变得富裕而获得光荣的人的劳动，尘世的富裕和繁荣是上帝赞同的象征。④

与此同时，文艺复兴运动打破了中世纪理论与实践彼此分离的局面，一

---

① 李醒民：《科学的文化意蕴——科学文化讲座》，北京：高等教育出版社，2007年，第18页。

② Ian Barbour，*Issues in Science and Religion*，New York：Harper and Row，Harper Torchbooks，1966，p.48-49.

③ [意]加林：《意大利人文主义》，李玉成译，北京：生活·读书·新知三联书店，1998年，第51页。

④ [美]泰德·彼得斯、江丕盛、格蒙·本纳德编：《桥：科学与宗教》，北京：中国社会科学出版社，2002年，第60页。

定程度上对近代科学研究起到了促进作用。在中世纪，一方面，受经院哲学熏陶的教士对自然界做了理论的推定，但由于经验主义的科学观与经院主义框架无法相容，他们不可能去具体实践；另一方面，技术人员在机械制造方面具有实际的技能，但缺乏正规教育。文艺复兴时期，理论与实践开始结合起来。其原因之一在于文艺复兴的艺术家的成就打通了这两个领域：艺术家本人既是出类拔萃的匠人，同时大多数艺术家具有主动深入地研究相关理论知识的意识，使科学比过去更加重视经验和实践的结合。另外，在文艺复兴时期，大学过分偏重神学，导致其威望下降，有闲阶层对炼丹术和占星术的兴趣则越来越大，更促进了理论与实践的结合。于是出现了颇具讽刺意味的现象：被认为属于“非科学”的炼丹术与占星术，却为近代科学的建立做出了一定贡献。当然，新近对炼金术的研究已经在呼吁恢复炼金术的科学地位。①

因此，人文主义与现实主义在文艺复兴时期复古与创新的大潮之下，在艺术领域被发挥到极致，现实与理想的诉求进一步促成了实验方法和数学方法的完美结合。这种努力与成就为科学设立了标杆和示范。艺术以其辉煌成就展示了观察和实验是认识现实世界的有效途径，数学不仅可以作为认识世界的卓越方法，而且能够传递准确和完美的信息，二者的珠联璧合使艺术走向了辉煌。

从科学史来看，科学革命是与这样一些人相联系的：哥白尼、笛卡儿、伽利略和开普勒，重要的是，他们开辟了一种新的方法——科学方法，这种方法能提供给我们关于周围世界的真实可靠的知识，因此应称他们为科学之父。②同时，艺术的现实主义手法所强化的现世主义使人们在面向自然、肯定自然、赞颂和热爱自然中激发了研究自然的热情，从而寻找自然界之和谐的根源，发现自然界之美。“意大利文艺复兴时期艺术家的这种把观察自然、描绘自然、表现自然三者的结合，一直被认为是人文主义科学家伽利略所开始的科学创新大爆炸所不可缺少的先决条件。”③

---

① [美]劳伦斯·普林西比：《炼金术的秘密》，张卜天译，北京：商务印书馆，2019年。

② Peter J. Bowler，Iwan Rhys Morus，*Making Modern Science：A Historical Survey*，Chicago and London：The University of Chicago Press，2005.

③ [英]阿伦·布洛克：《西方人文主义传统》，董乐山译，北京：生活·读书·新知三联书店，1997年，第52页。

诗歌领域中也有此表现，人们在但丁的《神曲》中发现了对自然科学的兴趣的暗示与证明，但丁“是从自然界的现实取得知识，或是从人类生活的现实取得知识，然后运用这些知识，绝不是仅仅用来做点缀，而是要使读者对他的意义有最充分和最恰切的理解。在这方面他比任何近代诗人都做得更多”[①]。

四、人的发现与世界的发现

从中世纪的地理大发现，到哥白尼对人类所生存的地球在宇宙中真实位置的探究，再到对人类生理结构的发现，无不体现了人类对自己生存空间和对自己身体认知的渴求，在文艺复兴时期达到了一个新高度。与此同时，自然哲学家们对自然界运作的系列发现也有了崭新的理解，其中的内在关联是一个值得我们深思的问题。我们将文艺复兴定位为一个发现的年代是合乎历史事实的。

文艺复兴时期的文化中对人体的推崇和对人体美的欣赏，与中世纪虔诚的基督徒被训诫的人体是罪恶的源泉，显然是格格不入的。关于这一点在解剖学上体现得尤为明显，文艺复兴对人体结构和人体血液结构的研究是一个有力证据。

从科学史来看，对人体进行研究的兴趣意味着在生物学和医学方面的初步研究。以解剖学为例，著名的意大利医学学派[②]，9 世纪在萨莱诺，13 世纪在波洛尼亚如雨后春笋般地兴起。解剖术在波洛尼亚又发展起来，这时已经不是专用于研究，而是实际应用于刑事案件或医学上的人体解剖，还用来进一步证实盖伦和阿维森纳的观点。哈维于1628年出版了《动物心血运动的解剖研究》一书，这尽管是只有72页的小册子，却成为生理学史上里程碑式的著作，书中公布了实验依据及血液循环规律的发现。哈维的理论是在维萨里

---

① [瑞]雅各布·布克哈特：《意大利文艺复兴时期的文化》，何新译，北京：商务印书馆，2007年，第316页。

② 文艺复兴时期最伟大的解剖学家是蒙迪诺·德·卢齐（Mondino D'e Luzzi，意大利解剖学家，1275年生于波洛尼亚，1326年卒于波洛尼亚）。他亲自操作解剖，在这基础上，他于1316年写了历史上第一本专门论述解剖学的书。因此，他被称为解剖学的重建者。但是蒙迪诺用的解剖术语大部分来自阿拉伯术语，后人看起来则较为混乱。

的解剖学著作《论人体结构》的基础上完成的。

历史总是有很多意味深长的巧合。1543年，在科学史上是一个里程碑式的特殊年份，这一年维萨里的解剖学著作《论人体结构》一书问世，同一年哥白尼著名的《天体运行论》出版。依旧是1543年，希腊数学和阿基米德物理学著作也第一次在欧洲被翻译为拉丁文。这种巧合似乎在暗示和隐喻着世界的发现与人的发现有着某种内在关联。

《论人体结构》以维萨里本人的观察为基础，用专业而丰富的插图完整地描绘了人体解剖，详细地记述了关于人体结构的真实解剖过程，用实验数据和信息纠正了他在盖伦著作和中世纪文献中发现的许多错误。维萨里指出，《论人体结构》一书旨在作为一本教学手册，认真描述自己的解剖方法，使读者能够重复他的做法。与众不同的是，该书中由专业艺术家绘制了高品质的人体结构插图。利用这些插图，维萨里解决了术语方面的问题：他把用拉丁文或希腊文名称来标识的解剖部位进行标准化，并用字母或数字对这些部位进行标记，这些字母或数字出现在相应的文本部分。这种把插图与文本明确联系起来的方法在当时是一项重要创新。

同时，维萨里打破了延续数个世纪的对古代文本做评注的传统，坚持亲自做实验，经实验观察后再下结论，坚持权威的结论仍需接受检验的研究方法，坚持认为只有当盖伦的原始文本得到仔细而彻底的检查之后，解剖方法和利用实验获得信息，以及新教学法的革新才是可能的。[①]因此，在人体血液循环的发现上，从维萨里到哈维是近代科学意义上的真正发现。

雅各布·布克哈特曾将意大利文艺复兴的主题概括为“发现世界和发现人”[②]。事实上，文艺复兴时期，在复古与创新的氛围下，人文主义与现实主义在艺术上达成统一，创造了艺术的神话。在这个光环的笼罩下，其为近代科学兴起确立了优良的学术传统，大量而集中的复古使人类在知识范围迅速扩张的同时，在复古过程中发现了全然不同的新世界，创新则使复古充满生机与活力，在思想领域进一步开阔了人类的心胸，“艺术感和美感是文艺复兴

① ［美］玛格丽特·J. 奥斯勒：《重构世界：从中世纪到近代早期欧洲的自然、上帝和人类认识》，张卜天译，北京：商务印书馆，2019年，第46—48页。

② ［瑞］雅各布·布克哈特：《意大利文艺复兴时期的文化》，何新译，北京：商务印书馆，2007年，第311页。

时期的显著特征，在一定程度上也是更复杂精深的知识环境的产物”[①]。在人文主义与现实主义的完美结合下，人们开始极力地去打造优雅与高尚，力图将“生活创造成一件艺术品”。

文艺复兴时期，人文主义者的核心理念之一是个人的自我实现，这一点在文艺复兴早期的建筑设计领域体现得尤为突出，当时正值雕塑和绘画从建筑学中分化出来成为独立学科。在所有视觉艺术中，绘画继承古典简约和写实上的理念的同时，让艺术的自由这一特点彰显出来，这一特点又与文艺复兴时期的人文主义理想相契合，从而使绘画成为那个时代最重要的艺术表现形式。也就是说，在文艺复兴时期，艺术找回了自己，因为自由本来就是艺术的核心理念之一。因此，关于世界的认知，文艺复兴时期的艺术所影响的不仅仅是当时的艺术观念，更是人类对自身和世界的认识。

人文主义注重人的情感世界，艺术更是领悟了这层真谛，并在实践中将其发挥到极致。艺术家在艺术中发现和描绘自然界与人，并赞颂自然之美与人性之美。自然界的美包括景色的外在美与自然界本身运作的和谐完美。人性的美包括外在的形体之美和内在的人性之美。

文艺复兴时期的意大利人较早艺术地记录了他们所看到和感受到的外部世界之美，他们对自然美的赞颂大多以诗歌和绘画来着力表现。以但丁为例，他注重揭示人类对自然界的深刻感悟，他所描述的清新空气和颤动光辉的清晨，表现出显著的形式感和空间感，他以这种精确的描述，将超自然的一切要素都带到我们眼前。薄伽丘对乡村风景的描述，则反映了自然之美对人的精神熏陶的大量体验。

彼特拉克的学术创作是抒发欣赏和享受大自然的情感，他甚至认为诗人的描写似乎都有点徒劳且无力，并不是景色不美，也不是人对美没有感觉，而是自然界给人的印象与体验，让人感动得“无法形容”。画家和诗人借助于绘画和诗歌来表现自然界之美，力图透过艺术作品和文学作品来表现一种灵性，一种自然界的灵性，并极力寻找表现自然界的任何可能形式，意欲揭示出自然界背后之性灵的东西，自然界之壮丽的始因，或者对自然之美的感叹

---

① ［美］罗兰·斯特龙伯格：《西方现代思想史》，刘北成、赵国新译，北京：中央编译出版社，2005年，第15页。

背后的好奇、赞叹与尊崇。这是对自然界外在之美的欣赏、享受与赞叹。

萨缪尔·亚历山大在《艺术、价值与自然》中对真理与自然美做了分析，他认为自然美中的愉悦感接近于从真理中获得的愉悦感，“在真理中，自然被关注、被分析和被重构，以便产生高度艺术化的产品，即我们所说的科学。因此科学并不是自然本身而是我们视域中的自然，尽管这一视域尽我们所能地忠实于她”[①]。

“在十五世纪末和十六世纪初那时到来的意大利诗歌的第二个伟大时代，和同时期的拉丁诗歌一样，充分显示了自然对于人类心灵的巨大影响。”[②]“事实上，书信作家和哲学对话作家比诗人们更好地证明了人们对于自然的日益增长的热爱。”总之，“文艺复兴于发现外部世界之外，由于它首先认识和揭示了丰满的完整的人性而取得了一项尤为伟大的成就”。[③]

因此，文艺复兴时期的艺术家们，通过发现并享受和表现自然美，试图以艺术的方式来表达为之所深深震撼着人的心灵，发现世界，从而发现人。正如雅各布·布克哈特所指出的：“如我们所已经看到的，这个时期首先给了个性以最高度的发展，其次并引导个人以一切形式和在一切条件下对自己做最热诚的和最彻底的研究。”[④]“在文艺复兴时期的大师看来，艺术中那些新方法和新发现本身从来不是最终目标。他们总是使用那些方法和发现，使题材的涵义进一步贴近我们的心灵。”[⑤]

文艺复兴时期的艺术借助于透视法，把人性之美表达出来，达·芬奇则将绘画艺术推上了巅峰。艺术家们的画作借助透视法，力图更加真实地再现自然，用二维平面表现三维立体，以静态来展现动态。但达·芬奇认为这种表现也只是一种手段，其最终目的是表达使画面动起来的内在的、活的、有

---

① [意]萨缪尔·亚历山大：《艺术、价值与自然》，韩东晖、张振明译，北京：华夏出版社，2000年，第25页。

② [瑞]雅各布·布克哈特：《意大利文艺复兴时期的文化》，何新译，北京：商务印书馆，2007年，第333—334页。

③ [瑞]雅各布·布克哈特：《意大利文艺复兴时期的文化》，何新译，北京：商务印书馆，2007年，第335页。

④ [瑞]雅各布·布克哈特：《意大利文艺复兴时期的文化》，何新译，北京：商务印书馆，2007年，第336页。

⑤ [英]贡布里希：《艺术的故事》，范景中译，林夕校，北京：生活·读书·新知三联书店，1999年，第229—230页。

生命的、灵动的东西。这也许应该是绘画艺术的极高境界了。

同时，对自然界之美的描绘也是对世界的一种和谐之美的追求，这是借助于数学来实现的秩序之美。如上所述，明显地表现于建筑理论与实践中，意大利人文主义者阿伯特是一位影响深远的建筑师，同时是画家、诗人、音乐家。

就当时的建筑学来说，为了领会设计的比例关系，相关的基础知识贮备是必需的。毕达格拉斯认为，美体现于各部分之间的适当比例关系。其中隐含着：理念的理论是存在的，借助于建筑设计与施工中比例把握的准确，可以得到美的享受与满足。人们也借助于音乐来表现美感，音乐、绘画与建筑一样皆属于“自由艺术”，在文艺复兴时期的研究领域中，音乐在人们心目中占有很重要的位置，音乐的目的在于产生和谐，消除不和谐，因此它和“美”类似。

文艺复兴运动开启了探索人的价值之旅，其实在多纳泰罗之前，艺术家就已经开始转向，由对集体的重视转向对个体的关注，力图把单个人从背景中凸显出来。“但直到多那太洛，才断然地将人放在双足之上，好像他们从古时就一直这样站着，而成为独立的雕像。”[①] 这是在思想上对人个体独立的弘扬，与之相伴而来的是，这样的处理也意味着需要一定的技术支持。例如，如何保持雕像的直立状态，避免其倒塌，如何使用科学技术原理表达更佳的观感，反映出文艺复兴的科学与艺术交相辉映的特质。

加林曾这样评价文艺复兴时期的状态：“注意力从一些领域转移到了另一些领域，考查也从一个范围转移到另外一个完全不同的范围；出现了人和现实之间，人和事物之间，人和人之间的全新关系，这宣告已完全改变了对待生活和文化的态度。如果从根本上看，首先表现出一种安全机制的结束，而开始了一种痛苦的探索，这种探索的方向还并不明确，因为它所要求的‘自由的’人的形象，需要消除来自各方面的限制，消除任何事先预定的形式：‘你既不是天上，也不是地上的公民；你既不是永生的，也不是听从死亡支配的；你，几乎是自由的造物主，按照你自己 的意愿塑造你自己。’因此，从

① ［英］保罗·约翰逊：《文艺复兴：黑暗中诞生的黄金年代》，谭钟瑜译，天津：天津人民出版社，2007年，第69页。

星球的宿命论中解放出来，就意味着把人从事物的完全否定中解放出来；使他摆脱认为自己在世界上无足轻重和无所作为的恐惧。”[①]

皮科·德拉·米朗多拉的一篇节选《关于人的尊严的演说》，被誉为“人文主义宣言”。他认为：“人类生存的条件就是消除限制他的条件，人必须回答的问题是，他是‘谁’，而不是他‘为什么’。人是原始的动因，是自由的‘现实’。人就是一切，因为人可以成为一切，成为动物、植物、石头，也可以成为羊羔和‘上帝之子’。人和上帝的形象有相似之处正是在于：人是动因、是自由、是行动，也是自身行为的结果。”[②]

中世纪绘画和雕塑多以宗教故事为题材进行创作，把天上的神灵描绘成和人差不多的样子，把神从天上带到人间，天文学本身的研究与探索也在支撑着这一诉求。哥白尼的《天体运行论》引发了天文学革命，也为自然科学从神学中独立出来开辟了道路。哥白尼早期接受的就是意大利人文主义者的毕达格拉斯主义，他以一个渊博学者的理解力和雄辩的文采去赞誉神圣、完美、圆满的天体。[③]有学者认为他的日心说更多的是出于审美的要求。从这个意义上看，文艺复兴时期对柏拉图和毕达哥拉斯等的古典著作的重新发现与模仿，对哥白尼的划时代的研究工作而言，是一个重要的人文情境。

文艺复兴是中世纪到近代的过渡，这一时期有着双重的过程：一方面的表现是企图净化和巩固中世纪的传统，另一方面的表现是对自然和生活的热爱，科学对人们的生活是有用的，反映了人文主义者对积极生活态度的倡议。在解剖学和植物学飞速发展的同时，绘画、音乐及诗歌等都在用自己的“浪漫”方式试图解放人类的思想。

在复古与创新的大潮中，艺术与科学以各自的方式表达着对自然界的热爱，这两种研究热情也分别驱动和激励着学界的精英们在各自领域中取得累累硕果。近代科学的产生是在这种复兴古代思潮和热爱自然界情感的双重推

---

① ［意］加林：《意大利人文主义》，李玉成译，北京：生活·读书·新知三联书店，1998年，第91—92页。

② ［意］加林：《意大利人文主义》，李玉成译，北京：生活·读书·新知三联书店，1998年，第102页。

③ Weatman R. S.，*The Astronomer's Role in the Sixteenth Century：A Preliminary Survey*，Cambridge：History of Science，1980，Vol.18.

动下发现了世界与人。文艺复兴成为近代科学诞生的摇篮，正是这种文艺的全面复兴给科学以巨大的冲击和震撼，并在艺术氛围的熏染之下，开启了近代科学种子的全面萌芽。

文艺复兴时期，在艺术的渲染下所弥漫的复古与创新的气息，开阔了人们的视野，启迪了人们的心灵，复古中“复活”了古代，更“复活”了自己，进而“复活”了“人”与“世界”，为近代科学确立了良好的治学传统，这一传统也成就了科学研究的持续辉煌。艺术从中所感悟到的人文主义与现实主义珠联璧合的魅力，以她的卓越表现，使得对现实世界即人与自然界的热爱与欣赏的美好情感得以升华，在欣赏与热爱的进程中为近代科学的另一传统，即分析传统的确立奠定了基础，在事实上促成了近代科学方法论的生成：实验方法与数学方法的完美结合，进一步为人与世界的发现做好了铺垫。

从更深的思想层面来看，艺术是心灵的舞蹈。严格地讲，文艺复兴时期是文艺的启蒙，艺术以其全面的成就放飞了人心，让人的心灵自由地飞翔，舒畅地呼吸到大自然的清新空气。心灵的舞台有多大，世界就有多广！“如果说人文主义真的重新发现了对人、人的能力和人对各种事物的理解力的信念，那么科学试验的新方式、革新了的世界观、企图征服和利用自然的新努力也应当归功于人文主义的影响。”①“在任何研究中，人的尺度已必不可少。”“神学化的哲学框架已经破碎，一般概念的科学已在学院体系的空谈里消失，而仅在一切具体的研究中保持着活力：从这里升起了现代思想的曙光。”②

心灵的自由翱翔、复古与创新所营造的氛围与治学传统，以及对现世生活世界的积极主动探寻的科学态度，经验与理性完美结合的方法体系的护航，为近代科学从“形而上”到“形而下”的全面孕育准备了丰厚而充分的滋养。艺术在开启人的心灵之门的同时，也开启了世界之门！如果没有文艺复兴时期艺术过程的洗礼与积蕴，可能不会催生后来的科学快速启蒙。正是文艺复兴对科学的厚积与蕴蓄而后才有科学的薄发与丰盈！

另外，对于当时的人们来说，“艺术”不仅仅是指建筑、雕刻和绘画，辩

① ［意］加林：《意大利人文主义》，李玉成译，北京：生活·读书·新知三联书店，1998年，第215页。

② ［意］加林：《意大利人文主义》，李玉成译，北京：生活·读书·新知三联书店，1998年，第216页。

论的重要性这一事实也引起了人们对著名的“修辞术”的关注。修辞术是劝说的技术，在古代教育中占据着核心地位。

欧洲文艺复兴运动为近代科学创造了深厚的人文艺术背景。被艺术界强化的复古与创新的氛围，为近代科学的学术传统奠定了基础并指明了前进方向。艺术界的人文主义思想与现实主义表现手法的珠联璧合，为人们积极主动认识世界设立了标杆，并做出了良好的示范。这种现实与理想的诉求，进一步促使实验方法和数学方法完美结合。艺术界人的发现与世界的发现相得益彰，在开启心灵之门的同时，也打开了认识世界的近代科学的大门。从一定意义上说，如果没有文艺复兴时期的艺术丰富的滋养，可能就不会有近代科学之树茁壮成长的丰富土壤。

第二章　宗教改革：近代科学兴起的宗教动机

一、引言　宗教改革前夜

宗教属于一种社会文化现象，宗教与科学的争论可以说是旷日持久，关于科学与宗教的研究也十分丰富，资料浩如烟海，但这不是本章研究的重点。本章的目的在于挖掘宗教改革对于人类思维和视野产生的深度影响与启迪，探讨宗教对于近代科学兴起所起到的催化与促动作用。

正如上一章所探讨的，文艺复兴时期的改革者们希望能将人类从中世纪的“阴影”中解救出来，主要通过两个途径：一是声讨中世纪传统的“黑暗”；二是重新点燃古代文明之光。“14世纪中叶以后，情况开始发生变化，变化在于认识世界的方法。从意大利开始的文人学者寻求没有遭到多重翻译破坏的古代作品的希腊文和拉丁文原始版本。教会内部的教义争论和政治纷争导致了宗教的动荡。不为古代作家所知的陆地相继被发现，传统的认识世界方式逐渐被瓦解。”①

对于有宗教信仰的人文主义者来说，由于受到文艺复兴的感染和影响，针对中世纪的神学，他们中的一部分人甚至把奋斗目标确定为改革基督教世界，这一观念后来被命名为基督教人文主义。玛戈·托德认为基督教人文主义的出现，源于文艺复兴对古代的复兴和再发现。对于基督教而言，就是要

① ［美］玛格丽特·J. 奥斯勒：《重构世界：从中世纪到近代早期欧洲的自然、上帝和人类认识》，张卜天译，北京：商务印书馆，2019年，第38—39页。

回归《圣经》的原始文本，文艺复兴时期对于早期的经典著作的学习，也成为清教徒早期研究的重要方面。基督教人文主义者很崇拜古代作家。基于此，“正是基督教人文主义对异教徒经典著作的敬重，才揭示出基督教人文主义根植于意大利的文艺复兴”[①]。

文艺复兴时期的人文主义者们，沿着《圣经》这部古代文献，以及早期基督教神父和古希腊、古罗马道德家的著作所规定的路线，立志重塑个人、社会及政治上的行为规范。“从观念上讲，《圣经》注定成为这场社会变革的一种重要的指导力量。北部人文主义者或者基督教人文主义者对古代文献的热爱，既不是因他们倾心于抽象的美学，也不是因为他们偏爱世俗化的哲学，而是因为他们致力于按照《圣经》的精神对基督教世界进行的改革。文艺复兴要求回归至源头，这一要求对于基督教人文主义者来说，就是必须把意大利人文主义者至关重要的假定和解释技巧，运用于基督徒最权威的文本《圣经》的分析中，使《圣经》变成人们正直生活的主要指南。”[②]中世纪的神学现状是：教皇垄断着《圣经》和德文的翻译读本，人们只能通过教皇这个中间人来理解《圣经》——这种上帝的语言。

（一）宗教的起源

宗教与艺术在巫术起源说上观点相似，并认为宗教是从泛神论到多神论再到一神论发展而来的。泰勒在《原始文化》一书中基于“巫术说”分析宗教起源，他列举了很多原始文化中巫术的例子，认为许多宗教的仪式和原始巫术仪式有相似之处。尤其是当面对纷繁复杂、变幻莫测的各种神秘自然现象时，受到原始巫术的影响，人们相信自然界中存在着超自然的力量，这种力量主宰或影响着人类。原始人为了生存，企图通过祈祷、祭礼、舞蹈、音乐等形式对其施加影响，希冀这些形式可以给人类带来“恩赐”和好运。

宗教学的奠基人麦克斯·缪勒在《宗教的起源与发展》中对此详细分

---

① ［美］玛戈·托德：《基督教人文主义与清教徒社会秩序》，刘榜离、崔红兵、郭新保译，北京：中国社会科学出版社，2011年，第41页。

② ［美］玛戈·托德：《基督教人文主义与清教徒社会秩序》，刘榜离、崔红兵、郭新保译，北京：中国社会科学出版社，2011年，第36页。

析，把宗教的生成分为三条基本线索，分别为：从自然现象中产生和发展；从人自身中产生；其与心理宗教会合。麦克斯·缪勒以印度教为例指出："人们从越来越普遍地感到有限事物之外和之内存在着一种无限之物，到形成神的观念，有个转变的过程。"[①] 推动前者转变为后者的因素，也就是推动这一转变发生的背后的动力，主要表现在两个方面：一方面是在人们心目中存在着一种信念，即自然界演化与发展的背后是存在着一定规律和秩序的，同时人们深切地感觉到在思想背后存在着规律；另一方面原始语言在人们命名过程中导致了神的观念的产生。

当代世界宗教众多，如基督教、佛教等，每一种宗教基本上都有属于自己的教义，其发展史也不尽相同。其中，基督教的传播范围及信徒分布很广，对后世影响也较大。

基督教的产生和发展可谓历经磨难。基督教最初是以犹太教的一个教派——拿撒勒派为基础发展起来的，属于犹太教诸多小宗派的一个分支，地域主要分布在小亚细亚和巴勒斯坦一带，这里当时属于罗马帝国的统治范围。后来，基督教在不列颠及地中海周围的西亚、北非以至高卢、南欧很快传播开来。

耶路撒冷被罗马征服以后，对人民起义和罗马统治的观念出现的意见分歧，导致犹太教内部出现若干不同派别，原始基督教与其中的艾赛尼派有着千丝万缕的联系。在正统教派与被斥为异端的教派的斗争中，基督教产生并最终独立发展起来，后来成为传播到全世界的宗教。

基督教刚刚传入罗马时，其教义与罗马的政权统治存在矛盾。这主要表现为两点：一是依据教义，基督教相信耶稣是上帝的儿子，具有拯救世界和人类的能量，这一观念对罗马统治者的权威构成了极大的威胁；二是基督教宣扬均分财产和来世平等的思想，提倡博爱、平等，适应了当时受奴隶制残酷压迫的贫民阶层的需求而得到迅速传播，这引起了罗马统治者的不安。

因此，罗马统治者无论是出于稳固自身政权还是保持对奴隶持续统治的需要，都必然会抵制基督教的传播。于是，罗马统治者以坚决的态度，通过采取高压政策等方式对基督教进行抵制。有的基督教徒为了躲避镇压甚至在

---

① ［英］麦克斯·缪勒：《宗教的起源与发展》，金泽译，上海：上海人民出版社，2010 年，"序"，第4页。

墓地从事隐秘活动。

但是，罗马统治者越来越意识到，以强权消灭基督教的企图是不现实和徒劳的，因为镇压措施并未真正地达到他们所希望的效果和实现打压的目的。加之当时的罗马帝国正面临奴隶的不断起义和北方民族入侵的干扰，处于内外交困的危机之中，一系列事件对于罗马统治者来说犹如雪上加霜，基督教会也在这个过程中逐渐成为不容忽视的社会政治力量。于是，在内忧外患的境遇之下，罗马帝国为了挽救危机和巩固加强君主专制，逐渐改变了最初对基督徒的态度，甚至转而希望借助基督教会的特殊功能，使基督教能够为己所用。

2—3 世纪，大量社会上层人物纷纷加入基督教会，他们凭借雄厚的经济实力及高深的文化素养跻身教会的领导层。在这样的情况下，教会性质发生了颠覆性的变化，由原来对统治者的仇恨变成驯服，对末日审判的渴望变成对来世获得救赎的期待。由此确立了基督教的合法地位。

公元380年，罗马帝国的皇帝狄奥多西正式信奉基督教，并公开宣布将基督教立为国教，基督教自此成为罗马帝国的官方宗教。392年，狄奥多西一世立法将基督教规定为唯一合法的宗教，不允许向除基督教之外的任何其他宗教献祭，宣布教权与君权为同时并存的两个权威，但是从权力的大小上来看，教权是高于君权的。也就是说，君主应该接受神的裁判，罗马主教被称为教皇。

从此以后，罗马帝国甚至整个欧洲都处于基督教的掌控之中，罗马皇帝把教会变成统治人们思想和精神的工具。宗教神学成为官方意识形态，以宗教情感为突破口，借助基督教宣传范围广、覆盖社会各个领域的优势，在深度和广度上实现对社会大众进行驯服和控制的目的。基督教刚刚兴起时，神父就告诉人们："人类在耶稣基督中得到真正救赎的奥秘已经得到揭示，因此除了让人普遍接受这一福音之外，目前没有其他关切。"[①] "几乎人人都成了虔诚信徒，完全屈服在教会权威之下，成了正统教义和教会权威的奴隶。这

---

① ［荷］爱德华·扬·戴克斯特豪斯：《世界图景的机械化》，张卜天译，北京：商务印书馆，2015年，第124页。

种状况严重阻碍了生产的发展和社会的进步。”[①]

基督教在中世纪获得了至高无上的权力和地位。政治上，罗马教皇的权力与各国国王的权力不相上下，甚至可以高于国王。在经济上，教会是最大的封建地主，拥有欧洲大约1/3的土地。最主要的是，教会垄断了知识和文化。由于封建社会初期古代文化的衰落，新的统治阶级只有依靠掌握知识的教父们来制定法律和培养人才，于是封建制度与基督教逐渐结合起来。从事科学研究也是服务于基督教的，“科学应当始终服从《圣经》的权威，后者超越了人的心灵的一切能力。圣奥古斯丁仿佛代表所有教父强调了这一原则，从而为科学探究设置了限制，影响长达数个世纪之久”[②]。自然哲学成为神学的婢女是这一情况的必然结果。

然而，基督教内部的东、西两大教会之间，由于历史、地理及文化传统上的差异，纷争不断，出现了一些裂痕。但最根本的原因是两大教会各自的领导集团为争夺教会最高领导权而不断地引发冲突。终于，在1054年，基督教内部的两大教会彻底决裂。西部教会突出自己的信仰具有“普世性”，被称为“公教”，由于其领导的中心地处罗马，又被称为“罗马公教”，汉语往往翻译为“罗马天主教”。而东部教会宣称自己才具有“正统性”，被称为“正教”，由于其地处东部，又被称为“东正教”，同时由于其在礼拜仪式中沿用的是希腊礼仪，所以又被称为“希腊正教”。

对于人类历史来说，中世纪是一个很特殊的时期，尤其是在探讨人文背景时，就遇到了一个问题，即神学统治的时期，哲学、艺术都被笼罩在神学之下，梳理哲学与宗教背景时往往出现二者纠缠在一起而无法完全剥离开的情形。为了能够尽可能地做到线索清晰，本书做了如下处理[③]：把中世纪初期的神学吸收哲学的部分放到宗教背景里，这是哲学被神学化的过程，其主导是在神学的框架下，哲学是为神学服务的，放在信仰与理性关系中探讨，集中讨论宗教的观念对人类思想及对近代科学观念的影响，体现在上帝观、自

① 陈曦文：《世界中世纪史研究》，北京：人民出版社，2006年，第208—209页。

② [荷]爱德华·扬·戴克斯特豪斯：《世界图景的机械化》，张卜天译，北京：商务印书馆，2015年，第124—125页。

③ 如此处理，也许未必特别准确，但从观点和时间点来看，不失为一种合适的划分，这样做主要是有助于理清问题的线索。

然观和人性观三个层面。另外，由来已久的唯名论与唯实论的讨论则放在哲学背景中分析，因为这一哲学传统在古希腊时出现，尽管中世纪结束后完全归于神学框架之下，但它有自己的思路，或者即使在神学框架下，也属于哲学的讨论，是神学哲学化的过程。当然，尽管做此处理，哲学与神学在中世纪的合二为一也确是事实，因此哲学与神学还是难免会相遇。同时，中世纪的神学与经院哲学的人物观点也会不可避免地有重复出现的情况。

中世纪思想领域中的经院哲学构成了中世纪文化的重要内容，宗教与哲学有着千丝万缕的关联。宗教，尤其是基督教对教义进行逻辑研究成为中世纪神学的特点之一。经院哲学大约在11世纪形成，其传统本身渗透着柏拉图主义思想。新柏拉图主义的创始人是阿摩尼阿斯·萨卡斯（Ammonius Saccas，175—242），但是该流派的核心任务是他的学生普罗提诺（Plotinus，204—269）完成的。新柏拉图主义是对柏拉图学说的继承与发展，主要观点建基于柏拉图学说，同时融合了斯多葛学派、亚里士多德的思想，并进行了全新阐释与解读。

新柏拉图主义将世界分为“上帝”的神圣之光和黑暗两极，其中神圣之光是上帝发出的，这个世间唯一存在的光亮照耀着，可是光的亮度存在强与弱的不同程度，并且神圣之光是无法完全普照整个世界的，伟大而神秘之光只能与灵魂合而为一，也只有人类的灵魂是最接近上帝光芒的。因此，人类有时能够体验到自己成为那道神圣的自然之光。相对应的，完全的黑暗也一样是不存在的，所以被称为黑暗，只是缺乏亮光而已。这些观念便被教父哲学吸收和改良成为神学体系的一个重要组成部分。教父哲学认为上帝之光就是真理的精神世界，所以真理是必然存在的，同时由于上帝神圣之光的独立与永恒性，真理也必须独立存在和永恒存在。无论人们最终是否能够掌握，真理都是客观存在的，且不可否定。因为人的灵魂距离上帝之光最近，所以人的思维可以本能地直观到神的存在。

始于毕达哥拉斯学派数学神秘主义的崇拜数之和谐与完满，对经院哲学和宗教神学产生了重要影响，“从基督教的形成一直到17世纪这段历史，那些神学家的努力，例如奥古斯汀和阿奎那，是为了在形而上学层面上融合新柏拉图主义和基督教教条。作为其结果的科学和文化的‘数学化’产生了众多的影响”[①]。依托数学来量化和实现精确，即数学理性精神。随着在科学与社会发展实践中不断地被运用，并融入亚里士多德哲学后，数学在逻辑严密性上得到了有效发展。于是，近代科学中数学理性被逐渐确立，成为近代科学中的充分且必要的支柱之一。

中世纪是宗教神学的时代，从12世纪开始，亚里士多德对基督教的影响日渐显著，在13、14世纪其影响达到顶峰。13世纪末期，大学的大多数学者都是亚里士多德学派的，十分熟悉亚里士多德的思想和方法。至于对亚里士多德作品的解释与理解，可谓“仁者见仁，智者见智”，因而所谓亚里士多德主义，从来就不是单元的思想，而是多种解读并存而形成各自的传统。

实际上，中世纪的亚里士多德思想曾受到两大挑战：第一大挑战源于信奉有关基督回归说法的“千禧年信奉者”，他们对于亚里士多德“以思维为中心的科学”比较敌视，因为按照《圣经》所预言的，人类所需要的是一个能够帮助世界变得完美的认识论；第二大挑战是神学家对上帝全知全能的绝对意志的完全信赖，与亚里士多德思想所主张的理论科学的特征观念不相容。[②]后来，随着神学家不断改良亚里士多德的观点，亚里士多德思想最终成为宗教的重要思想支柱。

德尔图良也是教父哲学最早的代表之一（约160—240），他因理论贡献而被誉为拉丁西宗教父和神学鼻祖之一，其观点被概括为信仰主义。他认为依靠科学和哲学研究无法认识到真理，而要依靠灵魂和信仰，信仰教会的权威，最终才能获得对上帝的认识，这才是真理。

因此，德尔图良反对哲学思辨与逻辑论证，把信仰上帝作为“善恶的试金石”。他指出基督徒必须无条件地服从《圣经》和信仰上帝的启示，为了信仰可以奉献和牺牲一切。罗马教会大力推崇这一观念。后来，这一观念甚至被确立为教会的基本宣传纲领。

德尔图良认为依靠人自己的力量是不可能获得真理并认识到上帝本质

---

① David J. Stucki，*Mathematics As Worship*. Appearedin：Brabenec，Robert L.，editor，*Proceedings of the Thir2teenth Conference of the Association of Christians in theMathematical Sciences*（Wheaton，Illinois：ACMS），2001.4.

② ［美］理查德·奥尔森：《科学与宗教：从哥白尼到达尔文（1450—1990）》，徐彬、吴林译，济南：山东人民出版社，2009年，第22—25页。

的，必须依靠上帝的启示，上帝的启示是非理性和超理性的。因为理性或者人的认知具有一定的局限性，所以真理无法被理性所理解，只能被信仰所理解。因此，必须信服教会的权威，并依靠人的灵魂感应，才能获得真理。他宣扬要绝对信仰，并把信仰作为人类思维的唯一方式。

教父哲学的主要代表，被尊为“圣徒”的奥里留·奥古斯丁（Aurelius Augustin，354—430），是基督教拉丁教父的四大博士之一，也是教父思想的集大成者。他进一步地论证和确立了信仰的权威。奥古斯丁的神学思想与他的生平经历一样极其丰富多彩，他的著作卷帙浩繁，他的思想也无法用简短的词语来完全概括。他的著作以《忏悔录》《论三位一体》《上帝之城》最具代表性。

奥古斯丁认为：“即使具有极高才智和充裕时间的少数人精通深邃的学问，他们只能研究灵魂的不朽性，而不能达到灵魂的可靠的，真正的幸福状态。”[①]而真正能达到智慧的是上帝，上帝的智慧已经被铭刻在《圣经》之中。

奥古斯丁认为“天启”（上帝的启示）是绝对真理。理性不应也不能和信仰矛盾，信仰高于理性，理性应当服从于信仰。奥古斯丁提出了著名的“原罪说”“上帝之城”等观念，认为真理必来自理性之上，“在人类知识等级之上，存在着一个处于最高级地位的真理，它赋予人类理性以确定的规则，使人的心灵认识真理。这一最高的、外在于人类知识的真理就是上帝”[②]。他其实是试图把信仰和理性予以融合。

奥古斯丁的观念对基督教人文主义的影响较大。“在他那里他们发现了基督教人文主义的模式和理论（《基督教教导》在当时颇有影响），比如诗人彼特拉克（Petrarch）就随身携带着《忏悔录》，终生阅读。”[③]

欧洲中世纪的基督教哲学家安瑟尔谟（Anselm，1033—1109）被人称为“最后一个教父和第一个经院哲学家”“真正的经院哲学之父”。这主要是因为他把辩证法运用到神学中，并且使教会认可辩证法在神学中的应用。安瑟尔谟相信：“我们信仰所坚持的与被必然理性所证明的是同等的。”[④]安瑟尔谟主

① ［罗］奥古斯丁：《上帝之城》，王晓朝译，北京：人民出版社，2018 年。

② 赵敦华：《西方哲学简史》，北京：北京大学出版社，2012 年，第 128 页。

③ 周伟驰：《奥古斯丁的基督教思想》，北京：中国社会科学出版社，2005 年，第 336 页。

④ ［意］安瑟尔谟：《论三位一体的信仰》，4 章。

张只有依靠信仰才能获得理解，这一点与奥古斯丁是一致的。他表示，上帝按照他自己的形象创造了人类，但是人类被恶习所困扰，陷于罪恶而无法自拔，所以只有依靠上帝才能复兴和改造，没有其他方法可以做到这一点。唯有在上帝的指示之下，得到上帝的启示，人类才能找到上帝，只有信仰才是基督徒的起点。因此，“决不是理解了才能信仰，而是信仰了才能理解”[①]。

安瑟尔谟建议和强调，基督徒想要获得真理就必须从信仰出发，途径是从信仰进展到理性，而并非由理性发展到信仰。尤其是在人类无法理解的时候，更不应该放弃信仰。但安瑟尔谟并不是简单化地处理理性的作用，而是认为必须把信仰放在第一位，否则就是傲慢，但有了信仰之后，如果不诉诸理性，就是一种疏忽。因此，这两种错误都要加以避免，“当我们有了坚决的信仰时，对于我们所信仰的东西，不力求加以理解，乃是一种很大的懒惰”[②]。

托马斯·阿奎那（Thomas Aqunas，1224/1225—1274）把理性引进神学，用“自然法则”来论证“君权神圣”说，是自然神学最早的提倡者之一，也是托马斯哲学学派的创立者，他的观点成为天主教长期以来研究哲学的主要依据。托马斯·阿奎那一生著述颇丰，他的《反异教大全》《神学大全》是中世纪欧洲哲学和神学经典著作。

托马斯·阿奎那的《神学大全》第一集的第一题第一节提出了一个问题：“哲学学科之外，是否还需要另外一种教学或学问？”在释疑中他给予回答：“虽然人不应该用理性去追究那些超越人知识能力的事物，但若这些事物已为天主所启示，则应该用信德去接受。”[③]又指出通过不同的认知原理或出发点，能够产生不同的学问。因为天文学家和自然或物理学家都证明同一结论，比如说“地球是圆的”，天文学家是用数学方法来证明的，物理学家是用观察事物本身的方法来证明的，哲学学科通过理性来认知，神学则根据上帝启示来研讨。研究对象一样，但解决问题的方法和途径不同，便把不同学科区分开来。

但是，正如加林所总结的：“基督教思想在各种思潮面前，不断校正自己

---

① [意]安瑟尔谟：(《宣讲》)《西方哲学原著选读》上卷，北京：商务印书馆，1981年，第240页。
② [意]安瑟尔谟：《上帝为什么化身为人》，1章2节。
③ [意]托马斯·阿奎那：《神学大全》。

的立场，在如何对待亚里士多德主义的问题上，开始时似乎处于混乱状态；后来也像对待新柏拉图主义那样，仿效阿拉伯哲学把亚里士多德思想作为珍贵遗产的态度，到13世纪以后发展到了高峰，这是了解西方思想发展史需要考虑的因素。”①

托马斯·阿奎那于13世纪在理论上实现了理性和信仰的综合，指出理性要服从信仰，并把这一条确定为基本原则。后来邓司·斯各特（1263—1308）及他的学生威廉·奥卡姆（1300—1350）都论证了信仰与理性的关系。威廉·奥卡姆指出，信仰和理性是两个无关领域，信仰只能依靠天启，理性无法证明信仰，上帝的真理通过理性无法获得，唯一途径是信仰，除此之外的真理需要由理性来把握。这就是“双重真理论”，把理性探索严格地从信仰领域排除出去，为信仰与理性之争提供了空间，从而为人类思想交流预留了自由思考的空间，也为哲学与科学的发展准备了自由呼吸的空气。“这样一来，人们就能够献身于科学研究，而同时又能保持对上帝的各种各样的信仰。”②

另外，文艺复兴的一系列观念为宗教改革准备了文化土壤，为近代科学的兴起营造了重要的人文情境，其中文艺复兴对宗教改革的影响也是一项很有意义的研究。

（二）中世纪后期神学的重心转移促进近代科学的萌发

中世纪早期基督徒一心向往着天国，认为个人追求要自我节制，个人思想要绝对地服从权威，因此他们对自然界没有研究兴趣。但到中世纪晚期，这些观念有了些许松动。文艺复兴时期，在文艺复兴大潮的冲击下，人们逐渐关注世俗生活，出现了自然主义价值观。“文艺复兴复活了一些反对中世纪观点的古代倾向”，使“重见天日的希腊和罗马古籍犹如清新的海风吹进这沉

---

① ［意］欧金尼奥·加林：《中世纪与文艺复兴》，李玉成、李进译，北京：商务印书馆，2012年，第18页。

② ［英］伯特兰·罗素：《西方的智慧》，马家驹、贺霖译，北京：世界知识出版社，1992年，第205页。

闷压抑的气氛之中”。[①]

到中世纪后期，神学研究的重点出现了较大变化，宗教领域中关于自然知识的研究重心出现转移——从专注于思索上帝的创世之功，转向如何利用自然改善人类的生存状况。[②]“14世纪晚期，一场动摇了逻辑学和亚里士多德自然哲学的首要地位的教育改革运动，发端于意大利北部的大学之中，并且呈如火如荼之势。这一运动中，学者们更加注重人文研究，特别是语法、修辞和诗歌，因此被称为人文主义者。人文主义的出现与意大利北部生机勃勃的市民文化密切相关，这一文化使得人们更加注重参与城市的经济与政治生活，而非终日沉思默祷。”[③]

宗教领域出现的这一知识转向为大众接受和认可近代科学奠定了基础。《赫尔墨斯文集》出版后，成为一个重要载体，书中的观念成为大众理解科学的媒介。[④] 后来，《赫尔墨斯文集》文本的修复，更是对实验科学的激励，《赫尔墨斯文集》鼓励人们重新积极地理解占星术。“赫尔墨斯学说作为基督教人文主义的一种形式，重新将对自然知识的关注引入人文主义之中。”[⑤]“基督教人文主义为近代科学萌芽初期强调实验和为改造世界而获取自然知识的科学精神提供了真正的宗教推动力。”[⑥] 弗朗西斯·培根则在《新亚特兰蒂斯》中展现出自己的乌托邦，描绘了一个较之于安德里亚更为精细的实验室和从世界获取实践经验的网络系统。

默顿也通过对清教理念的研究指出，宗教伦理把科学奉为神圣，以致它成为一个受到高度尊重和推崇，并且值得称赞的关注中心。“正是这一社会的主导精神，通过驱除贬损科学的社会态度的梦魇而灌输有利于科学的态度，

---

① [英]亚·沃尔夫：《十六、十七世纪科学、技术和哲学史》，周昌忠等译，北京：商务印书馆，1997年，第5—6页。

② [美]理查德·奥尔森：《科学与宗教：从哥白尼到达尔文（1450—1990）》，徐彬、吴林译，济南：山东人民出版社，2009年，第19页。

③ [美]理查德·奥尔森：《科学与宗教：从哥白尼到达尔文（1450—1990）》，徐彬、吴林译，济南：山东人民出版社，2009年，第27页。

④ [美]理查德·奥尔森：《科学与宗教：从哥白尼到达尔文（1450—1990）》，徐彬、吴林译，济南：山东人民出版社，2009年，第27页。

⑤ [美]理查德·奥尔森：《科学与宗教：从哥白尼到达尔文（1450—1990）》，徐彬、吴林译，济南：山东人民出版社，2009年，第29页。

⑥ [美]理查德·奥尔森：《科学与宗教：从哥白尼到达尔文（1450—1990）》，徐彬、吴林译，济南：山东人民出版社，2009年，第44页。

促进了科学的发展。而为这种社会影响所左右的各个科学家，恰恰极少注意到这种影响。我们注意到，宗教直接提升了科学的地位，宗教是一种占主导地位的社会力量，科学在这一世纪后半叶显然受到社会的较高的尊重，因此，根据非常确凿的证据，我们就可以得出结论说，宗教在这一发展中发挥了重要的作用。”①

文艺复兴晚期，教会极度腐败，原本作为神职机构的教会变得与其职责极为不符，因此改革教会的呼声越来越高。许多人很缅怀公元1世纪，极为向往使徒时代基督教的简朴与激情，希望能够重回当年的美好时光，并借着当时文艺复兴的“溯源”热潮，回到《新约圣经》的盛世年代。这也是大众对教会的质疑与失望之后的一个必然反应，希望未来可以回归纯真。

与此同时，基督教教义也到了非改不可的时候。以马丁·路德、加尔文等人为代表的宗教改革派认为，中世纪的腐败和道德的沦丧源于对基督教教义的歪曲与蒙蔽，此时已经到了必须做出改变的时候，以恢复基督教原有的淳朴与清流，回归人类信仰最纯真的一面。

文艺复兴晚期往往被认为是宗教改革的前夜，一般情况下，当时都被描述成宗教没落的时期，但对于一些地区的宗教史考证数据表明，宗教改革前夕的德意志地区，民众宗教活动的人数和频次都出现了惊人的增长。1450—1490年，奥地利上层贵族的弥撒数目持续增长，并在1490—1517年达到顶点，宗教互助会也蔚然成风，并且基本上都是平民组成的。

因此，尽管当时教会出现了腐败，但从教会的发展来看，却处于较为兴盛的时期，也许正是这种兴盛助长了教会的腐败习气。当时教会的神职人员大多是贵族花钱买来的，神职人员享有各种免税政策，他们借助于手中的特权来进一步维系他们的权力，神职身份成为他们不劳而获的工具，到后来甚至出现了一种“赎罪券”，并且愈演愈烈。16世纪20年代法兰西曾出现粮食危机，进一步加剧了当地人对教皇的敌视，也加深了人们对教会建制的厌恶。16世纪的宗教改革家希望改善宗教的状况，他们认为宗教在中世纪已经被败坏。为了净化基督教，消除中世纪增添的东西，他们试图恢复早期教会

① ［美］R. K. 默顿：《科学社会学：理论与经验研究》上册，鲁旭东、林聚任译，北京：商务印书馆，2003年，第339页。

的信仰和做法。

马丁·路德（Martin Luther，1483—1546）感到教会某些商业性甚至物欲横流的做法令人厌恶。在他看来，这种“赎罪券”交易利用了民众对已死亡的亲人的自然感情，在道德上是可耻的，在神学上也是说不通的。

1517年，作为奥古斯丁会修士的路德在维滕贝格城堡教堂大门上张贴了《九十五条论纲》，希望教会能够就此论题展开辩论。《九十五条论纲》的提出，标志着宗教改革的爆发。宗教改革是欧洲资本主义发展的一个必然结果，也是宗教发展历史上的一个重要里程碑，是西方思想史和文化发展史上的重要历史事件。宗教改革始于16世纪的欧洲，瓦解了自基督教被定为国教以来的政教体系，为新教的诞生奠定了基础。

在16世纪之前，西欧的所有基督徒都隶属于罗马天主教会，教会已成为首要的集权机构，控制着大多数教育机构，充当着西欧基督徒的神学权威。虽然教会内部产生过分歧和争论，但对其权威的持续挑战直到16世纪初才出现。

中世纪的欧洲正值大学和学派扩张之际，曾出现宗教教义多元主义。这些学派对一些主要问题理解各异，出现了学派林立的局面。例如，对于称义的理解就有很大不同，到底哪种观点才是准确和正确的，各个学派各说各话，甚至一度出现混乱局面，这也成为马丁·路德力争改革教义、统一思想的一个重要历史情境。其中比较有代表性的是两个学派：一个是托马斯学派，主要基于托马斯·阿奎那的著作；另一个是司各脱学派，主要基于约翰·邓·司各脱的著作。

这种学派纷呈的态势进一步激发了人们对权威挑战的情绪，宗教危机亦不断升级，到底哪一种观点才是正统？究竟由谁来判断？是由教皇，还是教会全体会议来决定？人们对此争论不休。尽管从古希腊到中世纪的宗教在若干重大观念上存在着一些共同之处，但是在具体的教义问题上依然有较大分歧。

当时，尽管各个学派林立，教会内部一直存在着诸多分歧和争论，但并未妨碍教会借此敛财。同时，教会对人们的精神约束，更是披着政权的外衣由“潜在”的控制，变成现实的“显在”的赤裸裸的管制，几乎实现了方方面面的貌似合法的现实治理，对于科学的压制也不例外，所谓的中世纪科学沦为婢女，就是这个时期的事。

中世纪后期教会与教皇的种种劣行，使人们非常反感。当时教会正在出售赎罪券，宣称购买赎罪券可以使人的罪恶减轻或是得到赦免。与此同时，随着文艺复兴运动的兴起，民众的素质和文明程度得到较大提升，对教会的要求也越来越高，当时的教会与民众需求形成极大反差，现状令民众很是失望。“在某种意义上，与文艺复兴时期的人文主义者相类似，16世纪的宗教改革家也想改善宗教的状况，他们认为宗教在中世纪已经被败坏。为了净化基督教，消除中世纪增添的东西，他们试图回到早期教会的信仰和做法。”①

从近代科学精神的角度来看，这种怀疑的态度对近代科学的兴起是有益的，可以说是起到了巨大的推动作用。如何确定一种信仰规则，如何在相互竞争的信仰规则之间确立一种判定标准，是天主教徒和新教徒辩论的关于信仰规则的问题。他们都运用怀疑论加以论证。“天主教徒质疑新教徒是否能就这样的规则达成一致：他们指出，信徒之间的差异将不可避免地导致解释《圣经》的不同方式。而新教徒则质疑天主教有什么权利声称在这些问题上拥有唯一的权威性。到了17世纪初，怀疑论蔓延到了关于信仰和《圣经》的讨论以外，导致了一种更加普遍的怀疑论危机，所有知识都遭到了怀疑论批判。特别是，哲学家批判了亚里士多德的自然哲学以及它声称能够获得关于事物本质的某些知识。”②自然哲学家对传统的亚里士多德主义方法是可靠的知识来源质疑，那么什么是可靠的方法呢？他们试图提出一些新方法来获取自然知识，并认为这些新方法或许可以不受怀疑论的质疑。

天主教神学家曾预言，宗教改革会导致宗教的无政府状态，因为由“信徒皆教士”无法产生在众多解释之间进行选择的标准。新教徒以质疑教会权威来源的方式进行反驳，而古典怀疑论哲学家著作的重新获得更是加剧了原本已经分歧较大的关于《圣经》解释的冲突。

“宗教改革对于欧洲历史的意义无论怎么强调都不为过。它对科学史也产生了深远的影响：它提出了谁有权解释《圣经》的问题，关于世界知识的基

---

① ［美］玛格丽特·J. 奥斯勒：《重构世界：从中世纪到近代早期欧洲的自然、上帝和人类认识》，张卜天译，北京：商务印书馆，2019年，第48页。

② ［美］玛格丽特·J. 奥斯勒：《重构世界：从中世纪到近代早期欧洲的自然、上帝和人类认识》，张卜天译，北京：商务印书馆，2019年，第51页。

础问题，关于《圣经》说法与自然知识之间的关系问题。宗教改革家质疑了教会的权威性，宣称每个人都有能力阅读《圣经》，都能为自己解释《圣经》。在特伦托会议上，教会重新肯定了其传统立场，宣布解释《圣经》的权力仍然掌握在教会手中。”①

“在16—17世纪，人们对新科学方法的信心不断增强，对绝对知识的说法普遍持怀疑批判态度，这使学者们找到了处理这些问题的新方式。自然哲学家们经常用上帝的两本书这一隐喻来表述这个问题，一本书是上帝的作品，另一本书是上帝的言。”②其实，在12—13世纪，亚里士多德著作就重新获得了向大学的神学家们直接提出这个问题的机会。例如，亚里士多德认为世界是永恒的，这种说法断然违背了《圣经》的创世教义。托马斯·阿奎那和其他中世纪神学家声称神的创造是一个信仰问题，而不能由自然理性来认识。

二、上帝观的转变与近代科学观念的重构

关于“上帝的存在”是一个古老问题，但对于“怎样存在”和“为什么存在”的问题的回答，也就是把上帝“存在”变成“证明”上帝的存在问题，则始于中世纪的“经院哲学之父”安瑟尔谟，对“上帝的存在”进行证明有代表性的观点有奥古斯丁的“知识论证明”和托马斯·阿奎那对于上帝的“后天证明”。安瑟尔谟为证明上帝的存在，提出著名的“本体论证明”（先天证明）。所谓本体论证明，是后来康德定义的，其含义为仅仅通过概念和逻辑的证明，而不求助于任何经验的事实。安瑟尔谟指出：“你不仅是人所不可设想的无与伦比的伟大的存在者，而且你也是可能设想的最伟大的存在者。因为：人既然能设想有那样一种存在者，你如果不就是这个存在者，那末在你之外必然还可设想另有一更伟大的存在者。但是，这是不可能的。”③

---

① [美]玛格丽特·J. 奥斯勒：《重构世界：从中世纪到近代早期欧洲的自然、上帝和人类认识》，张卜天译，北京：商务印书馆，2019年，第50页。

② [美]玛格丽特·J. 奥斯勒：《重构世界：从中世纪到近代早期欧洲的自然、上帝和人类认识》，张卜天译，北京：商务印书馆，2019年，第51—52页。

③ [意]安瑟尔谟：(《宣讲》XV)《西方哲学原著选读》上卷，北京：商务印书馆，1981年，第243页。

奥古斯丁通过对人类真理来源的追问来论证上帝的存在。他认为一切存在物都是上帝的创造，上帝所造的一切都是好的，幸福就在于拥有真理，而真理来自上帝。“上帝的光使我认识真理。”[①]

托马斯·阿奎那对上帝存在的最高信条也进行了论证，但他反对安瑟尔谟的本体论论证，而是运用亚里士多德哲学进行的论证。

中世纪的教会利用教义——自己定义的教义——来宣传和巩固自己的政权，因为他们也掌握着政治权力，又可以借助于政权来维护自己所理解的神权权威。于是，神权通过掌控俗世政权的教会获得世俗权，教会的神权和国家的政权合二为一，使权力的使用进一步合法化。当时的教会已成为拉丁西方首要的集权机构，控制着大多数教育机构，充当着西欧基督徒的神学权威角色。

马丁·路德的宗教改革正是在这样的背景下爆发的。他的《九十五条论纲》强调来自于内心的信仰的首要性，并强调《圣经》的权威性。以此为基础，他主张“信徒皆教士”，这一口号表达了他的一种态度，即任何信徒都可以和能够解释《圣经》。他认为信仰和《圣经》应该是宗教权威的唯一来源；又指出，只要人们坚定信念，上帝就可以来拯救人们，人们无须通过教会或是中介来与上帝沟通。在中世纪，这一主张无疑是与天主教传统相背离的。当时的《圣经》还只有拉丁文本，尚未被翻译成其他语言，天主教把《圣经》的解释权归于教会。为了使所有信徒都能看懂《圣经》，路德把《圣经》翻译成了他的母语德语。同时，他还对圣礼的数量和性质做了若干修改和调整，如允许教士结婚。

路德的众多追随者中出现了几位宗教改革家。其中最重要的是让·加尔文（Jean Calvin，1509—1564）。和路德一样，加尔文也与罗马天主教会决裂了，但在教义和做法上，他的诸多观点是与路德不同的。加尔文强调对上帝的认识，认为人们可以通过研究创世来增强这种认识，这与人文主义者的观点趋同。

作为对宗教改革派的回应，罗马天主教会在1545—1563年召集主教召开特伦托会议，以确定教会如何回应改革者的挑战。最后，会议否决了多项改

---

① ［罗］奥古斯丁：《上帝的光使我认识真理》；《西方哲学原著选读》上卷，北京：商务印书馆，1981年，第224页。

革，导致了基督教世界的永久分裂。“特伦托会议之后，在所谓的反宗教改革运动中，天主教会开始与新教作斗争，并且消除了自身队伍中一些更加恶名昭彰的弊端。”[①]

但当时教皇的统治已经十分稳固，宗教改革还没来得及充分展开，就因教皇的抵制而分崩离析，导致处于四分五裂的境况。可是，宗教改革带来的影响和震动，并没有因宗教改革被镇压而消失，恰恰相反，由于人文主义思潮的影响，改革后的各种宗教依然有一种为世界而传教的观念，并且这种观念一直保持着，认为人与上帝的沟通不需要教皇作为中介，每一个个体都可以直接与上帝接触。这一观念在对于上帝的认识上至少有以下两个方面的表现：

一方面，呼吁人们要对上帝充满十足的信心。路德认为要对上帝充满信心，他宣称的“因信称义”，就是相信上帝为自然界制定秩序的存在。而这种信心是要信徒全身心地投入其中，他用“信靠”来表达，即信任与依靠。路德以航海作比喻，指出信心不仅仅是相信上帝的真实存在，还关乎是否能够依赖它，完全把自己托付给它。

另一方面，路德认为只要对上帝有十足的信心，就可以得到救赎。在宗教改革之前，人们认为由于上帝至高无上，大多数人是无法接近的。当时教会打着“善行”的幌子兜售“赎罪券”，成为人们对教皇不满的导火索。因此，一开始路德坚决反对“善行”可以使人获救的观念，认为只有信心才可以使人得到拯救，任何人只要有信心都可以得到救赎，所以人人都可以成为教士，这就是路德改革的核心观点。在路德看来，只要信徒对上帝存有信心，上帝就可能来拯救信徒，信徒是可以和上帝直接沟通的，而并非像之前那样必须借助于教会才能实现与上帝的沟通。

因此，从上帝观来看，宗教改革在某种程度上打破了中世纪政教合一的格局，卸掉了人们心头的政治包袱，为人类自由地探索外部世界清除了体制障碍。宗教改革所促成的某种程度的政教分离，即把上帝的权威与政治相分离，在客观上为近代科学的兴起松动了土壤。

宗教改革中期，加尔文发展了“俯就”的精致理论，“俯就”的含义为：

---

① ［美］玛格丽特·J. 奥斯勒：《重构世界：从中世纪到近代早期欧洲的自然、上帝和人类认识》，张卜天译，北京：商务印书馆，2019年，第49页。

“调校或适应以面对处境的需要和人类理解它的能力。”[①]也就是说，上帝是俯就于人类的，上帝会调适成个体所能接受的状态来俯就人类，以救赎人类。上帝不再只是高高在上的，对人类的拯救会以“俯就”的方式进行，上帝在不断地做出“调适”，这种调适是上帝为了拯救对他有信心的人而做出的“调适”。“上帝亲自作出调节，以吻合我们的能力。正如一个人类的母亲会屈身亲近她的孩子一样，上帝也会俯就我们的水平。”[②]

人与上帝之间是可以直接沟通的，人对于上帝不再只是需“仰望”才能看到。上帝也可以俯身与人类交流，这就意味着上帝面前不仅是人与人平等，人和上帝也可以是平等的，也就树立了人类可以借助于自身的力量和能力来认识世界的观念。

在中世纪，人们要遵从上帝，要绝对地服从上帝，而不是上帝为人们做出改变，可以用两个词来概括中世纪的“上帝”：绝对与命定，也就是说人类最终能否被上帝所救赎，完全取决于上帝，信徒无能为力，只能被动地接受。

但是，宗教改革对此观念进行了较大的修订，也就是经由宗教改革洗礼后，形成和塑造出了与以往完全不同的上帝形象，把上帝论证为人类可以经验的，把人的主体性挖掘和彰显出来，并将人的主动性提升到一定的高度。同时，这一观念也在中世纪教皇腐败的反催化作用之下，进一步得到强化和认同，直至最终实现从“超验上帝观”到“经验上帝观”的转变。这一转变对于近代科学而言，有如下三个方面的重要影响：

一是人的主体性以宗教的形式被再一次确认、强调和提升，人甚至可以直接与上帝沟通，是人自己去体验上帝的存在，把原来人们认为的人与上帝之间不可逾越的藩篱打破。这一观念是对中世纪的反叛。路德的观念脱胎于中世纪，解构了中世纪的理性，提出了可以“因信称义”。这种从“超验上帝观”到“经验上帝观”的转变，给人类以足够信心亲自去接触上帝，必然就包含着对经验的关注度的增强。此时，上帝不是不可接近的，只要人能够去努力，就可以得到上帝的拯救。

---

① ［英］阿利斯特·麦格拉思：《宗教改革运动思潮》，蔡锦图、陈佐人译，北京：中国社会科学出版社，2009年，第267页。

② ［英］阿利斯特·麦格拉思：《宗教改革运动思潮》，蔡锦图、陈佐人译，北京：中国社会科学出版社，2009年，第267页。

二是加尔文的“上帝的俯就”观念。这一观念认为上帝可以依据不同的人，采取“俯就”的方式进行救赎，也就是上帝会按照每个人不同的接受程度来使人获得拯救。这一观念显示出，上帝不再是高高在上的，使中世纪时人们以为无法逾越的上帝进一步人性化，为后来人们去认识世界打开了观念上的枷锁。在中世纪人们是要绝对地服从上帝的，上帝也不会为人做出改变。宗教改革则使人类离上帝更近了，为人类平等地认识自然界提供了观念支撑。

三是宗教改革运动提倡人人都可以按照自己的理解去解释《圣经》，使认识主体在认识世界时打破了原有束缚，获得了独立思考的权限。如果说“因信称义”是宗教改革的实质内容原则，那么“唯独《圣经》”就是其形式原则，使人类与上帝接触的方式，由原来的借助于教皇转变为直接通过《圣经》接触上帝。

《新约圣经》所描述的是信徒与复活的耶稣的相遇，当时的读者就是怀着能够与复活的耶稣遇见的期待去阅读《圣经》文本的，这显然与中世纪教会作为人与上帝沟通的桥梁的观念是不相容的。“对于基督教会来说，这是打开了一个新颖、刺激和充满挑战的可能性——那是《新约圣经》描述的第一代基督徒的经验，可以重拾并转移至后世历史的某一点。正是由于这个因素，可能多于其他原因，有助解释为何在整个欧洲宗教改革运动的圈子中，人文主义者受到异常重视。”“回归古代”这句口号对于中世纪晚期，尤其是对教会行为感到绝望的人们来说，不仅仅是口号那么简单，“它是一条救生索。使徒时代教会的黄金时代，可以再次成为现今的实况”。[①] 因此，人们希望通过阅读古典文本来获得一种经验。人文主义者告诉人们，这种经验是可以通过处理文本重新获得的，可以重现古代信徒与耶稣相遇时的辉煌。如果是这样，我们就不难理解，“唯独《圣经》”为什么会成为宗教改革的核心理念。

对此，马丁·路德在教义上做了大量调整与重新阐释，指出只要人们以“信靠”[②] 方式坚定信念，上帝就可以来拯救人们。因此，所有信徒都有资格

---

① ［英］阿利斯特·麦格拉思：《宗教改革运动思潮》，蔡锦图、陈佐人译，北京：中国社会科学出版社，2009年，第43页。

② 呼吁信徒不仅要对上帝充满十足的信心，还要全身心地投入其中。他还用“信靠”来表达这种观点，即信任与依靠。路德以航海作比喻，指出信心不仅仅是对上帝的信心，以及上帝创造世界这艘船的存在的真实性，而且信徒要能够信赖这艘船，同时完完全全地把自己的一切托付给这艘船。参见［英］阿利斯特·麦格拉思：《宗教改革运动思潮》，蔡锦图、陈佐人译，北京：中国社会科学出版社，2009年。

担当祭司，而无须借助于教士，普通信徒有权按自己的方式去阅读和解释《圣经》。加尔文在1543年为奥里维坦的《新约圣经》译本（1534）撰写的序言中明确指出："圣经的全部要点是带给我们耶稣基督的知识。它没有（而且从来没有意图）向我们提供天文学和医学知识的一个绝对可靠的宝库。故此，自然科学实际上不受神学的规范所束缚。"[①]这是一层含义。

另一层含义是由于上帝"俯就"于人类，按个人的情况不同会给予相应的启示。这样一来，《圣经》字面意思对科学现象的陈述就会因人而异，"鼓励了在自然阐释方面的思想独立，就像在《圣经》阐释方面一样"[②]。于是，"改教家把圣经的权威建基于其与上帝话语的关系上"[③]，把《圣经》与上帝的话语画上等号。《圣经》承载的是上帝的话语，使人们按照自己的理解来认识世界的方式得到了认可，从而使人类在思想上获得了极大的解放。

基督教认为世界是存在秩序的，这是经院哲学已经反复论证过的观点。从这一点来看，世界是有秩序的这条预设与近代科学研究的前提和假设有一致之处。阿尔弗雷德·怀特海在《科学与近代世界》中指出："首先，如果没有一个普遍的本能信念，相信事物中存在秩序，尤其是自然界中存在秩序，那么现代科学就不可能存在。"[④]默顿也认为尽管科学研究确实需要实验的检验，但存在一个重要的前提假设，即自然界存在一套秩序，并且这套秩序是人类理性可以认知的。当然，默顿认为信念尽管确实是近代科学兴起的前提条件之一，却不足以促进近代科学的发展。科学需要的是一种持续研究的兴趣，"寻求以经验和理性的方式去找出这种自然秩序，亦即一种对现世及其发生的事物的积极主动的兴趣再加上一种特定的经验探讨方法"[⑤]。

综上，尽管中世纪的教会借助于政权来行使神权以控制人们，但在经历

---

① [英]阿利斯特·麦格拉思：《宗教改革运动思潮》，蔡锦图、陈佐人译，北京：中国社会科学出版社，2009年，第266页。

② [英]约翰·H. 布鲁克：《科学与宗教》，苏贤贵译，上海：复旦大学出版社，2000年，第85页。

③ [英]阿利斯特·麦格拉思：《宗教改革运动思潮》，蔡锦图、陈佐人译，北京：中国社会科学出版社，2009年，第147页。

④ [英]阿尔弗雷德·怀特海：《科学与近代世界》，黄振威译，北京：北京师范大学出版社，2017年，第4页。引文中的现代科学，就是本文的近代科学。

⑤ [美]R. K. 默顿：《科学社会学：理论与经验研究》（上册），鲁旭东、林聚任译，北京：商务印书馆，2003年，第340页。

宗教改革的洗礼之后，人们对上帝的认识，以及人与上帝的关系都发生了一系列转变，人们不再盲从于教会。宗教改革中路德所宣称的“因信称义”，再加上加尔文的上帝的“俯就”观念，把原来笼罩在人们头上的——人们原以为无法逾越的——上帝进一步人性化，为现代人类认识世界打开了观念上的闸门：上帝不是不可接近的，只要人类自身主动努力，就可以得到上帝的拯救。因而，人从上帝那里得到了部分的解放，这间接地为解放思想准备了条件，还进一步为科学认识的客体——对于自然界的认识打下了观念基础。

宗教改革清除了政治压迫，教会无法再以政权的名义来统治人们。人们对于上帝的认识不再只是仰视，而是上帝也会“俯就”人类。于是，对于上帝之书——《圣经》，人们可以凭自身的能力去理解，导致人们越来越不相信教会的说教，教会以上帝的名义来控制人们的力量也随之被削弱了。这不仅为自然科学的发展消除了心理障碍，也为人们独立地思考世界提供了一定支撑。

路德拒绝承认教会仲裁的权力，“以《圣经》和良知为准，赋予理性以评判宗教教义的权利，鼓励唯理主义和个人主义”。[①] 尽管这并非路德的初衷，但是路德反对专权的教会和独断的神学分裂教会的行为，在客观上削弱了教会的政治权力，无意中为唯理主义和个人主义的自由发展打开了大门。因此，“宗教改革的强劲有力的领袖尽管有反唯理主义态度，新宗教运动却培育了批判探究和独立思考的精神，这同文艺复兴相比，毫无逊色”[②]。

同时路德的“因信称义”，更进一步坚定了人们“上帝为自然界制定秩序”的信心，强化了上帝创造的是有条不紊的世界的观念，这种坚定不移的信仰是最根本的。相信一切事物存在并有其固有的规律这个观念，并且这些规律或者秩序，可以被人所理解，为人类理性探索自然界的研究活动奠定了认识基础。[③]在这个过程中，人的主体性进一步增强，思想得到进一步解放，以此为基础，“经验”得到关注与强调。这对自然科学研究的合法性提供了依据，从认识主体和客体两个方面为近代自然科学研究准备了条件。

---

① [美]梯利：《西方哲学史》增订本，葛力译，北京：商务印书馆，2015年，第275页。

② [美]梯利：《西方哲学史》上卷，[美]伍德增补，葛力译，北京：商务印书馆，2008年，第275页。

③ Stanley L. Jaki，*The Rode of Science and the Ways to God*，Chicago：University of Chicago Press，1978.

三、自然观的改变与近代科学精神的培育

13世纪，神学家托马斯·阿奎那对古希腊亚里士多德学说进行了改造，建立起庞大的经院哲学体系。他认为世界只有一个，并且只有上帝才能创造世界，因此自然界按照上帝规定的秩序发展和演化。“万物应该接受一个秩序的安排和指向。所以，亚里士多德在《形上学》卷十二第十章，从万物的秩序的唯一，而推论出掌管万物者天主的唯一。柏拉图则是在《迪美吾斯篇》（Timaeus）第六章中，从模型的唯一，证明世界有如是仿照模型之物（exemplatum）的唯一。”①

在这个体系的自然哲学部分，托马斯·阿奎那吸收了亚里士多德所提出的形式和质料的观点，认为“在世界存在以前，世界之可能存在，并不是按照被动的潜能（potentia passiva）——即质料，而是按照天主的主动能力（potentia activa）”②。天主建构了世界系统，这个系统是等级式的，人居于世界和天界之间。“受造物不能达到按照天主的本性，以及种类的相同，相似天主的地步，如同受生的人相似生人的人一样；可是，受造物却借着彰显为天主所思的理或理念，而相似他，如同落实在（建筑）材料内的房屋，相似建筑师心灵上所有的房屋一样。”③

按照基督教教义，自然界是上帝的创造物，显示了上帝的智慧，“促进对上帝之爱的最好方法就是自然、神恩和天国的荣耀向人们显示上帝的形象，所以首先要加强理解上帝在自然中的体现，从其杰作中看到造物主，并通过对这些杰作的认识和爱升华为对上帝的认识和爱”④。人们敬拜上帝，直接的方式是借助于自然界，因为自然界是基督徒向上帝表达尊重、关心和委身的媒介。对于自然界的顺从、忠诚和爱就是对其创造者——上帝——的顺从、忠诚和爱。

---

① [意]托马斯·阿奎那：《神学大全》第2册，中华道明会、碧岳学社联合出版，第65页。

② [意]托马斯·阿奎那：《神学大全》第2册，中华道明会、碧岳学社联合出版，第47页。

③ [意]托马斯·阿奎那：《神学大全》第2册，中华道明会、碧岳学社联合出版，第21页。

④ Richard Baxter. *A Christian Directory：Or a Body of Practical Divinity and Cases of Conscience*，London，1825，one volume. p.375.

伽利略认为如果《圣经》的权威没有受到审慎界定，那么《圣经》阐释作为价值评判标准的规范就会阻碍对自然界的科学研究。因此，他主张在《圣经》和科学的领域之间做出区分。他认为，《圣经》和自然这“两本大书”是上帝以不同的形式写成的：《圣经》是“上帝言语之书”，自然是“上帝创造之书”。“自然之书”是以数学的语言写成的，没有任何神学论述能代替数学分析。例如，在评价哥白尼体系时，数学的标准应该优先于《圣经》解释家的阐释。《圣经》解释家的阐释虽已成为规范，但完全是当时人们对科学的无知造成的。

伽利略把《圣经》经文理解为两层含义，一方面，当它涉及自然界的时候，它可以被理解为以直观常识观察的语言表达出来的一种陈述，顺应当时平常人的理解，和科学理论没有关系。另一方面，它可能包括更深的含义，讲的不一定是自然现实的事情，而是属灵的信息，不能从自然现实的角度去理解。这样就把科学与《圣经》的研究做了一个不冲突的解释。伽利略认为，神学讲述的是“如何走向天堂”，科学讲述的是“天体怎样运行”，二者是互不相干的，要了解自然万物，不必从《圣经》入手，而应该直接从上帝创造的自然万物入手，《圣经》不能约束科学研究。

中世纪的教义告诉人们应离群索居，远遁尘世，这样才可以获得救赎。例如，中世纪神学所赞颂的骑士精神，就是只专注于来世，对现世的一切包括自然界在内采取不屑一顾的态度。宗教改革运动则彻底改变了人们对自然界的这种态度。《比利时信条》（1561）是加尔文派的一种信条，在低地国家（这些国家尤以植物学家和自然科学家著名）特别具有影响力。加尔文宣称，自然界是“在我们眼前的一本佳作，在其中的一切受造之物，无论大小，都引导我们观摩上帝不可见的事”，这种观念后来被皇家学会所接受并采纳。[①] 加尔文在此暗示宇宙是“上帝荣耀的剧场”，人类在其中是一个心存赞赏的观众，对于受造界的详细辨别可以使人们理解创造者的智慧。这些关于自然界的观念都对近代自然科学产生了较大影响。这具体表现在以下三个方面：

---

① ［英］阿利斯特·麦格拉思：《宗教改革运动思潮》，蔡锦图、陈佐人译，北京：中国社会科学出版社，2009年，第266页。

首先，认识自然界就是在赞颂上帝的荣耀，这一观念成为超验世界和人类行动之间的纽带，为近代科学兴起增加了新动能，成为人类去探索自然界之神秘的宗教动机。按照基督教教义，自然界是上帝的创造物，显示了上帝的智慧，这种观念在传统的基督教神学中已然存在，宗教改革进一步重申并践行了这种观念，这也成为以“认识自然界”为诉求的自然科学兴起的宗教起因。

按照基督教的教义，信徒要敬拜上帝，而敬拜和赞颂上帝的直接方式就是借助于自然界，因为认识自然就是赞颂上帝，这是基督徒生活中被救赎的重要层面，如果缺乏这种对世界的委身就等于宣称不被、也不应被救赎，这种观念在宗教改革中被进一步强化。宗教信仰给人以强大的力量去探索自然界。[①]因而，出于对上帝之爱，人类更加热爱自然界，更加勇往直前地为爱献身，为探索自然界的神秘而献身。与文艺复兴时期的艺术对自然科学的影响一样，宗教在教义上支撑了自然科学的研究。因此，认识自然界是出于对上帝的赞颂，这是宗教改革所极力倡导的观念。

同时，“赞颂自然界的伟大创造者”的观念，被固化为英国皇家学会的制度形式，并成为社会建制之一，发挥了引导社会职业的功能，成为那个时代的人们谋生或者职业选择的指南或者引导，同时，由于皇家学会的社会地位和科学地位也成为从事科学研究人员获得社会及同行认可的途径之一。因此，皇家学会作为科学制度被确立下来，同时发挥着两个重要功能：即引领社会职业选择和获取科学共同体认可与尊重。同时，由于是以制度方式确立起来的，这种认可还能保持持续性，为其提供合法性。于是，制度化的价值观被当作先天存在的基础。“若得不到那些已经控制着人们意志的力量的支持，科学就只能得到仅有的一点点关注和忠诚。然而，当科学与一个激励着人们广泛投身于具有指定功能的活动之中的强大的社会运动结合在一起时，它就开足马力全速前进了。”[②]

其次，宗教改革强化了人投入大自然的怀抱便可以得到幸福和快乐的观

---

① P. M. Rattansi，*The Social Interpretation of Science in the Seventeenth Century*，Science and Society，ed，Perter Mathias，Cambridge：Cambridge University Press，1972，pp.2-3.

② ［美］R. K. 默顿：《科学社会学：理论与经验研究》上册，鲁旭东、林聚任译，北京：商务印书馆，2003年，第312页。

念。认识自然界可以给人带来内在的精神愉悦，这与科学的精神需求无疑是合拍的。当然，这一定程度上受到了文艺复兴时期的人文主义者的影响，并在艺术的熏陶下进一步加强，使人们对自然界的态度由远离与逃遁转变为亲近与热爱，这是宗教改革运动值得重点关注的转变之一。人文主义者瓦拉在《论欢乐》中指出："'自然就是上帝的业绩'。一切自然的东西都是神圣的，我们应当真诚地投入统治着我们和世间万物的神圣规律的怀抱，这样我们将得到欢乐。"[①] 因此，人投入上帝的怀抱才可以获得快乐，这个怀抱就是大自然。在这种人文主义观念的影响下，人们对自然界采取了与中世纪完全不同的态度，不再出世潜修，而是入世工作。

从近代科学的角度来看，科学研究也存在着科学家内在的精神需求的满足，或者可以说宗教改革无意中却与科学的精神需求殊途同归。人文主义者在宗教与科学之间打通了道路，至少在观念上把人的快乐与为尘世做贡献联系在一起，尤其是重视和尊重对自然界的研究，所以从事科学研究在宗教意义上可以使人获得莫大的快乐，进而激发科学的研究热情。

最后，宗教改革后形成的社会功利主义的价值观，无意中与科学可以创造物质财富这一功能不谋而合。用默顿的表述来说，便是"始料未及"的社会后果。[②]"颂扬上帝"在中世纪的天主教中就已经存在，但是在宗教改革之后，尤其是到17世纪，这句话已被赋予了新的含义，最终凝结成"公益服务是对上帝最伟大的服务"[③] 的社会功利主义观念。"于是，一种社会功利主义就被确立为一条主要标准，用以判别可以接受的甚或值得表彰的行为，因为这乃是赞扬上帝——即基本和最终的目的——的一种十分有效的方法，这种功利主义于是便具有了自身的力量。"[④]

宗教改革之后的清教是一个典型代表，清教对"上帝的颂扬"在现实中

① [意]加林：《意大利人文主义》，李玉成译，北京：生活·读书·新知三联书店，1998年，第51页。

② Merton，Robert，The Unanticipated Consequences of Purposive Action，*American Sociological Review*，Vol.1，No.6，1936，pp.894-904.

③ [美]默顿：《十七世纪英国的科学、技术与社会》，范岱年等译，成都：四川人民出版社，1986年，第87页。

④ [美]默顿：《十七世纪英国的科学、技术与社会》，范岱年等译，成都：四川人民出版社，1986年，第87页。

被制度压抑成功利主义，为了更好地“颂扬上帝”退却为以功利主义作为指导现实的原则。从这一点来看，可以说功利主义的观念为近代科学的产生准备了一定的外部条件。尤其在清教伦理的影响之下，吸引了更多的人去研究自然，从而在宗教的引导下进入科学领域。以牛顿、波义耳为代表的近代科学家就认为，与科学有关的“这些世俗活动和科学成就反映了上帝的辉煌，增进了人性之善”[①]。“人如果想侍奉上帝，不是退隐到教堂去作修士，而应该忠诚、勤奋地做有用的工作。”[②]对自然界的潜心研究成为信徒的一种神圣职责和使命。哥白尼、伽利略、开普勒、莱布尼兹、牛顿等著名近代科学的开创者都是怀着这种神圣感走上科学研究道路的。因为教义告诉他们，从事科学研究工作可以促进人性之善，可以改变人在世之命运。这样看来，清教伦理和科学研究有着共同的假设与持久的信仰，在神召下更是激发了科学家的工作热情。于是，“宗教就是以这种直截了当的方式赞许和认可了科学，并通过强化和传播对科学的兴趣而提高了社会对科学探索者的评价”[③]。

在宗教改革的影响下，认识自然就是认识上帝。人类可以借助于对自然界的细节研究来辨别上帝的成就，上帝与人类之间不再是不可逾越的。人类研究自然界，就是在与上帝交流，就是在赞美上帝，就为被拯救增加了一个砝码。认识自然界可以给人类带来内在的精神满足与外在的物质财富，强化了人类通过自然界来理解上帝的信念，并付诸实践，这恰恰彰显出对上帝的颂扬。

从结果上看，这与自然科学的研究功能是不谋而合的，因为科学研究可以给人类带来内在的精神愉悦，同时为人类带来物质财富，与投身于现世的积极态度一并成为近代科学产生的部分思想根源，在客观上使从事现世的工作成为信徒从“此岸”走向“彼岸”的“桥梁”。这样的内在与外在的强大驱动，驱使着人们为实现对上帝的赞美而神圣地工作。

---

① [美]默顿：《十七世纪英国的科学、技术与社会》，范岱年等译，成都：四川人民出版社，1986年，第126页。

② Ian Barbour，*Issues in Science and Religion*，New York Harper and Row，Harper Torchbooks，1966，pp.48-49.

③ [美]默顿：《十七世纪英国的科学、技术与社会》，范岱年等译，成都：四川人民出版社，1986年，第98页。

四、人性观的嬗变与近代科学的社会认同

在早期基督教神学中，基督教人性论的核心问题就是“原罪”与“救赎”，这里我们主要分析有代表性的奥古斯丁和托马斯·阿奎那关于人性的观点。

在创世说中，上帝按照自己的形象创造了人。奥古斯丁认为上帝作为至善，是一切善的根源，上帝在创造人时，是创造的至善之人，亚当最初的受造是绝对完美的，包括从肉体到灵魂等各个方面。上帝给了人自由意志，使人有能力决定和选择自己的行为。上帝禁止人类食用智慧树上的果子，否则人类就会面临死亡。但魔鬼诱惑人类，说如果吃掉果子就能够与上帝一样智慧，能够识别善与恶，辨明真与伪。遗憾的是，亚当和夏娃最终错误理解真正的自由而滥用了人类的自由意志，妄想获得像上帝一样的智慧，没有做出理性选择，人类的始祖亚当和夏娃在自由意志的指示下偷食了禁果，因此犯下罪恶。罪恶的出现，不是上帝创造并施加给人间的，罪恶的真正根源在于人类受到诱惑，违反理性地滥用上帝赋予人类的自由意志，自己主动地选择了不遵从上帝的旨意而偷食禁果，背离了上帝，犯下了原罪。

奥古斯丁把《圣经》中的罪发展为“原罪”，“原罪”也成为基督信仰中对人的认识预设。因为亚当、夏娃偷吃禁果所具有的“原罪”，根据教义这是世世代代流传下来的，是人生来就有的，那么如何才可以从原罪中得救呢？人依靠自己的善行是不能得救的。奥古斯丁认为：“一个人既已用自由意志犯了罪，为罪所胜，他就丧失了意志的自由。”①一个人如果有了这种原罪，他就会自动地去犯罪，“但在作善事上，他却没有自动力。要等到他从罪中被释放，成为公义的仆人时，他才能自动地去行善。这就是真的自由，因为他在行善时感觉快乐，同时也是一种管制，因为他顺从上帝的旨意”。②因此，当人的自由意志遭到了贬抑，被罪恶占据以后，人的邪恶使他不可能依靠自身的力量而向善，唯有依靠上帝的恩典才能使人重新获得善良意志，并最终得

① ［罗］奥古斯丁：《教义手册》30.《西方哲学原著选读》上卷，北京：商务印书馆，1981年，第221页。

② ［罗］奥古斯丁：《教义手册》30.《西方哲学原著选读》上卷，北京：商务印书馆，1981年，第221页。

到救赎。“事实上我们所谓恶，岂不就是缺乏善吗？在动物的身体中，所谓疾病和伤害，不过是指缺乏健康而已。若身体得医治痊愈，这并不是说，那先前存在的恶——疾病和伤害——离开身体去住在别处，而是说，它们都不再存在了。”[①]需要上帝的恩典，才可以把人的恶治愈。

奥古斯丁认为，亚当、夏娃因偷食禁果而犯下罪恶受到惩罚，被贬到人间之后，现实世界出现了两座城：一座城是由以肉体形式生活的人类组成的，另一座城由按照灵性生活的人组成。后者是“上帝之城”，前者是“俗世之城”。

按照中世纪托马斯主义的观点，上帝对人是命定的，人在上帝面前没有任何自由，人的灵魂获得拯救不是上帝的直接施恩，而是借助于教皇，要绝对地服从于教皇。于是，人被牢牢地禁锢在教皇的教义与教规之中，不得有任何违背，否则后果将不堪设想。这往往成为科学史中宗教对科学产生负面影响的典型案例。宗教改革在一定程度上改变了这种观念。路德的“因信称义”注重的是个人内心对上帝的认知转变，内在的转变必将引起外在生活的改变，对此路德是予以肯定的，他说信仰是生活的常青树，上面必然长着爱和智慧的果实。因此，确定的获救感必然表现为获救的历史进程，其外在表现为生活方式和历史的功绩等事件，进而这些外在事件也可以成为获救的标志，包括：它们是由信仰带来的生活态度的转变引起的；它们是个人积极主动参与生活的结果。[②]这成为宗教改革在人性观上嬗变的重要方面。

从近代科学的角度来看，这对从事科学研究的主体——人——的影响亦成为不容忽视的重要方面。下面分别从人的独立意识的觉醒、人的内在精神和人的外在生活三个方面来分析人性观的嬗变及这种嬗变对自然科学的影响。

第一，人的独立意识的觉醒。人的独立意识在经历了文艺复兴洪流的冲刷之后，越来越被人所关注、理解和重视，宗教改革则对这一观念在宗教意义上进一步彰显，为人类树立独立思考的自我意识起到了不可低估的促进作用。“个人在宗教和道德方面同样摈弃了教会的桎梏。在文化问题上尊重理

① ［罗］奥古斯丁：《教义手册》11.《西方哲学原著选读》上卷，北京：商务印书馆，1981年，第220页。

② 赵敦华：《基督教哲学1500年》，北京：人民出版社，2005年，第590页。

性，在信仰和行为问题上注重信念和良心，并驾齐驱。”①

“由于宗教改革，个体的灵魂取得了自主权，个体的存在被赋予神圣性，个体主义在最高价值层面上获得了支持。”②在宗教意义上，人的意识被唤醒，根本体现为主体性的唤醒。于是，人们才会有这样的疑问：“我作为一个个体如何做才能被救赎？”但当时的教会无法回答这个问题。“新教精神为我们理解近代个人主义价值观指出了一个关键点：这种个人主义不是对个人物质享受的追求，而是对自己确信的理想与信仰的个人追求。”③

人文主义者倡导“回归本原”，回归到上帝那里去寻求答案，而不是还依赖教会来寻求“我”如何才能被救赎的答案。宗教改革运动亦提出“回归本原”的口号，希望重新挖掘“基督教本质”，深度解读作为个体的“我”是如何被救赎的。因此，“人性得到了肯定，人在宇宙中的地位得到了提升。这种人性观的变革转换了人感知世界的视角”④。“虔诚的感情超越所有这些表面活动，需求的只是自己个人的宗教生活的自由。这就是宗教改革的内在源泉。”⑤

第二，人的内在精神。宗教改革所引致的由“救赎”向“悔改”的转变，反映了人类对于自我能力的肯定。宗教改革的影响是在人类文化内部发生的转变，具体到个人是对于人的心灵、人的精神的转变。尤其是在文艺复兴复古大潮的推动下，人们在翻译拉丁文的过程中，发现“救赎”一词翻译有误，而应该译为“悔改”，一词翻译的不同，使其含义发生了根本改变，由原来的被动等待“外部救赎”转变为由主动“内在悔改”来获得拯救。人开始在宗教上意识到作为个体的“我”获救的重要性。所有人类都是上帝平等创造的。“自觉意识学说在基督教父的理论中得到发展，不仅作为人对自己罪孽的认识，而且作为人在积极与罪孽作斗争中的忏悔。”⑥“心灵或精神作为

① [美]梯利：《西方哲学史》上卷，[美]伍德增补，葛力译，北京：商务印书馆，2008年，第282页。

② 段培君：《社会科学次逻辑视野下的方法论个体主义》，济南：山东教育出版社，2006年，第128页。

③ 赵敦华：《基督教哲学1500年》，北京：人民出版社，2005年，第597页。

④ 郝苑、孟建伟：《论西方科学的人文背景》，《清华大学学报（哲学社会科学版）》2006年第6期，第130页。

⑤ [德]文德尔班：《哲学史教程》下卷，罗达仁译，北京：商务印书馆，1987年，第497页。

⑥ [德]文德尔班：《哲学史教程》上卷，罗达仁译，北京：商务印书馆，1987年，第317页。

自身主动的、有创造力的本原的这种概念其意义并不止于心理学、伦理学和认识论，而且当古代世界结束时，这种概念上升为宗教形而上学的主导思想。”[①]

人的自我意识被唤醒以后，在多种因素的共同作用下，促成了对人类的自我能力的认知与认可。带着这份自信心，即凭借着人类自身的努力，以积极主动的态度就可以去认识和改造自然界。人在认识自然界时，采取了参与到自然界中去、干预甚至控制自然界的方式。“新教的真理观鼓励个人独立探索真理的自信心。”[②]这种主体性的增强对于人们积极主动地认识自然界，通过实验方法来获得自然界的信息，起到了观念上的助推效果。正如人文主义者笔下所描述的那样，人不再是匍匐在上帝脚下的可怜的被造物，而是上帝创造出来的杰作。这份自信心的形成与后来弗朗西斯·培根的伟大名言“知识就是力量”有着一脉相承的关联。

第三，人的外在生活。宗教改革使人们开始同样关注世俗生活，甚至倡导向往丰富的物质生活，并且诉诸实践，这在客观上恰恰与科学的外在社会功能不谋而合。下面从每个人对入世工作的个体认知和外在的社会认同两个层面来看。

从内在的个体认知来看，宗教改革运动重新发现了“召命”观念，这是与之前不同的。原来的“呼召”观念是抛开世界，远遁尘世。宗教改革运动则否定这一观念，认为上帝呼召他的子民不只是为了得到子民的信心，更加重要的是要求子民在生命的范围中表达这种信心，并进一步活出这份信心来。这一观念的传递主要体现在宗教改革运动中对“圣召”（vocatio）的使用，这个词在今天意味着“一个此世的活动或事业”。这是在16世纪的宗教改革运动中被广泛接纳的观念：“基督徒是蒙召在世界中服侍上帝的。”[③]这也恰恰构成了一部分科学家从事对自然界研究的原初动力之一。巴克斯特在他的《基督教指南》中对职业选择的必要性和职业分级排序做了精心的论证：“假如其他条件都不变，则应选择最能为公众行善的职业。按可取程度分为的

---

① ［德］文德尔班：《哲学史教程》上卷，罗达仁译，北京：商务印书馆，1987年，第317页。

② 赵敦华：《基督教哲学1500年》，北京：人民出版社，2005年，第596页。

③ ［英］阿利斯特·麦格拉思：《宗教改革运动思潮》，蔡锦图、陈佐人译，北京：中国社会科学出版社，2009年，第257页。

各种职业是：学识型职业、农业、商业和手工业。”[①]“工作是上帝主动加给我们的恩慈之自然回应，借此我们证明我们对他的感恩，同时在这个世界中荣耀和服侍他。”[②]因此，集中体现在对待工作的态度上，宗教改革所倡导的与科学所能够带来的价值是一致的。在当时的情境中，大多数工作内容都与自然界有关，这种工作价值观所导向的实践就是从事认识自然界等活动，即为他人服务、为社会造福，并获得物质财富。

从外在的社会认同上来看，对于科研人员的态度与以往明显不同。阿尔贝蒂认为，代表文艺复兴典型思想的格言之一是“德行战胜命运”，颂扬使城市和家庭变得富裕而获得光荣的人的劳动，尘世的富裕和繁荣是上帝赞同的象征。[③]兰迪诺认为，那些从事社会事务的人当然是为人类带来福利的，但这只是暂时的，而那些致力于探索自然奥秘的人却能永远为人类造福，他们对公众才是最有利的。[④]实用性使近代科学在宗教占主导的年代得以成长壮大。

因此，在宗教改革的影响下，人的独立意识逐渐增强，有助于人们获得内心的解放，同时在一定程度上也有助于人们摆脱外部的束缚。在文艺复兴之后宗教改革紧随其后，基督教所颂扬的发现人性、尊重人性、改造人性，得到进一步彰显。这也恰恰是人文主义精神的宗教反映。

综上，宗教改革所带来的上帝观的转变，打破了人原本以为先天就存在的无法逾越的神和权的合作，人不再匍匐在上帝的脚下，唯唯诺诺地盲从于教会，而是可以按照自己的见解去解读《圣经》。这为人性被唤醒准备了外部条件。

与此同时，宗教改革为人类自信心的确立内在地起到了催化作用，尽管今天看来人类的头抬得有些“过高”，但这是人类历史发展阶段的一个必然过程。

---

① Richard Baxter，*A Christian Directory：Or a Body of Practical Divinity and Cases of Conscience*，London，1825.

② ［英］阿利斯特·麦格拉思：《宗教改革运动思潮》，蔡锦图、陈佐人译，北京：中国社会科学出版社，2009年，第259页。

③ ［意］加林：《意大利人文主义》，李玉成译，北京：生活·读书·新知三联书店，1998年，第60页。

④ ［意］加林：《意大利人文主义》，李玉成译，北京：生活·读书·新知三联书店，1998年，第84页。

在自然观上，认识自然就是认识上帝，自然界是上帝的杰作，使从事自然界的研究更加合法化。认识自然界可以给人类带来内在精神与外在财富的满足。雅各布·布克哈特曾将意大利文艺复兴的主题概括为："发现世界的同时，也发现了人。"[①]宗教改革内在地重新调整了人与世界的关系，进一步让人从内心发现了自身的价值。这也反映在人性观的转变上，"因信称义"的内在转变引起了外在生活的改变，同时满足了人的精神与物质需求。因此，宗教改革所倡导的基调与自然科学的功能是一致的，可谓不谋而合，殊途同归。

宗教对科学的影响是在文化中生成的，西方宗教意识在塑造西方文化的进程中也塑造了近代科学。宗教改革的实质是一种文化类型的转型。"宗教改革运动可以说是把一种创造性的冲击注入了历史，结果就塑造了我们所属的世界……""宗教改革运动所如此特有的对俗世秩序的积极和委身的态度，在一连串神学的设想上，承担起塑造现代西方文化的重要责任。"[②]阿尔弗雷德·怀特海在《科学与近代世界》一书中，认为在近代科学诞生之前，已经有了一些观念上的准备。他断言："在现代科学理论还没有发展以前人们就相信，科学可能成立的信念是不知不觉地从中世纪神学中导引出来的。"[③]

如果说宗教为近代科学的产生准备了文化土壤，那么宗教改革运动思潮更是在关节点上为近代科学的兴起起到了巨大的推动作用。宗教改革重塑了世界的文化，重塑一词强调的是对原有材料重新组合并在这个过程中产生的一些新因素，而这些新因素一定程度上助产了近代科学的生成，甚至成为近代科学兴起的巨大引擎和支撑资源。

综上，宗教改革作为近代科学兴起的人文情境的重要关节点，如果把近代科学比喻为一棵大树，那么在幼芽时期促成它长成参天大树的土壤、气候温度和湿度等是必不可少的，而人文情境也许可看成气候环境和地理条件。宗教改革运动思潮本身，在动态上是如何触动近代科学的一些观念和方法生成的，或者说宗教在为自己改革与发展的同时，在哪些观念方面有所松动，

---

① [瑞]雅各布·布克哈特：《意大利文艺复兴时期的文化》，何新译，北京：商务印书馆，2007年，第311页。

② [英]阿利斯特·麦格拉思：《宗教改革运动思潮》，蔡锦图、陈佐人译，北京：中国社会科学出版社，2009年，第253页。

③ [英]阿尔弗雷德·怀特海：《科学与近代世界》，北京：商务印书馆，2009年序，第10页。

这种松动对于科学如何成为重要推手，值得我们深入地反思。从这个意义上来看，宗教改革这一运动本身给科学产生带来的就是观念土壤的松动。16世纪宗教改革运动以中世纪作为参照系，既然是改革，那就说明原有的状态是不尽如人意的，所改革的也是对旧有观念的破除。这就直接或间接地为近代科学之树的破土而出准备了一定的土壤，甚至在一定角度来看，在根基上为近代科学输送了营养。

从文化的角度来看，近代科学的产生有着深厚的人文背景。如果说文艺复兴构成了近代科学产生的艺术情境[①]，那么宗教改革便是文艺复兴开始以后对包括科学在内的西方文化产生震撼的又一股强大冲击波。宗教改革及其带来的转变构成了近代科学产生和发展的重要情境之一。

宗教改革所倡导的政教分离，主张人类可以按照自己对世界的理解去认识和思考世界，在今天看来，这正是近代科学研究所具有的批判性和独立性探究精神，宗教改革在思想层面为人类明确了对自然界的态度，更坚定了自然界存在秩序的信念。

宗教改革所强化的认识自然界就是认识上帝的观念，成为人类去探索自然界奥秘的宗教动机，引导人们为获得内在精神的满足感和外在财富而去探究和认识自然界。

基督教所颂扬的发现人性、尊重人性、改造人性，因经历宗教改革的洗礼而得以进一步彰显，作为人类个体，人们认识到入世努力地工作，就可以获得精神富足，也可以获得外部社会的认可，这无疑吸引人们选择从事自然科学研究工作，为近代科学兴起与发展提供了指南。尽管宗教改革并没有从根本上消除科学与宗教的对立，有时甚至强化了这种对立，但它所涉及的上帝观、自然观和人性观三个层面的重大转变，都直接或间接地为近代科学之树的破土而出松动了土壤，输送了营养，并与其他人文情境一起为近代科学之树的萌芽和成长提供了必要的滋养和氛围。

---

① 杨渝玲：《文艺复兴：近代科学产生的艺术背景》，《自然辩证法通讯》2009年第4期。

第三章　哲学认识论转向：近代科学方法论的生成基础

一、引言　古代自然哲学：近代科学的母体

一般而言，古希腊时期的自然哲学是包括我们今天所说的自然、社会和人文的所有科学在内的研究。依此划分，1543年，哥白尼的《天体运行论》问世，引发了天文学革命，使天文学摆脱了神学的束缚，这成为自然科学从神学的束缚中解脱出来的里程碑。自此天文学从自然哲学中脱离出来，走上了独立发展的道路。哥白尼的《天体运行论》引发天文学革命之前，现代意义上的自然科学，最初是存在于自然哲学母体之中的。可以说，近代科学根植于自然哲学，是在自然哲学中生成的。因而，在这个意义上，古希腊哲学成为近代科学的重要基础，给近代科学的产生与发展留下了宝贵遗产。

公元前6—前5世纪出现了作为西方文明源头的古希腊哲学。按照其发展过程，文德尔班《哲学史教程》将古希腊哲学的划分大体上可以分为三个时期：宇宙论时期、人类学时期和体系化时期，以及希腊化罗马时期的科学遗产。

（一）古希腊哲学本体论时期的科学遗产

公元前6世纪自然哲学时期，是古希腊哲学的第一阶段，为近代科学奠定了本体论基础。毕达哥拉斯开创的数学理性传统是这一阶段的重要贡献。

文德尔班在《哲学史教程》中把这一阶段称为宇宙论时期。这主要是因为古希腊哲学家们讨论的是世界的本源和本性的问题，以及关于宇宙本原的问题，研究的“自然”即“本性”，这一时期讨论的是宇宙本性问题。

最早研究万物始基的是古希腊第一个哲学学派，其位于小亚细亚米利都城，被称为米利都学派。该学派最早提出世界的本原问题，认为万物来源于水、气、火等物质，最终又复归于这些物质，主张从可观察的事物现象出发认识世界本原，并且认为自然界是一个运动、变化、发展的过程。比米利都学派稍晚的一些自然哲学家，在承认自然界运动、变化和发展的同时，试图找寻运动变化背后的永恒不变的原因。例如，恩培多克勒认为世界万事万物的始基是水、火、土、气四种“元素”；留基伯、德谟克利特与之前的自然哲学家不同，他们试图在自然界中找到一个最小的不可再分的单位，称之为“原子”，他们认为原子是万物的本原。留基伯、德谟克利特的这一关于原子的概念，尽管是在纯思辨中获得的，但对近代物理学研究产生了很大影响。

表面看来，古希腊自然哲学各个流派关于世界本原的观点，似乎迥然不同。但从认识论和方法论的角度来看，这些观点都存在着共同之处，那就是古希腊哲学家们在寻找世界本原时，都力图从自然界本身出发，而不是求助于外在于自然界的其他存在来认识和解释世界。他们都是从自然界中存在着的物质或物体中认识世界本原的，并且认为是自然界中的这些物质的相互作用促进了世界的生成和发展，这是一种演化、运动的观念。当然，这种对世界的发展持运动、变化、发展和演化的观念，是一种自发、朴素、非自觉的意识。但是，如果从马克思主义哲学关于哲学基本问题角度来看，其是在本质上坚持了朴素唯物主义和辩证法的观点。

在古希腊自然哲学派之外的南意大利的克罗顿形成了毕达哥拉斯学派，以及爱非斯和爱利亚学派。这些学派的学者的认识不再停留于万物的本质是物质性存在的观点上，而是从这些物质的背后去寻找一些抽象的存在或者原则，进而来解释世界的本源。最具代表性和对后世产生深远影响的是毕达哥拉斯学派，其认为世界的本质是由“数”组成的，万物皆数。爱利亚学派认为世界的本源是“存在”，而“存在”就是世界运动变化背后不变的原因。这些观点形成了最初哲学的本体论部分，为近代科学从自然界本身研究其规律，搭建了认识论和方法论的本体论基础的框架。

古希腊自然哲学成果成为近代科学的直接遗产，表现在一个重要方面就是毕达哥拉斯的数学理念，数学理念对人们认识世界和改造世界产生了重大影响。毕达哥拉斯把世界看成由“数”组成的，认为“数”的本质就是世界的本原。他把人类的认识从观察表面现象推进到对抽象领域的研究。毕达哥拉斯学派后来成为近代科学的数学传统的重要起源。毕达哥拉斯与他的追随者们提出的“万物皆数”观念，最早把数字摆在至高无上的地位。

毕达哥拉斯学派认为：“统治着天体运动的和谐，像音乐中的和谐一样，其根源在于秩序，按照这个秩序，宇宙间各天体依照数字所规定的间隔，围绕一个共同的中心而旋转。”① 出于对数的崇拜，毕达哥拉斯学派“企图承认万物的守恒秩序可以用概念来理解，来表现；他们企图在数学关系中找到这种秩序的最后根源”②。但是，毕达哥拉斯学派也注意到，数目不能叫作万物本原，万物不是产生于数目，而是按照数字构成的，“万物是数的模写或摹拟”③，这是一种抽象概念的提出。“按照这个概念，数学形式的世界被看作是更高、更根本的现实：经验中的现实只不过是这种现实的复制品，数学形式是永恒的存在，而经验现实只是与之对比的流变（geschehen）的世界。”④ 这无疑可以看作近代科学中的数学及其在自然科学中的运用的重要起源和依据。

同时，也许正是这种抽象的概念成为德谟克利特的“原子”这个抽象概念提出的启示，德谟克利特的原子论是古希腊早期为近代科学原子说奠定的思辨基础，或许也可以认为是近代物质结构学说的先导。

毕达哥拉斯学派提出数是万物本源的核心观念，认为自然界中充满了数与数的和谐，任何事物的最终状态就是它的数的形式。这对近代科学研究的抽象思维的运用及数学方法的普及起到了巨大的作用。即使在当代，科学家们也基本上都忠实地相信毕达哥拉斯学派的观点，“作为一个整体的自然及其

---

① [德]文德尔班：《哲学史教程》（上卷），罗达仁译，北京：商务印书馆，1987 年，第 67 页。
② [德]文德尔班：《哲学史教程》（上卷），罗达仁译，北京：商务印书馆，1987 年，第 69 页。
③ [德]文德尔班：《哲学史教程》（上卷），罗达仁译，北京：商务印书馆，1987 年，第 69 页。
④ [德]文德尔班：《哲学史教程》（上卷），罗达仁译，北京：商务印书馆，1987 年，第 69 页。

所有特殊领域是‘一个数和一种和谐’”[①]。数对近代科学的贡献是不可磨灭的，也是开创性的。值得一提的是，毕达哥拉斯关于数的观念在他那个时代产生的影响已经很大，尽管在中世纪一度销声匿迹，但经历了文艺复兴时期对古代文献的大力挖掘又重现光辉。

科学史家沃尔夫指出，现代科学的开创者们满脑子都是毕达哥拉斯主义精神。[②]哥白尼和开普勒都以数学和谐性和简单性作为最有力证据之一，来论证太阳中心说的真理性。伽利略也极为推崇数学："哲学写在这部宏伟的书（我指的是宇宙）中，这部书始终对我们开放着，但它很费解，除非人们首先学会理解这部书所使用的语言和解释这部书所使用的文字。它是用数学语言写的，它的文字是三角形、圆以及其他几何图形，没有这些图形，人们甚至根本不可能理解这部书中的一个词。"[③]众所周知，数学理性传统把人类关于自然界的认知，从定性认识上升为定量描述和分析，近代科学几乎把数学方法的使用作为一门学科是否成熟的根本标志，这一观念是古希腊哲学留给后世的宝贵财富。

（二）古希腊哲学认识论的科学遗产

公元前5世纪，随着经济、政治和文化的发展，雅典成为古希腊世界的中心。这是古希腊哲学的第二阶段——人本主义出现和开展科学问题研究。

人本主义出现。希腊人越来越认识到研究自然界所获得的知识，最终是为了将这一知识有效地运用于实践。他们讨论的中心从关注世界本原转向关注人类社会及其政治伦理方面，具体来说，是实践生活需要和政治生活需求的依赖性方面。由此，"人"成为自然哲学家们关注的焦点和研究的中心点。

当时，雅典出现了一批思想家，他们主要以教授演说的论辩术为主要工作，被称为智者。智者的著名代表是普罗泰戈拉。他受到赫拉克利特的万物

---

① ［德］恩斯特·卡西尔：《人论》，甘阳译，上海：上海译文出版社，2004年，第304页。

② ［英］亚·沃尔夫：《十六、十七世纪科学、技术和哲学史》，周昌忠等译，北京：商务印书馆，1997年。

③ 转引自［美］约翰·洛西：《科学哲学历史导论》，邱仁宗等译，武汉：华中工学院出版社，1982年，第18页。

流动的思想影响，把这一思想与人的感觉联系在一起，认为变动不居的感觉现象是唯一真实的，继而提出“人是万物的尺度，是存在者存在的尺度，是不存在者不存在的尺度”[①]的著名命题，这成为人文主义者的宣言。

苏格拉底也是一位把“人的问题”提到一定高度的哲学家，在这一点上他与普罗泰戈拉相似，但他与普罗泰戈拉的具体观点有异。众所周知，苏格拉底一生并未写过著作，他的行为和学说是由柏拉图和色诺芬尼著作中的记载流传下来的。色诺芬尼在《回忆录》中说，苏格拉底经常会“问他们，是不是认为自己对人事已经知道得很透彻，所以进而钻研那样一些沉思的题目，或者质问他们，他们完全不管人事，而对天上的事情加以猜测，是不是认为自己在做本分的工作”。[②]这便是苏格拉底对研究“人事”的关注，他所说的“人事”，主要是对人的心灵的关注。

普罗泰戈拉及其追随者的智者派，集中于分析个人实际进行决断时的感情与冲动。但最终他们自己不得不承认，这些决定人的情感的动机一样是按照自然规律必然向前发展的，由此陷入了困境。苏格拉底则敏税地发现了那个时代的决定性因素，即“知识和科学已经取得的实践的、政治的和社会的意义。正是通过个别人取得独立思考的过程，通过解放个人的感情，事情才变得清楚了：在各个领域中人的才能在于他的洞见”[③]。要知道，这正是智者派一直在探索的，却没能找到的答案。进一步地，苏格拉底对人类知识本身进行了研究，并使之与认识自己联系起来，也就是把追求不变的、确定的真理与研究自我紧密联系起来，这种联系是以将自然和自我区分开作为前提的。

黑格尔曾指出：“智者们说：人是万物的尺度，这还是不确定的，其中还包含着人的特殊的规定；人要把自己当作目的，这里面还包含着特殊的东西。在苏格拉底那里，我们也发现人是尺度，不过是作为思维的人。”[④]他以人的灵魂、心灵即思维作为尺度。

关于科学内容的研究。智者派运用辩论术，当然在后来的逻辑科学看

---

① 转引自《西方哲学原著选读》上卷，北京：商务印书馆，1981年，第21页。

② 转引自《西方哲学原著选读》上卷，北京：商务印书馆，1981年，第60页。

③ [德]文德尔班：《哲学史教程》上卷，罗达仁译，北京：商务印书馆，1987年，第109页。

④ [德]黑格尔：《哲学史讲演录》第 2 卷，贺麟、王太庆译，北京：商务印书馆，1981 年，第62页。

来，智者派的逻辑辩论处于初级阶段。但不可否认的是，正是基于那时的辩论才培育了逻辑学的根基。智者派的观点是感觉主义，把被感觉到的东西与知识完全对应起来，推出了真理不可得的结论。

苏格拉底则与此相反，提出了自己关于科学的理解和认识。苏格拉底相信，真理是可以得到的，只要我们虔诚地追求它："科学的任务是在事实的比较中努力建立一般概念。"[①] 他认为，我们必须理清自己的观念，不能武断，我们要有理由证明自己的观点，确切用词的含义，"要证明我们的论断，要思维而不是猜测，要对我们的理论加以检验，用事实予以证明，参照事实进行修改和纠正"[②]。

苏格拉底规定了科学的性质和范围，认为科学的基本性质是概念的思维，他还规定了可以运用科学的范围，只有在实践生活中才可以完成和实现对科学的运用。"就形式而言，科学是概念结构；就其内容而言，科学是伦理学。"[③] 苏格拉底方法论的目标就是演绎出一般的判断，同时把他的方法应用到人类的一切问题中去，特别是在道德领域，试图为行为找到合理的基础。苏格拉底认为知识是至善的，正确的思维是正确行动不可缺少的。

同时，苏格拉底认为"深入理解自己的无知就是一切知识的开始"[④]。与普罗泰戈拉不同，苏格拉底为了给各种伦理道德范畴寻求普遍的理解，认为客观真理是存在的。他认为诘问、辩论是"助产"知识的过程。苏格拉底把这种方法称为"辩证法"。这是"辩证法"一词的最早来源与最初含义。

（三）古希腊哲学方法论时期的科学遗产

这一时期主要的贡献是由柏拉图和亚里士多德做出的。尤其是亚里士多德被誉为百科全书式的自然哲学家，是古希腊哲学系统化的集大成者。

从前面对苏格拉底的分析，我们知道，从苏格拉底开始，哲学的研究方向发生了变化，尽管苏格拉底早期研究自然哲学，但最终这些研究给他的结

---

① [德]文德尔班：《哲学史教程》上卷，罗达仁译，北京：商务印书馆，1987年，第135页。
② [美]梯利：《西方哲学史》，[美]伍德增补，葛力译，北京：商务印书馆，2008年，第52页。
③ [德]文德尔班：《哲学史教程》上卷，罗达仁译，北京：商务印书馆，1987年，第135页。
④ [德]文德尔班：《哲学史教程》上卷，罗达仁译，北京：商务印书馆，1987年，第134页。

论是：哲学不能仅仅停留于研究自然，更要了解有用处的人事问题，关于人的问题，首先要解决关于人的认识的问题。

柏拉图进一步发展了这一观点。他区分了感官知觉、意见和真正的知识，认为感官知觉不能解释事物的真相，只能得到现象；意见有真伪，但毫无价值。他认为“我们必须由感官知觉和意见前进，达到真正的知识。这一点是做不到的，除非我们有一种欲望，或者对真理的爱，所谓厄洛斯，即由探索美的观念所激起的爱慕之情：由探索美过渡到探索真理。”① 对真理之爱迫使我们要接受辩证法。“辩证法是用概念进行思维的艺术，思维的根本对象是概念，而不是感觉或影像。”②“人是万物和一切真理的尺度，因为在人的灵魂中隐藏着作为他一切知识起点的某些普遍的原理、观念、概念或理念。”③

柏拉图指出“理念”是具体事物追求的目标，也是人认识的最高目标。基于这一思想，柏拉图提出了他的“回忆说”。他认为人们对于一些事物的认识，是对心灵中原有记忆的回忆。理念构成了世界的有条理性，生成有理性的宇宙，这一理想的秩序作为整体宇宙的要素，构成有机的世界整体。柏拉图认为哲学的任务就是用逻辑思维来了解世界的内在关联，思索内在本质。柏拉图的思想体系融合了智者、苏格拉底、赫拉克利特的观点，变革了爱利亚学派的观点。在古希腊哲学史上，柏拉图的观念和体系实现了前所未有的最终综合。

亚里士多德是百科全书式的人物，他对古希腊哲学的发展进行了全面而系统的总结，把古希腊爱智慧、追求知识的精神充分发挥。他认为“人们研究哲学是为了摆脱无知……人们追求智慧是为了求知，并不是为了实用”④。他最核心的思想是：求知是人的本能。他进一步总结前人的观点，使古希腊哲学理论化、系统化，从而使古希腊哲学上升了一个高度。他把柏拉图的物质概念称为“质料”，把柏拉图的理念发展为“形式”，构建了事物生成的质料因与形式因。

---

① [美]梯利：《西方哲学史》上卷，[美]伍德增补，葛力译，北京：商务印书馆，2008年，第63页。

② [美]梯利：《西方哲学史》上卷，[美]伍德增补，葛力译，北京：商务印书馆，2008年，第64页。

③ [美]梯利：《西方哲学史》上卷，[美]伍德增补，葛力译，北京：商务印书馆，2008年，第64页。

④ 《西方哲学原著选读》上卷，北京：商务印书馆，1981年，第119页。

亚里士多德提出了从潜能转化为现实的运动变化的哲学体系。他的观点包括把“实体”作为哲学的研究对象，确定了研究“原因”是认识的任务，并对认识的过程与途径进行了逻辑分析。他在德谟克利特的基础上进一步区分了感性认识与理性认识。他认为感官世界或现实世界不单纯是世界的影子或者模仿，它就是实在的世界，它才是科学的对象。“正因为亚里士多德是这样构思的，所以他安然地生活于感官世界，以同情的态度来研究它；他的理论总是同它有密切的联系，而且鼓舞了自然科学。”①

如前所述，古希腊自然哲学家们基本上都把自然界中可经验到的事物作为世界的本原，思辨地研究世界的运动变化和发展。随着认知水平的不断提高，从柏拉图到亚里士多德，尤其是亚里士多德关于演绎系统的确立，正如克莱因所说的：“希腊人在搞出正确的数学推理规律时就已奠立了逻辑的基础，但要等到有亚里士多德这样的学者才能把这些规律典范化和系统化，使之形成一门独立学科。”②接着，欧几里得的公理化方法和公理化体系，最终成为近代科学构建科学体系的重要方法论基础。众所周知，阿基米德的静力学体系即得益于欧几里得的公理化方法，牛顿的《自然哲学之数学原理》更是运用公理化方法的典范。由此可见欧几里得的公理化方法之于近代科学体系架构的重要价值。

从古希腊时期的自然哲学对近代科学的直接贡献上看，亚里士多德堪称第一个研究物理学的自然哲学家，他把物理学定位成研究物体和运动的科学。当然，亚里士多德的物理学并非现代科学意义上的物理学。亚里士多德还是首次进行系统地研究比较动物学的古代学者。他也是第一次把自然哲学的大门类划分为哲学及其他学科的学者。他赋予了哲学独立的学科地位，并对其他学科进行分门别类的研究，为各门科学做出了大量开创性工作。

通过研究亚里士多德的理论，我们不难做出这样的判断：大多数自然科学基本上都可以在亚里士多德那里找到出处。尽管哥白尼、伽利略后来曾部分地推翻了亚里士多德的观点，但他们都是以亚里士多德的观点作为批判的对象展开研究的，亚里士多德的开创性工作的意义是毋庸置疑的，况且在当

---

① ［美］梯利：《西方哲学史》（上卷），［美］伍德增补，葛力译，北京：商务印书馆，2008年，第79页。

② ［美］M. 克莱因：《古今数学思想》第一册，张理京、张锦炎译，上海：上海科学技术出版社，1979年，第62页。

时的科学发展水平下，亚里士多德的研究便能达到如此高度，让我们不得不赞叹他智慧的大脑！

（四）古代自然哲学的科学遗产

公元前323年，亚历山大逝世，亚历山大帝国随即分裂，希腊陷入战乱之中。到公元前2—前1世纪，罗马先后征服了马其顿、希腊、小亚细亚、埃及等地区，建立了地中海的霸主地位，标志着希腊时代结束。但希腊文化并没有因这一时代的结束而衰落，反而得到了广泛的传播。在数学、亚里士多德意义上的物理学方面，欧几里得奠定了几何学基础，阿基米德建立了静力学的基本原则。天文学和地理学也都取得了阶段性成就，史学、法学、农业学等领域都取得了较大的成果。尽管这一时期属于罗马统治，但往往被称为希腊化时期。

在西方哲学的发展史中，古希腊哲学是它的幼年时期。以后西方哲学的流派、观点和思想，基本都可以从古希腊哲学思想中找到各自的源头。近代物理学中的原子论，可以在留基伯、德谟克利特、伊壁鸠鲁和卢克莱修的自然哲学原子论中找到源头；从苏格拉底、柏拉图、亚里士多德到欧几里得创立的理性体系，成为近代科学的科学体系建构的重要逻辑依据，成为自然科学理性主义的重要遗产。

希腊化时期对近代科学产生巨大影响的自然哲学家之一是阿基米德。“他的工作比任何别的希腊人的工作都更具有把数学和实验研究结合起来的真正现代精神。在结合的时候，只解决一定的有限的问题，提出假说只是为了求得它们的逻辑推论，这种推论最初是用演绎方法求得的，然后又用观察或实验方法加以检验。”[①]阿基米德因重视实验和技术应用而著称，甚至文艺复兴时期的达·芬奇都很崇拜阿基米德，被誉为“近代实验之父”的伽利略也宣称自己的研究是对阿基米德的继承。

综上，古希腊和古罗马的哲学都给近代科学留下了宝贵的遗产，主要概

---

① ［英］W. C. 丹皮尔：《科学史及其与哲学和宗教的关系》，李珩译，张今校，北京：商务印书馆，1975年，第84页。

括为以下几个方面：

在本体论上，古希腊早期的哲学家就已经开始了关于世界本原的认识，并且从马克思主义的观点来看，古代自然哲学属于朴素唯物主义的，尤其是德谟克利特的原子论给近代科学原子结构的认识提供了重要启示。

在认识论上，德谟克利特最早区分了感性认识与理性认识。接下来亚里士多德系统且总结性地研究认识问题，将认识论问题推进到逻辑的高度，在德谟克利特的研究基础上分析了感性认识与理性认识的作用，尽管存在诸多不足，但对于经验主义和理性主义的发展起到了推动作用。关于理性主义和感性主义对近代科学的认识论作用后文会详述。而毕达哥拉斯对数学理性的推崇，大大开拓了人们认识世界的数学维度并强化了科学研究的数学意识。

在方法论上，亚里士多德对于逻辑工具的分析，尤其是其所建立的形式逻辑体系至今仍是逻辑学的一种重要内容。除几何内容本身成为几何学、天文学、物理学的重要数学基础之外，欧氏几何所使用的公理化系统更成为近代科学构建科学体系结构的重要方法之一。牛顿正是运用这一公理化方法的思维，实现和完成了从“学科”到“科学”的成功转化。公理化方法也因此成为公认的科学体系建构方法之一。

另外，还有一个重要的维度值得关注，这就是“人的尺度”观念的确立，亦成为人文主义者的旗帜。这一观念的确立对于人类思想的提升来说有着深远的意义，文艺复兴就曾被布洛克称为“人的发现与世界的发现”，普罗泰戈拉的理论则为“人的尺度”观念的确立奠定了基础。

综上，古希腊、古罗马哲学等古代自然哲学可以看作近代科学的母体，近代科学的萌芽是在古代自然哲学的阳光、雨露的照耀、滋润之下才破土而出的。如果说其他人文情境是间接作用于近代科学的，那么古代自然哲学可以说是“直接”地孕育了近代科学。古希腊哲学能成为近代科学的“直接营养”，从科技史来看，起到媒介和载体功能的是伊斯兰的翻译运动和文艺复兴运动，它们为近代科学保留了珍贵的遗产。

文艺复兴时期，人文主义者使人们的关注点从超验世界转向经验世界，从原来的“天上”回到“人间”。宗教改革搬走了压在人们心头的权威，人们对权威与真理有了新的认识，至少在观念上已经基本清晰：真理不是由教皇的权威来颁布和传给后世的，而是借助人自身的努力就能够获得救赎，甚至《圣经》可以按照个体自己的意愿来理解和解释。于是经历了文艺复兴和宗教改革的冲击之后，再加上自然科学自身的发展，当时人们从对来世的憧憬转向关注现世，并逐渐认识到来世的美好世界需要现世的努力，并借助于以积累福报与公德来实现。此时的人们比以往任何时候都关注现实世界——自然界、人自身和人类社会。“神学把她的王冠让给科学和哲学。”“中世纪以后那个时期的高级精神生活的特征是，坚定地相信人类理性的能力，对自然事物有浓厚的兴趣，强烈地渴求文明和进步。”①

一般认为，哲学到近代发生了认识论转向，主要是从原来对世界本原的关注转向对认识论的关注，哲学家们比以往任何时代都更关注认识问题，尤其是认识的起源与方法问题，因此也比以往任何时代都离自然科学更近。关于知识起源问题，近代出现了两条明显的思想路线——经验主义和理性主义。

从经验主义和理性主义的思想渊源上来看，在古希腊早期，自然哲学家们就已经表现出了经验主义和理性主义两种倾向。古希腊人对于世界的认识从一开始就有经验与超验两种观念。亚里士多德等自然哲学家们虽意识到经验主义和理性主义存在着各自的弱点，但未能冲破局限，以至最终表现为摇摆于二者之间。进入中世纪后，经验主义与理性主义的分歧演化为经院哲学中的唯名论与唯实论的激烈论争。

哲学上的认识论转向其实也是方法论基础的确立，因为归根结底都是关于“世界是什么”“是怎样的”“如何获得认识”的问题。这正是笛卡儿的方法论意义之一，他把“什么是知识”这个认识论的基本问题置于自己哲学体系的中心。早期的哲学家力图描述世界的本质，但笛卡儿认为如果我们不把“我怎么能知道”与“世界是什么”联系在一起，就无法得出满意的答案。尤其是后两个问题，笛卡儿认为如果不联系在一起来讨论，就无法得出满意的答案。这也标志了哲学从本体论向认识论的转向，这种转向对方法论的影响极大，进而对自然科学产生了很大影响，促成了17世纪自然科学的辉煌成就，反过来也成为哲学的支持与声援。

---

① ［美］梯利：《西方哲学史》上卷，［美］伍德增补，葛力译，北京：商务印书馆，2008年，第281页。

二、近代哲学的自然科学前提

近代哲学的认识论转向，虽然是由哲学本身的发展需要推动的，但是与近代自然科学革命，尤其是与天文学革命的外在助力是密不可分的，并且从“转向”前的哲学研究来看，当时的哲学家也大多已对“科学”进行研究，因为当时的科学还孕育在自然哲学之中。这一时期哲学的重要变化就是从古代自然哲学侧重于对于世界本原追问的“本体论”研究转向对于怎样认识世界的“认识论”的探讨。这往往被视为近代哲学的革命，这一认识论转向包含了多方面的内容。但从根本上讲，可以概括为关注的中心问题从本体论转向认识，从面向自然界和人自身的认识，开始转向对认识过程、认识来源及认识可靠性等问题的探究。这种转向的诱因与自然科学的发展有着直接关联，哥白尼、伽利略、布鲁诺等科学家对这一转向起到了较大影响。

亚里士多德是第一个提出地心说的人。他认为是神推动了宇宙的运动，宇宙分为天和地两层，地球是整个宇宙的中心，太阳围绕地球旋转，人类在地球上生存，地球处于宇宙中心。但是对这一观念科学化，运用几何学进行严格体系论证的是托勒密。公元2世纪，托勒密借助于亚里士多德、欧几里得等人的理论进行系统整理和论证，尤其是在对亚里士多德的地心说给予足够研究的基础上，在预言恒星和行星的位置变化方面取得了极大的成功，此前的其他古老理论都没有托勒密建立的模型这么完美。

因此，天文学一直采取的是亚里士多德–托勒密体系。这一体系的基本前提是地球处于宇宙的中心，以及所有天体的运行轨道都是圆形的。前者来源于日常生活经验，后者则是因为圆是非常完美简洁的形状，并且据此也能够解释更多现象。

托勒密指出，每个行星应该都在各自轨道上做匀速转动，运动轨迹为小圆形，被称为“本轮”，每一个本轮中心又都在一个叫“均轮”的大圆轨道上运行，大圆统一在轨道上绕地球旋转。通过本轮和均轮的折叠和交错，“地心说”成功地预测了日食、月食，也可以解释一些天文现象。因此，“地心说”一直被作为正统思想而接受。

与此同时，按照神学的观点，上帝创造宇宙万物，并且按照自己的形象创造了人类，宇宙万物是为了人类而创造出来的，因而人类所居住的地球是宇宙的中心。亚里士多德–托勒密体系正好为基督教教义提供了“科学根据”，亚里士多德–托勒密体系与神学是合拍的。

13世纪，神学家托马斯·阿奎那对亚里士多德–托勒密体系进行了部分神学修订，把改造后的“地心说”确立为天主教会信条。经此包装后，亚里士多德–托勒密体系变成了与宗教教义具有同等意义、同样神圣不可侵犯的理论。因此，谁要是对亚里士多德–托勒密体系等表示任何怀疑或反对，便会被认为是亵渎神圣和大逆不道，要受到制裁，甚至会被施以非常残忍的酷刑，海帕西娅的遭遇就是一个典型案例。由此可以理解地心说能够统治天文学一千多年之久的原因，以及哥白尼彻底推翻这一体系所面临的巨大压力与挑战。

按照当时观察所要求的精确度范围，“地心说”对事实的解释相对而言是成功的，相对于面对上天茫然无措的状态而言也是一种莫大的进步。从历史发展阶段来看，“地心说”在人类历史上起到了一定积极作用，尤其是在推动古代天文学的发展方面。哥白尼也承认自己的研究曾得益于“地心说”的启发。

然而，随着观测精度需求不断提高，按照“地心说”的解释，所需要的本轮与均轮越来越多，也越来越复杂，这使持简洁审美观的哥白尼对托勒密的复杂体系产生了怀疑，同时为了观察实验现象的方便起见，哥白尼对地心说做了大胆的修正，将不动点从地球转移到太阳上，指出地球不是宇宙的中心，地球与其他五大行星一样，围绕太阳转的同时也在自转，随即提出了“日心说”。

哥白尼的“日心说”在《天体运行论》中得到了完整论述。接着，在伽利略、布鲁诺等人的支持下，哥白尼的“日心说”彻底动摇了神学的认识论基础。哥白尼的“日心说”把人们的传统认识彻底颠覆，从根本上摧毁了中世纪宗教神学的信条。哥白尼时期，依然处于神学统治的时代，不仅以托马斯·阿奎那关于上帝存在的证明为理论基础，而且以亚里士多德关于自然哲学的一些理论为支柱。

哥白尼提出的太阳是宇宙的中心，地球围绕着太阳运转的观点，无疑是对教会盛行的托勒密“地心说”的彻底反叛。布鲁诺比哥白尼视野更宽广，他认为太阳也并非宇宙的中心，宇宙是无限的存在，宇宙是由多个有各自中心的世界组成的。关于本体论问题，布鲁诺则较前人迈出更大一步，认为世界存在一个永远不变的本源，除此本源之外一切皆无。此后，1632年，伽利略《两种世界体系的对话》问世，为哥白尼的“日心说”提供了支撑，也间接地佐证了布鲁诺的观点。

从根源上来看，哥白尼的学说首先拉开了向神学宣战的序幕，摧毁了神学的基本观点及其理论基础，使神学认识论从前提上产生了动摇，为哲学认识论的发展扫清了神学障碍。布鲁诺、伽利略等人捍卫了哥白尼的观点。神学让位于科学与哲学，使神学认识论一步步退出哲学舞台。这样一来，神学在哥白尼、伽利略、布鲁诺等人对权威的挑战之下无法再占据王冠的位置。从这个意义上来看，哥白尼革命不仅仅是天文学上的革命，其对哲学认识论取代神学认识论也是功不可没的。哥白尼对地心天文学提出挑战，就是在质疑亚里士多德的运动理论、物质理论及最终支撑所有这些理论的形而上学。除了使数理天文学发生重大改变，哥白尼天文学还使一种新物理学和新自然哲学的出现变得更加必要。哥白尼的理论给人类的宇宙观带来了巨大变革。《天体运行论》的出版，不仅仅引发了天文学革命，更为自然科学摆脱神学束缚，走上独立发展铺平了道路，在自然科学发展的道路上立下了不朽的丰碑。

伽利略在科学实践上实现了实验方法与数学方法的双轮驱动，使近代科学不再仅仅停留于罗吉尔·培根在理论上对数学方法与实验方法的倡议和呼吁层面，而是走向了自然科学的数学化和实践化道路。哥白尼的“日心说”最终奠定了划时代革命的意义，把原来颠倒的世界观，即以地球为中心的世界观颠倒回来，即以太阳为中心。这一工作在伽利略那里圆满完成，实现了数学方法与实验方法对自然科学的双重驱动。

经历了中世纪积累的伽利略时代，强调科学研究要通过实验对客观事物进行细致观察，再运用数学分析方法和逻辑推演方法，最终得出正确结论。因此，伽利略认为科学研究始于观察和实验，提倡实验和数学相结合的方法。他认为实验是科学研究的基础，数学是工具，科学实验需要插上数学工具的翅膀，使数学与实验相结合，也就是用数学解决现实问题，并与现实相结合。同时，数学-实验方法的提出也显示了理性与经验的融合。

从文艺复兴时期开始，对经验的重视就在不断增强。哲学上罗吉尔·培根做了有价值和开创性的探讨，而伽利略所强调的经验，是指对经验进行设计的实施，即实验，使经验在科学研究中得以重现和实现。更为重要的是，在这种经验设计中渗透着理性的或者是逻辑的思考。

从哲学意义上来看，实验方法更成为经验与理性的一个科学范本。实验的过程就是经验获得的过程，对经验进行理性的设计，就是要运用数学方法来分析实验结果，并进行理性架构，这为如何认识世界提供了一个样本，更为哲学家研究经验与理性的关系提供了一个有力的科学证据。因而，哲学在近代转向研究认识论问题，并进一步发展到在启蒙时代甚至以自然科学为榜样，伽利略功不可没。“在解决过去的问题时，他们提出了未来的问题，开普勒揭开了天上的动力学的问题，而伽利略则揭开了地上的力学问题。在完成他们所开创的工作以后，17世纪的科学取得了最光辉的成就。”[①]

最后，必须要提到的是阿基米德——伟大的古希腊哲学家、数学家、物理学家。阿基米德的研究风格不同于古代自然哲学的思辨，他十分重视实践问题，注重运用理论解决实践问题，他为科学理论的建构做出了巨大贡献，同时是实验与数学方法的先驱，这构成了伽利略的科学方法的实践情境。从阿基米德的基础再到牛顿的科学理论建构，科学研究方法论由此步入哲学家视野的中心。

阿基米德自认为是数学家，他甚至想过用自己的墓碑来标识自己所钟爱的几何学定理。他在数学上成绩斐然，但他的成就并不局限于数学领域。他的关于力和密度等我们今天称之为物理的东西，并利用他的发现解决重要的实际问题，他用严格的数学方法来解决物理问题，可以说是史无前例的事。由此，他为近代科学做出了重要贡献。众所周知，欧几里得运用公理化方法建立了欧氏几何，即运用少量的定义、公设、公理建立体系的方法。阿基米德在物理学上也用同样的方法。他从少量原始物理假设出发，推导系统的其他物理性质。

阿基米德著名的浮力和杠杆方面的研究工作显示了他用数学语言表述物

---

① ［美］理查德·S. 韦斯特福尔：《近代科学的建构：机械论与力学》，彭万华译，上海：复旦大学出版社，2000年，第24页。

理问题的才华。阿基米德第三个重要的发现是对π值的估算，对我们来说，它的重要性并不在于他得到的结果，而在于他解决问题的方法。阿基米德就浮力现象写了《论浮体卷Ⅰ》和《论浮体卷Ⅱ》（*On Floating Bodies*，Ⅰ and Ⅱ）。这两部著作主要论述了物体在流体中的一系列命题，每个命题都附有数学证明。阿基米德原理把几何特性和力联系起来。如果我们知道一个物体的几何特性——体积，那么我们就能知道流体对完全浸入其中的物体施加的向上的力，这个力等于和物体等体积的流体所受到的重力。阿基米德因此成就而被誉为“流体静力学之父”。

如果说公理化方法是一种伟大的方法，那么将这一伟大方法成功地运用到其他自然科学中的第一人就是阿基米德。他开创的数学和物理学相结合的实践方法，成为文艺复兴时期的西蒙·史蒂文、伽利略及其他科学家工作的标志，这也是文艺复兴时期的科学家对近代科学做出的最具影响的贡献之一。然而，文艺复兴运动始于阿基米德去世后约1600年。因此，可以毫不夸张地说，在超过16个世纪的时间里，阿基米德的工作成为衡量自然科学研究是否优秀的标准。

综上构成了近代哲学的自然科学前提，又在文艺复兴运动和宗教改革运动的冲击下，在中世纪的弊端的反作用下，引发了哲学史的变革，自此哲学步入近代。

三、近代科学发展的认识论基础

近代科学发展的认识论基础，主要是经验论和唯理论。此外，近代的机械论也是近代科学和哲学中的一个明显特点。近代机械论的思维方式也是近代科学认识论和方法论的一个重要特征。

13世纪英国的经院哲学家罗吉尔·培根首次提出了“实验科学”的概念。弗朗西斯·培根在罗吉尔·培根的实验研究的基础上，结合当时的科学背景对实验方法进行了系统的论述与总结。笛卡儿和弗朗西斯·培根为近代科学的方法导向做出了巨大贡献，一方面近代科学借助于实验方法为其研究奠定了坚实的基础，另一方面理性主义的数学方法成为各门学科打开科学之门的钥匙。培根和笛卡儿的努力居功至伟：培根的经验方法论增强了人们对实验的重视程度，指导人们从经验中获取知识；笛卡儿的演绎观点则指导人们建立起新的世界与物质体系。当然，笛卡儿的数学演绎传统是古希腊传统的复兴，“演绎是希腊哲学思辨特点之一”①。可以说，培根和笛卡儿为近代科学方法的产生和确立做出了巨大贡献。

17世纪的弗朗西斯·培根被誉为近代经验论的代表人物。他的核心观点是关于自然和经验的基本思想，即要求用观察和实验的方法去认识自然及其规律。他明确地提出了关于认识来自感性经验的基本原理。尽管人们并未凭借他的实验来推进科学实验，但他有意识地表述了新科学精神，认为过去的科学与哲学进展不大，是由于缺乏正确的方法，因此我们必须想出求知的一种新途径，那就是新逻辑、新工具。

霍布斯对弗朗西斯·培根的观点进行了综合发展，他同样认为一切知识都源于感觉经验，并指出，“知识的开端乃是感觉和想像中的影像”，“我们所有的一切知识都是从感觉获得的”。②从经验论的立场出发，霍布斯批判“天赋观念”。同时，他采纳了哥白尼、伽利略和哈维的自然科学研究成果，认为他们是科学的创始人。与弗朗西斯·培根未进行过数学研究不同，霍布斯本人研究过数学，对于几何学方法是唯一可靠的方法这一观点持肯定态度。他在知识理想方面与伽利略和笛卡儿的观点一致，在知识起源问题上又与弗朗西斯·培根的经验论相符，他想去调和这两种不同的元素，但是遇到了困难。也正是因此，洛克发现了认识问题的重要性，经系统研究指出“我们的全部知识是建立在经验上面的；知识归根到底都是导源于经验的”③，并试图建立科学的认识论，由此拉开了哲学认识论转向的大幕。

唯理论的认识传统具有广泛影响的代表人物是笛卡儿。他认为，知道别人的意见不是科学，那是历史；个体需要独立思考。那么我们应该用什么方

---

① 赵敦华：《西方哲学简史》，北京：北京大学出版社，2012年，第5页。

② ［英］霍布斯：《论物体》，北京大学哲学系、外国哲学史教研室编译：《十六—十八世纪西欧各国哲学》，北京：商务印书馆，1975年，第90页。

③ ［英］洛克：《人类理解论》，北京大学哲学系、外国哲学史教研室编译：《十六—十八世纪西欧各国哲学》，北京：商务印书馆，1975年，第366页。

法才能够把握清晰明确的知识呢？笛卡儿认为，只有演绎推理才能给人们提供必然知识，数学方法才是唯一可靠的科学研究方法。

早期的机械论者是古希腊哲学家路西柏思（Leucipas）和德谟克利特，他们也是早期的原子论者，他们认为自然可以根据原子和虚空来解释。原子的数目是无限的，充满了整个宇宙。原子与原子之间无本质上的不同，只有原子所构成的事物有差别，即原子的数量上的差别。由于原子数量的多寡，再加上空间的互异，就形成了轻、重、软、硬等性质，也产生了上升下降的原理及事物的生灭现象。总之，他们以原子、虚空和运动来解释一切现象变化。

进入17世纪，一些哲学家继续坚持机械论哲学，英国哲学家霍布斯的机械论形而上学体系中包括物体、人类与市（政治）三大方面，但他认为后两者的活动只是物体运动的特殊事例，是可以用力学定律予以解释的。笛卡儿主张物质的本质具有扩延性（extension），所有物理现象都可以根据机械定律来解释。笛卡儿同他那个时代的科学家都持有类似观点："关于自然中的一切，以至生理过程和情绪，都必须采用机械的解释。"①

文艺复兴时期，阿基米德在机械论发展进程中起到了重要的促进作用。他坚持这样的观点：宇宙就像一架大型机器，在机械力的作用下运行着。阿基米德最早倡导具体的观察和发现是整个希腊科学中最可靠的基础之一。不过，也许是因为阿基米德的观点与新柏拉图主义的超自然观截然对立，所以过了很长一段时间后他的观念才被人们所关注和认可。

机械论观点认为自然界像机器一样运作着，只是根据动力因（efficient cause）而无须目的因（final cause）就可以完全解释万事万物的变化。换言之，自然就像是一台机器，每一个部分的单独功能都是自动的。甚至生命现象都完全可以运用机械作用或机械理论来说明，生物只不过是一种更为复杂的机器。机器的整体可以分拆成部分，部分再累加而组成整体，生命现象同样可以化约成各部分组合而成的整体。

因此，世界上的万事万物都可以归结为机械运动，遵循着机械规律，无一例外，包括人体在内。无机界和有机界是由在质上相同的物体组成的一个

① ［美］梯利：《西方哲学史》上卷，［美］伍德增补，葛力译，北京：商务印书馆，2008年，第305页。

同源的机械体系，其中每一物体都遵循着为数学方法的分析所揭示的在量上相同的机械规律。天体的形状和运行，甚至自然界的一切运动，都是机械地决定的。

“两大主题贯穿于 17 世纪的科学。一个主题表现为机械论哲学，它希望从自然哲学中消除一切含有神秘意味的东西。新的自然观从古代原子论者那里得到启发，看手解释必定隐藏在所有现象背后的机械实在性。没有哪个科学领域不受它的影响:第二主题也可以追溯到一种古代来源，即毕达哥拉斯学派。它关注对现象进行精确的数学描述，激励了日心天文学。它在 17 世纪主要体现为力学科学。”[①]

斯宾诺莎以笛卡儿的理论为基础，把物理和精神领域看作绝对的封闭体系。“在他们二人看来，物质的宇宙是一架机器。近代的哲学家和自然科学家承袭了这种机械的解释。”[②]但是对于这一点，经院哲学表示强烈反对。青年时期受教于经院派的莱布尼兹，经过对科学与哲学的研究之后，特别是发现了微积分之后，在思想方面有了显著的进步。他想建构一种理论来正确对待科学、哲学、基督教与经院哲学的关系。莱布尼兹的著作几乎都是用拉丁文和法文写的，哈雷大学的克里斯钦·沃尔夫承担了把莱布尼兹的著作翻译成德文的工作。他综合笛卡儿、斯宾诺莎和莱布尼兹的观点，形成了莱布尼兹-沃尔夫派，引领了折中主义思潮。莱布尼兹也认同机械论，认可自然的机械解释的功绩，并强调数学方法的重要性，但并没有像笛卡儿那样痴迷于数学。

因此，在文艺复兴后期，机械论吸引了一些重要的拥护者，其中有著名的意大利科学家伽利略。17 世纪没有哪一种科学工作不受到机械论哲学的影响，而且离开了机械论哲学，大部分工作就似乎无法被理解。因此，机械论宇宙观为近代科学兴起建立了哲学理论基础。

但是，此时的机械论哲学相对粗糙，一定程度上也阻碍了科学的发展。“对终极机制的寻求，或者也许是用以想象终极机制的假设，使人们的注意力

① [美]理查德·S. 韦斯特福尔：《近代科学的建构：机械论与力学》，彭万华译，上海：复旦大学出版社，2000年，第121页。

② [美]梯利：《西方哲学史》（上卷），[美]伍德增补，葛力译，北京：商务印书馆，2008年，第403页。

偏离了潜在的富于成效的探究，同时不止一次阻碍了对发现的承认。”① 机械论是唯理论或者是分析的结果，同时实验方法也是采取分解分析的形式，最终结果是在客观上强化了机械论哲学的观念。

不过，“所有这些思想家都是德国近代思想的先锋和启蒙思潮的前驱；启蒙思潮已经开始在英法播下种子，还注定在莱辛、歌德和康德的祖国取得丰硕的收获”②。

四、近代科学发展的价值论基础

到了近代，理性成为科学与哲学的权威，人们的注意力从超自然的事物转向自然事物，从天上来到了人间。“从弗兰西斯·培根起，几乎一切近代伟大的思想家都对科学研究成果的实际应用感兴趣，怀着热诚的乐观主义展望未来的时代在机械工艺、技术、医药以及政治和社会改革上令人惊奇的成就。”③

笛卡儿同时是一位因倡导实用哲学而产生巨大影响的哲学家，他强调哲学的实践性，认为知识应用应该“为所有的人谋福利”，人应当是自然的主人，应当支配自然。霍布斯与弗朗西斯·培根一样重视科学或哲学的实际效用，认为知识的目标是力量。

给科学的效用性以理论提升的是弗朗西斯·培根的“知识就是力量”，这一理念引导着人们勇往直前，提醒人们自己的能力只要稍加引导就将无往而不胜。人类在对自然界的控制能力上的自信，在17世纪之后愈加增强。同时弗朗西斯·培根认为科学的真正目的是“赞颂造物主和为人类造福”，这也成为皇家学会奠基时的基本原则。弗朗西斯·培根通过皇家学会这种外在组织形式来宣传和灌输实验与经验方法论理念，以及科学应为人类造福的

---

① [美]理查德·S. 韦斯特福尔：《近代科学的建构：机械论与力学》，彭万华译，上海：复旦大学出版社，2000年，第43页。

② [美]梯利：《西方哲学史》上卷，[美]伍德增补，葛力译，北京：商务印书馆，2008年，第402—403页。

③ [美]梯利：《西方哲学史》上卷，[美]伍德增补，葛力译，北京：商务印书馆，2008年，第282页。

观念。

弗朗西斯·培根的系统论证与宣传，促进了当时的文化对科学的接纳和广泛认同引导公众偏向于选择从事科学职业，吸引人才进入科学队伍，从而不断壮大科学组织队伍。科学的功利性后来也成为宗教尤其是清教扶植科学的一个重要依据。从这个角度来看，培根堪称近代科学的功臣。

第四章　启蒙运动：近代科学成长的优良气候

一、引言　关于启蒙运动

17—18世纪发生的人类智识的一次革命，几乎覆盖了自然科学和社会科学全领域，使人类经历了一次前所未有的思想跃升，这一过程被称为启蒙运动，这一时期被称为启蒙时代。恩格斯在《反杜林论》中说："在法国行将到来的革命启发过人们头脑的那些伟大人物，本身都是非常革命的。他们不承认任何外界的权威，不管这种权威是什么样的。宗教、自然观、社会、国家制度，一切都受到了最无情的批判；一切都必须在理性的法庭面前为自己的存在作辩护或者放弃存在的权利。思维着的悟性成了衡量一切的唯一尺度。"①

启蒙运动发生在18世纪的欧洲，最初出现在苏格兰，而后发展到法国、德国（歌德和康德等是其中的代表人物）与俄国，还波及其他国家。"启蒙运动"是中文翻译过来的名称，把Enlightenment译为"启蒙"。

哲学史上往往把启蒙运动定位于精神空间的变化，理智力量的升起。启蒙运动提倡信仰自由，这为人类的精神空间发生方向拓展的可能性提供了动力。有了信仰自由的呼声以后，人们在听任自己亢奋的激情驰骋之后，希冀可以通过理智的力量来把握住这根缰绳，驾驭它，让它按照人的意志去行进。启蒙思想家们试图使自然界摆脱黑暗的神秘，以理性的光辉来照耀自然界，让人类摆脱黑暗，走向光明。人类的实践范围也不断在拓展，除了自然

① 《马克思恩格斯选集》第3卷，北京：人民出版社，1973年，第56页。

科学发展之外，思想家们希冀以人类自己的理智力量来控制和改变包括自然界和人类社会在内的现实世界。

1784 年德国哲学家康德所写标题为答复这个问题的“什么是启蒙运动？”的文章中开篇即指出：“启蒙运动就是人类脱离自己所加之于自己的不成熟状态。不成熟状态就是不经别人的引导，就对运用自己的理智无能为力。”他将启蒙时代的要义凝练为：要有勇气运用你的理智！启蒙运动是人类运用理智的勇气，注意是“勇气”而非“能力”，直接面向智力的素质，而不仅仅针对知识本身。

启蒙时代可以看作是人类理智的再发现与伸张，自然科学的成就则彰显了人类理智的巨大胜利。[①] 达朗贝尔描述了他所目睹的自然哲学中的革命：“我们的世纪因此而被人们特别称为哲学的世纪……自然科学一天天地积累起丰富的新材料。……一种新的哲学思维方式的发现和运用，伴随着这些发现而来的那种激情，以及宇宙的景象使我们的观念发生的某种升华，所有这些原因使人们头脑里产生了一种强烈的亢奋。”[②] 但人们并不想听任自己受这种普遍的亢奋的熏陶，也不想盲目地任凭这些力量驱使，“人们想理解这些力量、从而控制它们。人们不只是想投入新思想的漩涡，而更乐于把握住理智的舵轮，把它引向确定的目标”[③]。启蒙运动主要是一种思维方式的捍卫。格林斯基断言，启蒙不是一组固定的信念，而是一种思维方式，一种为建设性的思想和行为开辟道路的批判态度。18 世纪的科学深深地渗入到当时的文化和社会语境之中。[④] 启蒙运动引发了从人类社会到自然界翻天覆地的变化，同时自然科学的辉煌成就成为启蒙运动的重要前提之一，启蒙运动对自然科学的崇尚使公众对自然科学的认可度也前所未有地得到了提高和增强。一般意义上，启蒙运动以对人类的心灵的冲击人类理智的自信的提升为前提，在客观上实现了人类社会文明和思想水平的整体提升。

如果说近代哲学认识论转向成为自然科学发展是哲学情境之一，那么启蒙运动则开辟了自然科学从“幕后”走向“舞台中心”的道路。启蒙时代较

① [德]康德：《历史理性批判文集》，何兆武译，北京：商务印书馆，2020 年，第 23 页。
② [德]E. 卡西尔：《启蒙哲学》，顾伟铭等译，济南：山东人民出版社，2007 年，第 2 页。
③ [德]E. 卡西尔：《启蒙哲学》，顾伟铭等译，济南：山东人民出版社，2007 年，第 12 页。
④ 李醒民：《科学与启蒙运动》，原摘要载《光明日报》2005 年 4 月 26 日，第 5 版。

之前的时代，在自然科学与人文主义关系中出现了一个明显的差异，这就是自然科学的地位有很大的提高，自然科学研究也由“潜在”浮现为“显在”的状态。在这个过程中，启蒙运动成为自然科学上升过程的重要浮力。

从另一个角度来看，启蒙运动的出现是受到了自然科学巨大进步的影响，它以自然科学为榜样，力图把自然科学的方法推向社会科学乃至全社会，引发席卷涉及上帝、理性、自然、人类等各个领域的飓风。近代哲学从面向上帝及世界本原，开始面向人与自然界，到启蒙时代，这一面向人与自然界的研究都达到了一个高度。

自然科学的成就加快了思想家们把自然科学的研究成果应用到研究人和社会上的步伐，近代社会科学的兴起就是这个时期的产物。与此同时，卢梭的工作格外醒目，当其他启蒙思想家还在极力标榜人类文明和自然科学发展的优越性时，卢梭则表现得极为理性和克制。在他看来，其背后存在更多令人担忧的未来。他超越了那个时代，敏锐地意识到科技发展可能引发的危险与隐患。卢梭的担忧在今天已经清晰地显现出来。

另外，有必要对自然科学、自然哲学、物理学等学科之间的关系进行澄清，其实，今天的物理学是不同于自然科学产生之初的物理学内容。从科学史来看，启蒙时代的物理学“教给我们大自然产生的一切结果的理由和原因的科学”①，这既包括生命现象，也包括非生命现象，当时的医学、生理学、热和磁的研究，都是物理学的范畴。我们现在称作物理学的内容，其中很大部分在18世纪被称为“混合数学”。同样的情况也出现在其他学科之中，比如化学，还有当时的博物学，包含了现在的植物学、气象学，等等，而生物学和社会学是19世纪才出现的名称和独立的研究领域。②

启蒙时代的哲学思考不再仅仅满足于思辨，而是以自然科学为标杆去反思人类社会和人的行为，力图把自然科学的方法作为准则运用到人和社会的认识实践中去。尽管布丰的《科学史》一书在内容上无法与牛顿的学说相提并论，但其方法论影响不亚于牛顿的学说。布丰在《科学史》中清楚地表达

---

① John L. Helibron, *Electricity in the Seventeen Eighteenth Centuries, a Study of Early Modern Physics*, Berkeley, 1979, p.11.

② [美]托马斯·L. 汉金斯：《科学与启蒙运动》，任定成、张爱玲译，上海：复旦大学出版社，2000年，第12页。

了自然科学诸概念形成过程的一种明确的基本趋势，根本地揭示了数学真理与物理真理的对立和各自的本质，认为仅仅依靠数学是不够的，还“必须依托经验这个唯一的向导”[①]。“由此可见，启蒙哲学毅然决然地摈弃了为先验论和唯理论视为认识之最高确定性的基础的中介，正是在这一点上，人们特别强烈地感受到思想世俗化的伟大过程，而启蒙哲学恰恰是把造成这种世俗化视为自己的主要任务。”[②]

一般地看，启蒙运动时期关于社会或者人的研究导向，基本上倾向于效仿自然科学的研究方法。18世纪的自然科学发展迅猛，尤其是物理学取得的巨大进展，在其带动之下，化学、生物学等学科也不断成熟起来。16世纪与《天体运行论》同时问世的哈维的《血液循环理论》，成为18世纪启蒙思想家们纷纷以自然科学的方式来研究人类社会的科学这一思潮的重要理论依据，亦成为启蒙运动的重要内容之一。研究关于个体的“人的科学”与关于集体的“社会的科学”的学科前所未有地多了起来，同时整个关于“人的科学”和“社会的科学”的理论也在期待着能在社会科学领域中产生像在自然科学领域一样的“牛顿式”的领军人物。“在17世纪以及在随后的‘启蒙’世纪，牛顿《自然哲学的数学原理》的辉煌成就使人重新萌生了关于人与社会的类似科学，即关于个体行为的‘人的科学’和关于群体行为的‘社会科学’的希望。”[③]当然，这里的“科学”一词在17、18世纪的语境下，含义不同于今天对“科学”的理解，即不仅仅指称自然科学或者数学领域，也包含有组织地进行研究的若干分支学科。尽管社会科学中的“牛顿式”人物并未如期出现，但是正如L. 伯纳德·科恩在《自然科学与社会科学的互动》中所描述的，这一期待本身就是“需要勇气”的。

启蒙运动时期的哲学也没有像从前那样，对传统哲学亦步亦趋，相反，它按照自然科学的榜样和模式树立了自己的理想。“达朗贝尔称18世纪为哲学世纪，但是，18世纪还常常同样言之有理地、骄傲地自诩为自然科学的世

---

① ［德］E. 卡西尔：《启蒙哲学》，顾伟铭等译，济南：山东人民出版社，2007年，第72—73页。

② ［德］E. 卡西尔：《启蒙哲学》，顾伟铭等译，济南：山东人民出版社，2007年，第90页。

③ ［美］L. 伯纳德·科恩：《自然科学与社会科学的互动》，张卜天译，北京：商务印书馆，2016年，第127—128页。

纪。”[①] 可见，这一时代哲学与科学并驾齐驱，带领着人类的理智乘风破浪地驶向未来。在启蒙时代，科学与哲学纠结在一起，从对方汲取营养发展自身的同时，也为对方的发展提供了有力的保障。

二、事实王国和概念王国鸿沟的弥合

为近代科学的兴起提供直接的人文文化资源无可争议地包含哲学思想，自然哲学是早期科学的摇篮，或者可以认为是自然哲学孕育了近代科学。而在方法论上影响最为深刻的恐怕当属17世纪的哲学。如前所述当科学家们在进行探索自然的活动时，哲学也不再像自然哲学早期那样限于对“世界是什么”的本体论追问和宏大思辨，而是转向关于“世界是怎样的”这一问题的思考，与此相应的方法论问题就是“什么才是认识世界的科学方法”。如果说伽利略是实验方法的科学奠基者，那么弗朗西斯·培根则是实验方法的哲学代言人。弗朗西斯·培根对意大利文艺复兴传统有着广泛兴趣和研究，写了关于历史与法律的著作，其中以散文著称。这是蒙田创作的一种文体，当时非常盛行，而散文和科学一样涉及对经验的描述和解释。弗朗西斯·培根在《新工具》一书中明确了一种他认为的发现世界的新方法，以代替日益陈腐的亚里士多德的三段论。笛卡儿则以思辨的追问方式力推演绎方法。笛卡儿和弗朗西斯·培根分别作为演绎主义和经验主义的代表，都主张将他们各自所坚持的方法完全且彻底地运用到自然科学之中。也正因如此，理性与经验的方法的综合运用使科学达到了前所未有的高度。

于是，事实与概念之间的鸿沟在启蒙时代进入弥合的状态。布鲁诺对于世界的无限与理性的认知，帮助人们理解以经验为媒介，通过理性去把握经验世界的无限性。“启蒙哲学试图在理智解放的过程中表明自然和理智都是自足的。按照启蒙哲学的观点，自然和理智都是基本的，是牢固地互相联系着的。因此，介于这两者之间，以某种超越的力量或超越的存在为基础的任何

---

① ［德］E. 卡西尔：《启蒙哲学》，顾伟铭等译，济南：山东人民出版社，2007年，第42页。

中介，都是多余的。”[①]

力图对经验主义和理性主义进行形而上学的分析的是康德。他提出了天体起源的星云假说，打破了原来僵化的形而上学自然观，拉普拉斯也提出了类似的假说，后人将他们的这两种假说合称为康德-拉普拉斯假说。尽管康德在自然科学领域创造了许多辉煌的业绩，但铭刻在人类文明史册上的仍是他的哲学思想。人们常说康德是“现代哲学的源泉”[②]，是“认识论和形而上学历史上的转折点”[③]。一般以他的教授就职论文（1770年）作为时间点，将他的思想分为前、后批判时期。康德的经验和理性主义哲学是经历了一个过程的，在前批判时期，康德的哲学思想经历了从唯理论到批判唯理论的转变。他较早接触的是莱布尼兹-沃尔夫的哲学体系，接受唯理论把“天赋观念”置于经验之先和之上的基本立场。在不断思考和探索的过程中，尤其是牛顿物理学的经验论对他产生了很大影响，他最初接受了经验论对传统形而上学和对唯理论的批判。康德说，正是休谟把他从独断论的睡梦中叫醒，可见经验论对他产生的巨大冲击。但是他并未接受休谟的经验主义，而是另辟蹊径，开辟了先验哲学的新路径。因而，康德的哲学思想演变的路径也表现为从唯理论到逐渐摆脱唯理论，倾向于经验论，最后走向调和的趋势。这一趋势的最终成果集中于1770年他的教授就职论文《论感性是结合知性世界的形式和原则》，此文标志着他的思想步入批判时期。在此后的11年时间里他完成了著作《纯粹理性批判》，其使命是“为真正的、作为科学的形而上学提供坚实可靠的基础，而这样性质的‘纯粹理性批判’虽然属于一般形而上学，但本身并不就是形而上学，而只是形而上学的一种‘入门’、‘初阶’或‘导论’”[④]。康德认为：“尽管我们的一切知识都是以经验开始的，它们却并不因此就都是从经验中发源的。因为很可能，甚至我们的经验知识，也是由我们通过印象所接受的东西和我们固有的知识能力（感官印象只是诱因）从自己本身中拿

① ［德］E. 卡西尔：《启蒙哲学》，顾伟铭等译，济南：山东人民出版社，2007年，第41—42页。

② 贺麟：《现代西方哲学讲演录》，上海：上海人民出版社，1984年，第3页。

③ ［德］施太格缪勒：《当代哲学主流》上卷，王炳文等译，北京：商务印书馆，1986年，第16页。

④ ［德］康德：《纯粹理性批判》，邓晓芒译，杨祖陶校，北京：人民出版社，2020年，“中译本序（杨祖陶）”，第2页。

来的东西的一个复合物，对于我们的这个增添，直到长期的训练使我们注意到它并熟练地将它分离出来以前，我们是不会把它与那些基本材料区分开来的。”[①]他进一步经由数学式地论证了“先天综合判断”，分析了经验的可能性之先天根据。[②]

康德效仿自然科学的成功经验，主张实行哲学领域的彻底变革。他对数学和物理学进行分析指出，数学和物理学都是对自然界进行的理性设计。经过一系列批判之后，他在《未来形而上学导论》中更为明确地指出：“自然界的最高法则必然在我们心中，即在我们的理智中。”“为自然立法”是康德的“哥白尼式革命”得到的一个重要结论。

三、数学方法和实验方法的联姻

进入启蒙时代，自然科学的许多成果“与17世纪的那些伟大的体系——笛卡儿、斯宾诺莎和莱布尼兹的体系——日益紧密地联系在一起，并在这些体系中寻求哲学基础和哲学辩护，它的首要特征，就是在感受性和理智、经验和思维、感知世界和概念世界之间建立起这种新关系”[③]。“自然科学方法的这种变化也引起了纯本体论的决定性转变；本体论废弃了迄今用于衡量存在秩序的旧量杆，代之以新的量杆。”[④]

伽利略和牛顿对理想与现实的结合点的追寻，直接的成果就是近代科学意义上的实验方法的使用，这个方法进一步地以范例的形式向世界宣告了现实可以进行理想化研究。经验与理性相结合，反映了科学对理想与现实的双重诉求。理想世界与现实世界可以沟通，天上可以与地上的相结合，这为人类思维的理智空间打开了现实的入口，理想与现实是可以友好和谐地相处。

文艺复兴是一场伟大的革命，乔治·萨顿认为：“这场革命发生在此时，基本原因就是将这种工艺和实验的精神用于探求真理，这种精神突然由美术

① ［德］康德：《纯粹理性批判》，邓晓芒译，杨祖陶校，北京：人民出版社，2020年，“导言”，第1页。

② ［德］康德：《纯粹理性批判》，邓晓芒译，杨祖陶校，北京：人民出版社，2020年，第86页。

③ ［德］E. 卡西尔：《启蒙哲学》，顾伟铭等译，济南：山东人民出版社，2007年，第35—36页。

④ ［德］E. 卡西尔：《启蒙哲学》，顾伟铭等译，济南：山东人民出版社，2007年，第36页。

界扩展到科学界。这正是列奥纳多以及他的同行们所作的工作。此时此地，现代科学才得以诞生，遗憾的是，列奥纳多一直保持缄默，而科学的代言人，只是在一个世纪以后才出现……”[①]

应该看到，现代科学家对经验进行科学设计的方法是认识的一大进步，它拉近了感性与理性的距离，甚至找到了二者的联结通路，用实践解答了感觉经验如何能够产生抽象概念的问题。这一观念在启蒙运动中发展成熟。经验与理性的和谐在自然科学中达至最高点，在机械力学中体现得尤为明显，对化学、生物学也产生了不同程度的影响。

启蒙时代，自然科学的辉煌成就为人文社会科学研究提供了一个范本。在文艺复兴时期，艺术是走在前列的，实现了经验与数学的完美结合。[②]启蒙时代，自然科学则完成了经验与数学的和谐统一。“从思想史角度看问题，这种新自然观有双重起源，是由两种表面对立的力量造成和决定的。它包含两种冲动，一种朝向特殊、具体和事实的冲动，另一种是朝向绝对的普遍的冲动……在这里，感官的欲望和愉悦与理智的力量联系起来，摆脱了具体的经验对象，勇敢地飞升到可能性的王国。”[③]

伽利略和布鲁诺的理想到18世纪，在牛顿的手中得以完美呈现。在文艺复兴时期未能解决的事实与概念之间的鸿沟问题，在牛顿时期也得到了解决，《自然哲学之数学原理》为人们展示了这一鸿沟的弥合。于是，人们除了对牛顿所取得的科学成果表示赞赏，还对牛顿在该书中的方法完美运用倍加欣赏。因此，牛顿站在巨人肩膀上完成了伟大使命，他所掀起的科学革命是与这样一些人相联系的——哥白尼、笛卡儿、伽利略和开普勒，更“重要的是，他们开辟了一种新的方法——科学方法，这种方法能提供给我们关于周围世界的真实可靠的知识，而应称他们为科学之父”[④]。

因此，牛顿的贡献无论在方法上还是在内容上，都使人们摆脱了纯粹玄想。众所周知，牛顿堪称一个时代的代表，他至少使四门学科成为科学，他

① [美]乔治·萨顿：《科学的生命》，刘珺珺译，上海：上海交通大学出版社，2007年，第77页。

② 杨渝玲：《文艺复兴：近代科学产生的艺术背景》，《自然辩证法通讯》2009年第4期。

③ [德]E.卡西尔：《启蒙哲学》，顾伟铭等译，济南：山东人民出版社，2007年，第35页。

④ Peter J，*Bowler and Iwan Rhys Morus*，*Making Modern Science-A Historical Survey*，Press Chicago and London：The University of Chicago，2005，p.23.

的成就成为时代的骄傲。但在今天看来，我们必须认识到，他在引领时代的同时，也制约了那个时代的思维，这主要体现在他的研究成果所导致的形而上学机械论自然观对时代的限制。因此，机械哲学因自然科学而得以发扬和巩固，反过来进一步影响自然科学，体现了哲学与科学之间关系的复杂性。当然，这并不妨碍我们对牛顿伟大的认可，“自然哲学进步的显然途径，就是自然哲学家使用牛顿的方法，去完成牛顿的研究计划。于是，启蒙运动的科学就是‘牛顿的’，其哲学就是‘牛顿主义’的哲学”[①]。

从而，牛顿的权威也使其影响不仅仅局限于科学领域，由于人们对他的崇拜而进一步被扩散到科学以外的领域之中，以至于塑造了那个时代所特有的“牛顿式”思维风格。在启蒙思想家看来，牛顿的成就不仅在于为科学大厦添砖加瓦，积累了大量的经验材料，还在于对经验材料加以“理智的改造”的过程，这一点可能更为重要。于是，以牛顿方法为载体的自然科学的方法被推而广之。启蒙运动的重大贡献之一是知识的传播，在启蒙思想家强调传播意识的攻势之下，自然科学的方法又进一步地达到了为知识代言，并承载了以声势浩大的方式把知识远播出去的功能。在这样的背景下，牛顿方法的影响就更为广泛和深远。

四、机械论在近代科学与哲学中的深化

伏尔泰吸收和信奉笛卡儿和牛顿的自然观，建立了理神论。他在著作《形而上学》中指出，可以把宇宙看作一座钟，这座钟依靠发条来运转，但是每一部分的精准运转需要借助外力的推动，尤其需要最初推动力。这是他从牛顿物理学中找到上帝或神存在的理由。但是，伏尔泰认为宇宙存在着严格的秩序与规律，这就是上帝发布的命令，但上帝只需要发布一次命令就可以使宇宙永恒运动。伏尔泰的观念有着浓厚的机械论色彩。

伏尔泰把机械论的作为一种方法进行运用，他认为我们在研究自然界

---

① [美]托马斯·L.汉金斯：《科学与启蒙运动》，任定成、张爱珍译，上海：复旦大学出版社，2000年，第10页。

时，像盲人需要辨别颜色时遇到困难一样，但是，“分析是仁慈的自然交给盲人的一根拐杖，有了这根拐杖，他就能在纷繁的现象中摸索着前进，发现现象的顺序和排列。”[①]启蒙运动是对理性的捍卫，整个18世纪是这样理解理性的：即不是把它“看做知识、原理和真理的容器，而把它视为一种能力，一种力量，这种能力和力量只有通过他的作用和效力才能充分理解。……理性最重要的作用，是它有结合和分解的能力。”[②]理性就是要分解一切经验的、启示的、权威的、信仰的，分解之后再重建，从而创造一个整体，“并按自身的规则把各个部分装配到了一起，他就对自己的产物获得了完备的知识。理性理解这种结构，因为它能按其整体性、按其个别部分的先后顺序再生这一结构。只有把理性概念描述为这种双重的理智运动，也就是说，把它描述为作用概念，而不是存在概念，才能充分揭示它的特征”[③]。

拉美特利的出发点是笛卡儿哲学，笛卡儿认为人的身体是一架机器，但人的心灵是完全不同的精神实体。拉美特利继承了笛卡儿的机械论观点。他将机械论的原则贯穿到底，认为：“人体是一架会自己发动自己的机器，一架永动机的活生生的模型，体温推动它，食料支持它。没有食料，心灵就渐渐瘫痪下去，突然疯狂地挣扎一下，终于倒下死去。”[④]他强调人的大脑功能的机械性。1745年，狄德罗的《百科全书》中认可和吸收了拉美特利的人是机器的观点。

霍尔巴赫是机械唯物主义的典型代表，他认为，自然界的一切运动和变化不是杂乱无章的，而是具有规律性的，遵循着不变的和必然的法则。他从机械论出发，把物质运动的规律性归结为因果性，认为自然界中的一切事物均为因果法则。

按照霍尔巴赫的观点，世界上不存在没有原因的结果，也没有不产生结果的原因，原因和结果的联结是必然的。因此，人们所谓奇特、奥妙的东西，实际上都是按照因果规律产生的，只是由于人们对它们不熟悉，不了解它们产生的原因，从而感到惊奇，甚至归之于一些虚构的原因。至于神学所

① [德]E. 卡西尔：《启蒙哲学》，顾伟铭等译，济南：山东人民出版社，2007年，第10页。
② [德]E. 卡西尔：《启蒙哲学》，顾伟铭等译，济南：山东人民出版社，2007年，第11页。
③ [德]E. 卡西尔：《启蒙哲学》，顾伟铭等译，济南：山东人民出版社，2007年，第11—12页。
④ 《西方哲学原著选读》下卷，北京：商务印书馆，1981年，第107页。

宣扬的所谓奇迹，则是完全违反自然的因果法则的，因而是根本不可能的。在霍尔巴赫看来，人们应当努力认识自然界的一切原因，努力克服认识自然界的原因时碰到的困难，而不应当在碰到困难时就中止对自然界的原因的探讨，乞灵于想象，到自然界之外寻求超自然的原因。

五、运用理智的勇气与控制自然力量的彰显

欧洲文艺复兴运动标志着人文主义的复兴，早期的人文主义者继续着苏格拉底的理念“认识你自己！”他们试图用“人性”代替中世纪的“神性”。由此自然会使我们想到一些熟悉的名字：但丁、薄伽丘、达·芬奇、蒙田……法国启蒙思想家丰特内勒的哲学延续了这样的人文主义。就法国的启蒙运动而言，丰特内勒的思想是一个重要的过渡环节。就精神内涵而言，伏尔泰所诉诸的精神自由和泛神论的主张，是丰特内勒关于人的学说的直接继续。丰特内勒是一个具有人文主义精神的思想家，兴趣广泛，精通自然科学与社会科学。18世纪的启蒙思想家大多具有这样的素质。

启蒙时代，人有能动地认识和改变世界的能力已得到认可，同时这种能力在启蒙思想家那里得到进一步伸张。自然科学在近代史无前例的巨大飞跃，又进一步地为控制自然的力量提供了事实证据。启蒙运动对于人的理智勇气的鼓舞，加强了人对自然界控制力量的认可。尽管在今天看来，近代对于自然界的控制强调得过了头，其不良的后果已经在今天初见端倪，但从当时来看，人们刚刚从中世纪中走出来，无论在思想上还是行动上都是需要这样的一种鼓舞与激励的。

弗朗西斯·培根在理论上对实验方法的系统研究和宣传众所周知。他认为：“自然的奥秘也是在技术的干扰之下比在其自然活动时容易表露出来。因此只有当作为自然哲学基础的自然史能够根据一种更好的计划建立起来的时候，我们才能够对于自然哲学抱着美好的希望。”[①]“只有在自然史中已经得到了和收集起来了各式各样自己没有用而只是用来发现原因与公理的实验

① 北京大学哲学系、外国哲学史教研室编译：《十六—十八世纪西欧各国哲学》，北京：商务印书馆，1975年，第42页。

时，才能够有很好的根据来希望知识的进一步发展。”[①] 弗朗西斯·培根对实验方法的论证与倍加推崇，为自然科学方法论奠定了哲学基础。同时作为哲学家，他的巨大贡献还在于建立了相对完善的科学组织——英国皇家学会，可以认为这是近代科学走向有组织的一个典型标志。

伏尔泰的贡献在于他对神学物理学的批判，一定意义上为近代科学物理学大厦的奠基准备了思想土壤。哲学家 E. 卡西尔认为，伏尔泰对神学物理学的批判是启蒙哲学的首战告捷，完成了文艺复兴所开创的伟大事业，为理性发展开辟了自由之地，“由于这种自由，哲学才能达到充分的自我认识，达到对自己的固有力量的认识”[②]。

从文艺复兴的角度来看，启蒙运动使古希腊、古罗马和文艺复兴等时期的人文主义的部分理想一定程度上得以实现。启蒙运动可以看作一场融哲学、科学、政治于一体的声势浩大的社会运动，启蒙时期的思想家们更在意于将更多的观念散布出去，放到公共空间中，用以更现实地表现人的心情，甚至达至心灵深处。

从宗教角度来看，文艺复兴时期借助于主流艺术的形式揭示中世纪天主教会的贪污腐化，推动了宗教改革。到启蒙运动时期，由于受到自然科学辉煌成就的影响，启蒙思想家在反对教会和神权中走向坚持自然神论和无神论。因而，启蒙时期是近代科学发展的继文艺复兴和宗教改革的又一关键节点。从科学史来看，启蒙运动是文艺复兴和宗教改革对于人类巨大冲击之后汇集起来的又一巨浪，也许可以看作人类智识发展进程中的又一制高点。

---

① 北京大学哲学系、外国哲学史教研室编译：《十六—十八世纪西欧各国哲学》，北京：商务印书馆，1975年，第42页。

② ［德］E. 卡西尔：《启蒙哲学》，顾伟铭等译，济南：山东人民出版社，2007年，第46页。

第五章　中世纪的神学、哲学与科学

近年来，思想史研究越来越多地关注到中世纪，随着新文献发掘和研究的深入，人们对中世纪的认识已经发生了巨大转变，早期“黑暗中世纪”的说法逐渐被摈弃，取而代之的，是出现了越来越多的证据和研究表明中世纪不是“黑暗的”，甚至正相反，中世纪可以看作近代科学兴起之前的重要酝酿时期。这与最初的观念是背道而驰的。中世纪是人类历史发展进程中的重要一环，但学界在此前很长一段时间里，对于中世纪的重要性未能引起足够的重视。这一状况的改变，与美国学者哈斯金斯提出“12世纪文艺复兴”这一概念和研究不无关联，他在反驳中世纪是“黑暗的时代”这一说法时，强调14世纪是从13世纪走出来的，就像13世纪是从12世纪中走出来的一样，在中世纪出现的文艺复兴与15世纪的文艺复兴之间是一个历史的前后相继的连续过程。

哈斯金斯在《十二世纪文艺复兴》一书中，重点关注的是12世纪复兴的拉丁方面[①]，他认为12世纪的文艺复兴起到了关键衔接和承上启下的作用：“历史的连续性否定在前后相继的时期之间存在如此明显而强烈的反差；现代研究也表明，中世纪没有我们以前认为的那么黑暗和停滞不前，文艺复兴也没有我们以前认为的那么光明和突然。中世纪展示了生命、色彩和变化，表现出对知识和美丽相当热切的追求，在艺术、文学和制度上取得了颇具创造性的成就。”[②]

---

① 即拉丁古典著作及其影响，新法学和更为多样化的历史编纂学，来自希腊人和阿拉伯人的新知识及其对西方科学和哲学的影响，以及学术研究的新机构。

② [美]查尔斯·霍默·哈斯金斯：《十二世纪文艺复兴》，张澜、刘疆译，上海：上海三联书店，2008年，“序言”，第1页。

科学史家默顿也通过对社会历史的调研，强调近代科学的理性精神，也就是对自然界中存在着秩序这一预设，恰恰源于中世纪经院哲学中的理性主义和神学传统。“十七世纪受过教育、头脑清楚的清教徒们……差不多把下述看法视若不证自明：即科学不是被用来废除上帝，而是提供了一种手段，用来歌颂上帝的大智大慧以及他所创造的宇宙的整洁性。”[①]怀特海也曾表达过类似的观点。

英国的赫伯特·巴特菲尔德在《现代科学的起源》[②]一书中，围绕科学革命史的研究，表达了中世纪为近代科学做了必要的准备这一观点。赫伯特·巴特菲尔德追根溯源地透过思想观念的根本变革来理解科学革命，以此寻找中世纪为科学革命所作的准备的依据。他发现，中世纪为近代科学打下了基础，体现在观念、思想、框架和方法等各方面。同时，他不是只围绕一般意义上“16、17世纪科学革命”，而是把这一科学革命的时间一直前推到中世纪之前，认为“那场革命不仅推翻了中世纪科学的权威，而且推翻了古代科学的权威，最后不仅使经院哲学黯然失色，而且摧毁了亚里士多德物理学”[②]。

赫伯特·巴特菲尔德认为17世纪科学的巨大进步，其萌芽其实在中世纪就已经产生了，他的研究跨越了四个世纪，由于跨度较大，侧重于研究一些关键节点的推动作用，“把显微镜对准那些起中心作用的环节，比如发现在某一关头必须解开的思想之结（intellectual knots）”[③]。他论证了在中世纪晚期就已经发生了特殊观念的转变，这一转变恰恰是朝着科学革命过渡的重要一环，但是当时并没有引起人们足够的重视，也许是因为没有运用数学而显得有些生硬。赫伯特·巴特菲尔德以力学为例，分析了早期关于力学的一些思考，也就是在伽利略之前的一些知识的准备与思考。“奇特的是，这些遭到鄙视的历史经院论述在现代思想的演进史上已经获得了显著的关键位置。这些渴望找到现代力学科学之路的人之所以显得在语言上过于生硬和狡猾，也许部分是因为缺乏数学，或者未能想到用数学方式来表述事物。”[④]因此，他认

① ［美］默顿：《十七世纪英国的科学、技术与社会》，范岱年等译，成都：四川人民出版社，1986年，第15页。

② ［英］赫伯特·巴特菲尔德：《现代科学的起源》，张卜天译，上海：上海交通大学出版社，2017年，“前言”，第1页。

③ ［英］赫伯特·巴特菲尔德：《现代科学的起源》，张卜天译，上海：上海交通大学出版社，2017年，“前言”，第2页。

④ ［英］赫伯特·巴特菲尔德：《现代科学的起源》，张卜天译，上海：上海交通大学出版社，2017年，第2—3页。

为，中世纪或者经院哲学思想同样给科学发展带来了进步，“现代世界在某种意义上乃是中世纪世界的延续，而不应仅仅把它看成是对中世纪世界的一种反动”①。

一、引言　近代科学基础之一的自由七艺

中世纪的自由七艺（the seven liberal arts）编纂成文，包括语词技艺（三艺，trivium）——语法、修辞和逻辑学（或辩证法），以及数学技艺（四艺，quadrivium）——算术、音乐、几何学和天文学。从严格的意义上讲，自由七艺专指公元 5—6 世纪的拉丁百科全书家们（Latin ency clopedists）的技艺，他们的著作为数个世纪的学术生活提供了基本的内容和形式。

美国学者戴维·L·瓦格纳（David L. Wagner）在自己主编的《中世纪的自由七艺》中对中世纪的七艺、研究七艺的动机及七艺的内容进行了考察和论证。

在今天看来，古希腊的毕达哥拉斯发现了数字与音乐的内在关联，并做出了开创性的贡献，其实中世纪及其之前的数学是现代意义上数学和艺术的总称，“数学科学考虑抽象的量。所谓抽象的量是指我们以一种纯粹思辨的方式，将它从其物质的偶性和偶、奇等其他偶性分开来处理的量。它有以下分支：音乐、算术、几何学、天文学。算术是关于绝对可数的量的学科。音乐这门学科是联系可见于声音中的那些东西来处理数。几何学这门学科讨论的是不动的大小和形式。天文学是关于天体轨迹的学科”②。

在毕达哥拉斯的影响之下，善于思辨的希腊人对于音乐中的声高比例对应数字比率怀有强烈的好奇心，甚至到了痴迷的程度。“这些人对研究音程比率的着迷反映在那种常见的中世纪定义中——‘音乐讨论的是与声音相关联的数’。因此，波埃修（Anicius Manlius Severinus Boethius，约480—524）才

① ［英］赫伯特·巴特菲尔德：《现代科学的起源》，张卜天译，上海：上海交通大学出版社，2017年，第13页。

② ［美］戴维·L. 瓦格纳编：《中世纪的自由七艺》，张卜天译，长沙：湖南科学技术出版社，2016年，第180页。

会把音乐当作四种‘数学学科’中的一种。不同哲学家从这些学科中看到的是不同的关系，并且根据被视为最重要的特征将它们排成不同顺序。”[①]

从音乐起源上来看，音乐与数字的关联度极高，而欧几里得几何学与自由七艺在中世纪的关系，则体现了柏拉图–毕达哥拉斯传统之间的联系。《论音乐》是中世纪技艺传统中音乐理论的核心文本。“而在现代音乐学家看来，公元前3世纪最重要的音乐理论家是阿里斯托克塞诺斯（Aristoxenus）。虽然他也以数学方式分析音乐，但他的理论却以实际听到的音乐为基础。”[②]波埃修在音乐研究中发现，音乐中的秩序和理性为整个宇宙中相似的秩序和理性提供了一面镜子。尽管他的理论对后世影响甚微，但“无论如何，音乐理论与音乐实践日渐分离，并且由毕达哥拉斯派的数学进路所主导。这种数学进路与基督教对神的秩序的强调相符合，继续盛行于中世纪的音乐理论”[③]。

中世纪的哲学家发展出了一种音乐美学，清晰地表达了关于音乐美的价值判断，他们认为，这种美可以直接归因于比例和数。

“以《所罗门智慧书》中的一段话为出发点——‘你以度量、数和重量来安排万物’，从圣奥古斯丁到约翰·司各脱·爱留根纳（John Scotus Erigena）、沙特尔的蒂埃里、明谷的贝尔纳（Bernard of Clairvaux）和圣·托马斯·阿奎那的哲学家都断言，了解比例和数对于理解上帝的宇宙和技艺是至关重要的，他们还把这种观点纳入了其神学和宇宙论体系。音乐之所以在这些体系中有一个荣耀的位置，是因为通过类比，它有助于显示所感知的事物、理性和思辨以及最终的神之间的关联。”[④]

但是，古代和中世纪的哲学家对于音乐美学研究的动机，不在于作为消遣的音乐和音乐创作，令他们感兴趣的是，“音乐是一个有着神圣秩序的整体宇宙的一部分。人类经验和生存的各个方面所固有的数和比例可以进行类

---

① ［美］戴维·L. 瓦格纳编：《中世纪的自由七艺》，张卜天译，长沙：湖南科学技术出版社，2016年，第180页。

② ［美］戴维·L. 瓦格纳编：《中世纪的自由七艺》，张卜天译，长沙：湖南科学技术出版社，2016年，第15页。

③ ［美］戴维·L. 瓦格纳编：《中世纪的自由七艺》，张卜天译，长沙：湖南科学技术出版社，2016年，第15页。

④ ［美］戴维·L. 瓦格纳编：《中世纪的自由七艺》，张卜天译，长沙：湖南科学技术出版社，2016年，第181页。

比，这一事实正是这种基本内在关联的证明。正是这种类比扩展决定了波埃修音乐宇宙的构成。它是由三部分所组成：宇宙的音乐（musica mundana）、人的音乐（musica humana）和器乐（musica instrumentalist）”[①]。许多中世纪哲学家甚至认为天文学研究的行星轨道会发出不同的声音，就是天球的音乐。

自由七艺是古代和中世纪的重要教育基础，其典型特征是通过某种进路来发现实在的世界。虽然古代和中世纪认识到音乐之于感官的有用性和可愉悦性，但在古代和中世纪的人看来，感官很容易受制于幻觉，无法为通达实在提供可靠的钥匙。他们认为如果要通达实在，其可靠路径是通过心灵的抽象过程来寻求的。中世纪人们所说的“musica”一词的含义明显不同于“音乐”一词的现代含义。中世纪的哲学家研究艺术的目的是：“希望研究他们所认为的音乐本质，发现潜藏在声音设计背后的物理定律。”[②]据此可以判断，音乐是中世纪的哲学家们认知物理世界规律的重要途径之一。

因此，在自由七艺的探索中，无论是算数本身的发展，还是借助于艺术对于数学的推动，都是中世纪自然科学发展的重要环节。

语词三艺包括语法、修辞与逻辑学，亚里士多德的自然原理和对原理的解释是三艺的语法和修辞的基础。例如，对亚里士多德的四因说进行语法上的分析，当时有教学语法和学术语法两个学派，尽管各派的观点存在分歧，但都对逻辑问题的分析方法采取认可的态度，并且都不同程度地受到逻辑问题的影响，因为“从语法的角度来看，复杂的亚里士多德主义‘革命’最重要的影响似乎是间接的和次生的，是通过新方法的刺激和重新依赖于逻辑和经验科学而获得的”[③]。逻辑问题研究也源于共相的关注，即使是间接影响，也必定会影响语法思想。

因此，语词三艺通过对亚里士多德语法的理解和分析，可以认为最初是对物理世界结构的哲学关切，并在中世纪发展到最高点。“中世纪遗留给文艺

---

① [美]戴维·L. 瓦格纳编：《中世纪的自由七艺》，张卜天译，长沙：湖南科学技术出版社，2016年，第181页。

② [美]戴维·L. 瓦格纳编：《中世纪的自由七艺》，张卜天译，长沙：湖南科学技术出版社，2016年，第177页。

③ [美]戴维·L. 瓦格纳编：《中世纪的自由七艺》，张卜天译，长沙：湖南科学技术出版社，2016年，第89页。

复兴时期语法的基本要素大都是古典世界的发展，而不是中世纪世界的发展。”但是，中世纪的贡献远不止于保存，不仅仅在于他们对个别语言，或者是拉丁语的特殊音系学和形态学事实的处理，还在于语法的句法描述及他们对语言事实的位置和功能的理论定位。“在我们这个时代，我们目睹了中世纪艺术、音乐和建筑的审美价值的觉醒。我们也应认识到中世纪知识分子的成就，其研究对象是我们的语言和心灵。”[①]

二、经院哲学为近代科学研究提供信念支撑

“经院哲学”，在英文中为“scholasticism”，在德文中为“scholastik”，在法文中为“philosophie scolastique”，它们的含义可以追溯到希腊词“schoolastikós”，意指一种纯粹的学术探究，完全是为学问而学问的研究。此外，希腊词“schoolastikós”也可以用来指称从事学术研究的人员。

经院哲学是随着西欧城市兴起而发展成熟起来的，经院哲学的集大成者是托马斯·阿奎那。亚里士多德的主要著作《形而上学》《物理学》《灵魂论》等经翻译得以保留下来，由阿拉伯学者加以注释，最终又回到西欧，成为这一时期的经典著作。一般把中世纪经院哲学分为三个阶段：

第一，早期阶段。

以奥古斯丁主义为代表，其理论源自柏拉图主义。关于柏拉图主义，荷兰学者戴克斯特霍伊斯认为：“这是一支具有普世意义的力量，要求对人进行全面控制，因此它既关注人的理智诉求，也关注人的宗教需要和伦理行为。”[②]在此之前，至少在希腊化时期，类似的科学研究实际上是能够独立于宗教生活而发展的，希腊宗教缺少一套刻板的、公认的教义，这几乎已经使它避免了与科学的冲突。

于是，“科学总是能够径直遵从其本身的内在法则，除自律的理性外，不

① ［美］戴维·L. 瓦格纳编：《中世纪的自由七艺》，张卜天译，长沙：湖南科学技术出版社，2016年，第97页。

② ［荷］爱德华·扬·戴克斯特霍伊斯：《世界图景的机械化》，张卜天译，北京：商务印书馆，2015年，第122页。

需要承认任何权威。希腊思想家已经意识到了创造性的精神力量，他们曾经满不在乎地将它视为自己的财产，甚至是自己的优点”[①]。但是，早期基督教最初作为一种新兴的精神力量日益壮大之际，则持有与此完全不同的看法：“基督教认为人是无助的，人凭借自身的力量既不能正确地行动，也不能正确地思想，前者需要上帝持续的帮助，后者则需要上帝对心灵的照亮；基督教使得上帝对人的心灵的启示在一切生活领域都具有权威性，这其中当然也包括科学。”[②]

戴克斯特霍伊斯把教父作家对科学的看法总结为：“有些东西比世俗科学更需要认真对待，基督徒应当首先关注自己灵魂的救赎，因此对自然奥秘的探究不应超出《圣经》的要求和许可。……教父们相信，既然人类在耶稣基督中得到真正救赎的奥秘已经得到揭示，因此除了让人普遍接受这一福音之外，目前没有其他关切；《圣经》已经尽可能地用人的语言给出了启示，其中不仅有人所需要的最高知识，而且也包含着对于人的救赎来说既必要又充分的关于较低事物的信息。”[③]

尽管圣奥古斯丁强调，自然在数的秩序中也能揭示永恒的智慧，因此他不可能从根本上谴责一切科学。但是，“科学应当始终服从《圣经》的权威，后者超越了人的心灵的一切能力。圣奥古斯丁仿佛代表所有教父强调了这一原则，从而为科学探究设置了限制，影响长达数个世纪之久。然而，一旦接受这种限制，教父们就开始对科学另眼相看”[④]。早期著名教父作家大多持柏拉图主义或新柏拉图主义哲学观念，因此在这两个思想学派中，对自然的研究从未占据有利地位，物质性的东西在柏拉图那里无关紧要，而在普罗提诺那里有明显的负面价值。

第二，中期阶段。

以托马斯·阿奎那为代表，亚里士多德哲学成为其主要理论源头，观点

① ［荷］爱德华·扬·戴克斯特霍伊斯：《世界图景的机械化》，张卜天译，北京：商务印书馆，2015年，第122—123页。

② ［荷］爱德华·扬·戴克斯特霍伊斯：《世界图景的机械化》，张卜天译，北京：商务印书馆，2015年，第123页。

③ ［荷］爱德华·扬·戴克斯特霍伊斯：《世界图景的机械化》，张卜天译，北京：商务印书馆，2015年，第123—124页。

④ ［荷］爱德华·扬·戴克斯特霍伊斯：《世界图景的机械化》，张卜天译，北京：商务印书馆，2015年，第124—125页。

中也包含了亚里士多德的诸多哲学见解。托马斯·阿奎那把自己所理解的亚里士多德哲学诉求带到他的神学之中，使早期教父的柏拉图主义不再被人们所推崇。与柏拉图不同，托马斯·阿奎那不认为人们生活在洞穴的阴霾里，受到万事万物的约束，一切所看到的影像和听到的声音都是虚幻的。托马斯·阿奎那相信，我们的生命就在我们的肉体之中，肉体是完美天主的完美造物所产生的，我们是天主的杰作，天主给了我们五官就是为了让我们获得真切的感受，获得关于外部世界的真实知识。因此，“托马斯用日常真实事物的阳光，取代了柏拉图洞穴里的影子”[①]。

托马斯·阿奎那认为天主创造了人类，而且创造得很完美，就是注定让我们在耶稣的身位中分享人性。这一观念为当时的中世纪带来了前所未有的，真实而生动的世界认知图景。他认为即使是天主的启示也需要人类的理性的帮助，才能被理解和吸收。如果说感官是我们心灵认识世界的窗户，那么我们所看到的外部世界的最终解释权是心灵的理性推理和判断。托马斯有个比拟：“‘理性对于人的作用，正如天主在世上的作用一样。’天主激活了世界并赋予其种种启示，使它们得以发挥作用，同样，理性也激活了人类，使之发挥作用。因此，正是理性使人类能够与神性相连，人类因为拥有理性而很像天主。”[②]

第三，后期阶段。

托马斯·阿奎那提出信仰与理性争论，为近代科学的发展提供了缝隙和生长空间。[③]在中世纪，哲学上围绕唯名论与唯实论展开过旷日持久的论争。如果加以精细划分，那么唯名论和唯实论各自又分为极端派与温和派。[④]这一论争在本体论上为近代科学的兴起提供了重要思想资源。

首先，上帝是按照一定的普遍的、理性的秩序创造宇宙万物的，因造物主的智慧，宇宙万物的秩序呈现为规律。也就是说，经验的自然界背后存在着秩序，自然界存在着规律，这是近代科学家从事科学研究活动合理性的依据。

---

① [美]托马斯·卡希尔：《中世纪的奥秘：天主教欧洲的崇拜与女权、科学及艺术的兴起》，朱东华译，北京：北京大学出版社，2011年，第181页。

② [美]托马斯·卡希尔：《中世纪的奥秘：天主教欧洲的崇拜与女权、科学及艺术的兴起》，朱东华译，北京：北京大学出版社，2011年，第186页。

③ 这场信仰与理性的争论中更多地涉及科学与宗教的关系，这部分内容已在前文中加以阐释。

④ 关于这一论争，哲学史中有较多描述，这里不再赘述。

其次，上帝赋予人类以探索能力，人类因而具备理性能力，借助于理性，人类能够认识自然界。中世纪，人们在主观意愿上对宇宙的思考和认识，是为神学服务的，但恰恰正是这一信念的形成，为后来自然科学的兴起提供了客观的支撑。对人类而言，认识上帝或者自然界是必须进行的事务，因为这是“彰显上帝的智慧，从而证明上帝是最伟大的存在。同时，既然上帝是存在的，因此，我们就应该听从上帝的旨意，过着顺应自然和理性的生活”[①]。

最后，唯名论所倡导的重视现实世界，使人们认识到经验世界的重要性，这对于近代科学同样重要。中世纪的唯名论经院哲学，为近代科学的经验依据提供了重要的另一本体论支撑。

唯名论的代表之一罗吉尔·培根（Roger Bacon，约1214—1293，另译为罗吉·培根）的观点，从对近代科学产生深远影响的中世纪哲学家的角度来看，值得关注与强调。

不过，关于中世纪的科学与神学的关系需要强调的是，当时的情境正是教会权力达到巅峰的时代，不仅科学成为“神学的婢女”，哲学、艺术都从属于宗教。正如罗吉尔·培根所指出的，进行科学研究完全是出于宗教考量，科学研究是实现宗教理想的有效手段。

以罗吉尔·培根为代表的经验论观点，重视世界本身，从具象世界出发，力图寻找世界背后的逻辑，得到了初步的本体论确认。以此哲学观念为依托，近代科学的研究成果成为感性与理性完美结合的产物，经历了文艺复兴、宗教改革的洗礼后，都凸显出来，尤其是经院哲学时期对感性与理性做了深入的辩论与反思，经验与理性以各自的方式经历论战的洗礼，使经验与理性、实验与数学的理论结合和实践都进入了一个前所未有的新阶段，成为近代科学兴起的重要支撑和丰富思想源泉。

三、经院哲学留给近代科学的方法论资源

爱因斯坦认为，近代西方科学的发展是以两个伟大成就为基础的：一是

---

① 余章宝、唐文佩：《中世纪经院哲学对科学传承的贡献》，《学术研究》2006年第2期。

以欧几里得几何学为代表的，希腊哲学家发明的形式逻辑体系；二是文艺复兴时期证实的通过系统的实验有可能找出因果关系的重要结论。建构理论的形式逻辑体系和实验方法的使用成为西方科学兴起与发展的两大支柱，其形成与经院哲学有着密切关系。

经院哲学留给近代科学的方法论资源的主要来源可以概括为以下三个方面：唯名论与唯实论的争论；罗吉尔·培根的贡献；经院哲学家的语言工具的锤炼。主要的方法论资源体现为：一是对数学传统的推崇；二是对经验的重视，进一步地对实验方法的宣扬；三是逻辑工具的使用与完善所养成的思辨与推理的习惯。前两条主要是罗吉尔·培根的贡献，第三条主要是经院哲学家的贡献，尤其是神学家对于亚里士多德的神学体系的确立。

罗吉尔·培根认为："推理导出结论，并要我们认可结论，但却不能确保结论的可靠，也不能通过消除疑问来让心智满足于直观真理——除非心智通过实验的方法发现了真理。"[①] 他认为数学是所有哲学的基础，实验是通往知识的大门，是检验真理的标准。尽管他的主要兴趣在于引导灵魂亲近上帝的"内在"实验科学，但是他也详细阐述了物质世界的"外在"实验科学。罗吉尔·培根的著述，内容广泛而系统，鉴于翻译方便，他甚至编写阿拉伯语法书，虽然最终未能完成，但最重要的是，在中世纪，他是率先以观察和实验为基础建构完整的自然知识体系的人。[②]

除了对实验方法的推崇之外，罗吉尔·培根还做了一些具体的科学研究。例如，他用棱镜和镜子做实验，甚至做过白光透过玻璃球的实验，以向人们展示，其分解为色谱的现象；他创制了天文图表；他著有关于眼镜的书籍，而直至1600年，开普勒才建立起光学和视觉原理，此前罗吉尔·培根的著作被当作教科书式的文献。他还是古代以来第一位系统的地理学家，在大量调研和论证的基础上画出了欧洲、亚洲和非洲的大部分地图，在著述中提到了"地面的弯曲"；他的《巨制》堪称中世纪技艺和科学知识的大百科全书，甚至包含着将现代意义上的化学知识进行系统化的理念……因而，科学

---

① [美]托马斯·卡希尔：《中世纪的奥秘：天主教欧洲的崇拜与女权、科学及艺术的兴起》，朱东华译，北京：北京大学出版社，2011年，第193页。

② [美]托马斯·卡希尔：《中世纪的奥秘：天主教欧洲的崇拜与女权、科学及艺术的兴起》，朱东华译，北京：北京大学出版社，2011年，第194页。

史学家查尔斯·辛格称罗吉尔·培根为“现代意义上之科学第一人”。相对于现代科学认识论而言，尽管罗吉尔·培根的思想不够成熟，但是他所强调的科学实验方法在科学研究活动中的重要性在中世纪是难能可贵的，对近代科学兴起的意义也是极为深远的。

中世纪经院哲学的争论与思想交锋，促进了一个重要平台的发展，即中世纪的大学的兴起，进而形成了以大学为载体的科学研究，现代意义上的大学可以说是中世纪的杰作。大学兴起于中世纪，正是在大学里实现了神学与哲学的真正联结。确切地讲，就是亚里士多德理论与基督教教义完全融合在一起。这个工作是由托马斯·阿奎那在大学里完成的，成为近代科学兴起的一个坚实平台和文化支撑。在近代科学的发展中，大学这一优质平台的建立成为近代科学兴起的重要“硬件”和装备，这一硬件在近代科学产生之初，人文教育是其重要的铺垫和基础，在当时的课程中，人文课程是主流课程。

第六章　中世纪大学：近代科学兴起的人文载体

一、引言　大学：中世纪的杰作

大学是中世纪的杰作。“大学是中世纪对人类文明的一项贡献。”[①] 在12—13世纪一个多世纪的时间里，中世纪的大学逐渐兴起并发展起来，“以其最终的完善形态，它成为中世纪的几个世纪对欧洲文明所作的最重要的和独到的贡献之一，而且，它被证明是中世纪的过去留给现代的最有价值的遗产之一。因为‘大学’在这个词现在流行的意义上，完全是中世纪的创造”。[②]

大学成为近代科学的学术研究基地。尽管西方的科学和自然哲学文献是通过第二次大翻译运动，从阿拉伯人那里回到欧洲的，“但大学却是一种独立的发明。它源于西方在12世纪的特殊状况”[③]。

关于大学的形态，在古希腊时期没有任何可以与之对应的存在，古希腊研究哲学，可以作为个体的人生追求，也可以作为职业的选择，属于教育的一种方式，也作为限于一定阶层的高等教育的途径之一。古罗马世界中，哲学从未公开且正式地在法律上被承认为属于高等教育的诸多分支之一。总而言之，“没有一个把职业教育家的作用与文化阶层的保护者的作用，以及各种

---

① [美]查尔斯·霍默·哈斯金斯：《十二世纪文艺复兴》，张澜、刘疆译，上海：上海三联书店，2008年，第259页。

② [英]大卫·瑙尔斯：《中世纪思想的演化》，杨选译，北京：商务印书馆，2012年，第237页。

③ [美]爱德华·格兰特：《近代科学在中世纪的基础》，张卜天译，长沙：湖南科学技术出版社，2010年，第46页。

探索的指导者的作用结合起来的机构”[①]。

从当时的教学模式和机制来看，中世纪的大学教师按照一定的大纲要求进行授课，并给学生以一定的指导，最终学生通过考试获得学位，学位是对其学业的一份公正证明，这与今天的大学如出一辙。如此看来，就更加确定，大学是中世纪的创造，是中世纪留给现代文明传承的杰作，它的所有基本方面都完好无损地被保留至今。

现代大学的英文名是university，用最恰当的拉丁文来表达就是studium generale（总学馆），最初被用来包括所有个别“联合体”或社团的术语是“总学”，它在13世纪中期得到广泛应用。此处的studium是指“学习上的设施”或者有组织的学校，与学生的来源有关，与教师的学科无关，类似我们说“一般的”“国际的”含义。像许多一般名词的演变一样，其经过历史过程的演变，后来才慢慢变为专有名词的。[②]

中世纪的大学的雏形源于行会和协会。“中世纪的律师往往称这些组织为‘universitas’，即‘全体’或‘整体’，指这种行会代表着相关行当或手艺所有合法的实践者。教师（masters）和学生构成了12世纪社会的一个重要组成部分。”[③]拉丁文universitas表示的是一个特定阶层的整体或者集合，实际上与现代意义上的“贸易联盟”的“联盟”一词的含义更接近。在法律上，它与拉丁文collegium（含义为：学会、社团关系）同义。就社会职业的比较而言，它与英语中的 guild（行会）同义。universitas 首先包括教师与学生的整体，但是从社会学意义上来看是一个自治行会的团体或者群体。

或许是在中世纪末，“大学”取代了“总学”，成为我们今天意义上的一直沿用的术语universitas一词。作为社团组织，各种中世纪行会、协会获得了重要的垄断特权。[④]于是，与医学院或神学院一样，艺学院（faculty of arts）也是一个“联合体”（universitas）。艺学院、医学院等的教师和学生形成了他

---

① ［英］大卫·瑙尔斯：《中世纪思想的演化》，杨选译，北京：商务印书馆，2012年，第237页。

② ［英］大卫·瑙尔斯：《中世纪思想的演化》，杨选译，北京：商务印书馆，2012年，第211页。

③ ［美］爱德华·格兰特：《近代科学在中世纪的基础》，张卜天译，长沙：湖南科学技术出版社，2010年，第46页。

④ ［美］爱德华·格兰特：《近代科学在中世纪的基础》，张卜天译，长沙：湖南科学技术出版社，2010年，第48页。

们自己的合法团体或“联合体”。许多学生社团也被看作“联合体”，特别是在意大利。

大学是随着城市的发展和商业贸易的繁荣而发展起来的。格兰特认为，城市仅仅是大学产生的必要条件，而非充分条件。城市化也许为大学的发展和繁荣提供了重要母体，但很难说是它保证了这个过程得以发生。[①]当时存在大量从事同一行当或手艺的人，他们为维护本行业的发展及为个体从业者寻求庇护自发地结成团体，当时往往称这些团体为行会或社团。

中世纪大学中的每一位教师和学生都不仅是他本人所属大学或社团的成员，也是“总学”的成员。如果学校由一两个学院或组织来管理，那么一般并不称它为“总学”。这个词通常指巴黎、牛津和博洛尼亚等地惯常意义上非常著名的大学，或者大到包含四个传统学院（艺学院、神学院、法学院和医学院）中至少三个的学校。一所学校被称为“总学”的好处主要是，它能够使其毕业生自动获得这样一种宝贵的权利：“在各地教学的许可[或权利]（ius ubique docendi）”。然而实际上，使毕业生们在各地教学的权利生效的更多是一所“总学”的声望。显然，“总学”就相当于我们现代的“大学”。

当时，学生可以自己寻找合适的教师，学生和教师不是固定在一个场所的，教师则需要吸引更多学生投到他的门下，这样才能有足够多的学生为其提供适当的报酬。在教书学习的城市中，教师和学生大多不是本地人，不能与城市、国家和教会当局相比，还必须经常就教学条件与之讨价还价。他们逐渐发现联合起来更有利于他们在城市中立足。于是，他们开始有意识地以“联合体”为方式组建自己的团队，像这样的组织，在12世纪末就出现了。例如，universitas magistrorum或“教师联合体”；universitas scholarium或“学生联合体”；universitas magistrorum et scholarium或“教师与学生联合体”。[②] universitas这个词本身就可以指一个教育机构。尽管在高等学术教育机构采用universitas这个词之前，许多行会和社团就已经使用了这个词，但将这个词

① ［美］爱德华·格兰特：《近代科学在中世纪的基础》，张卜天译，长沙：湖南科学技术出版社，2010年，第46页。

② ［美］爱德华·格兰特：《近代科学在中世纪的基础》，张卜天译，长沙：湖南科学技术出版社，2010年，第47页。

永远保留下去的却是前者，这也许是因为它们比所有其他组织更为长久。

“以亚里士多德的逻辑和自然哲学为中心的新学术成为新兴大学的课程内容，这是中世纪最为持久的体制遗产之一。”① “可以说科学是从中世纪基督徒想象的氛围中诞生的，而推崇理性和观察的新思潮则又起到了推波助澜的作用。”② 而这一科学意识付诸实践，是需要一个崭新的平台的，大学就成为平台搭建的最佳选择。

综上，在中世纪的城市，学生和教师建立联合体以寻求庇护，还有一个重要的方面就是：尽管在13世纪以前，能够表明大学起源及早期发展的材料非常稀少，但大学的产生是与新的知识在12世纪被译成拉丁文密不可分的。“事实上，大学是西欧对大量新知识进行组织、吸收和扩张的体制手段，正是通过这种工具，西欧为一代代人确立和传播了共同的思想遗产。”③

尽管中世纪的大学是经院哲学，教会也反对学校宣传理性，但这并没有起到太大的阻碍作用。而教皇无论出于何种目的来扶植大学发展，在结果上都客观地为学术研究的普及创造了条件。

二、中世纪大学：近代科学兴起的平台

中世纪大学成为文化传播与交流、知识与教育的重要平台。中世纪是一个神学统治的时代，中世纪大学处在教会控制之下，其课程也大多是围绕神学展开的。大学的经院哲学家们使用的大部分古希腊自然哲学著作，在翻译运动中，古典著作中的定义、观点经过了阿拉伯学者的注释、讨论、修订和补充，甚至被重新解读过。这在一定程度上促进了文化的传播与交流。

中世纪大学的教学方法有一套完整流程。当时的教学安排一般包括授课和辩论两个环节。授课是指阅读指定教材和由教师解释教材。辩论有两种，

---

① [美]爱德华·格兰特：《近代科学在中世纪的基础》，张卜天译，长沙：湖南科学技术出版社，2010年，第44页。

② [美]托马斯·卡希尔：《中世纪的奥秘：天主教欧洲的崇拜与女权、科学及艺术的兴起》，朱东华译，北京：北京大学出版社，2011年，第191页。

③ [美]爱德华·格兰特：《近代科学在中世纪的基础》，张卜天译，长沙：湖南科学技术出版社，2010年，第48页。

一种是课堂上展开的“问题辩论”，另一种是课下在公共场所举行的“自由辩论”。“问题辩论”通常先由教师给出一个论点，由他本人或者学生引经据典做成一个否定性的答案；然后由助教对这一论点进行正面论证，并对反驳意见进行解答；学生或教师可以针对助教的论证提出新的反驳和问题；经过反复的发问与回答、论证与反驳，最后由教师做出最初的论点是否成立的结论。这种辩论属于正式辩论，是当时大学教学的常态。“自由辩论”属于非正式辩论，与会者可以提出任何问题加以讨论，这种辩论后来演变成大学里的文化娱乐方式。无论是正式辩论还是非正式辩论，其目的都在于培养敏捷的思考能力，练习推理方法。[①]

前文提到的始于12世纪初的在唯名论与唯实论之间长达30年之久的论争，吸引了大量学子前来大学校园观战，更吸引了大批著名学者前来参与论战。辩论过程中的唇枪舌剑，激烈论辩，大大地提高了运用哲学思辨与逻辑论证的思维能力，训练了思维的敏锐性和逻辑推理的严谨性。同时，辩论所提倡的怀疑和批判精神也在这场论战中被慢慢地培养出来，并逐渐成为一种学习方式，这正是西方近代科学兴起和不断发展创新的精神原动力，培育了科学研究的论辩态度和创新精神。这在12世纪的大学和城市中就已经开始了，也就是说比15世纪的文艺复兴还早了三个世纪之久。

唯名论与唯实论的这场论争史几乎构成了中世纪哲学史的主要篇章，这个互动过程本身，在客观上起到了知识的普及与推广作用，大学的名气及大学的知识与教育普及功能，也都在这个过程中得到了认可与支持。因此，大学成为科学兴起的精神孕育的重要思想空间、文化交流与传播的重要载体。

哈斯金斯在《十二世纪文艺复兴》一书中，就试图动摇“中世纪黑暗说”。他定义了“12世纪的文艺复兴”，当然，他承认这与15世纪的文艺复兴有着明显的不同，但是他认为12世纪是一个被历史忽视的重要时期。哈斯金斯所提及的知识的增长和科学的复兴都是以大学作为重要载体和平台之一的。

中世纪有两所大学最具影响力——巴黎大学和牛津大学，巴黎大学受到教皇资助，以神学研究闻名于世，而牛津大学以自然科学研究见长。罗吉

---

① 辛彦怀：《欧洲中世纪大学对近代科学的影响》，《河北师范大学学报（教育科学版）》2003年第2期。

尔·培根和托马斯·阿奎那就是在牛津大学开展他们的研究，罗吉尔·培根比托马斯·阿奎那年长十几岁，当托马斯·阿奎那还是个孩子的时候，罗吉尔·培根就已经在牛津求学。尽管在今天的牛津大学，除了默顿学院，再难觅罗吉尔·培根时代的影响力，但在中世纪进行科学研究，或者说开启科学研究之旅，恰恰是以大学为载体和依托的。

到中世纪后期，翻译运动的影响促进了欧洲科学与思想的活跃。“这一运动的材料来源有两个：一是阿拉伯翻译的古希腊典籍，二是拜占庭帝国保存的古希腊典籍。”[①]这是11世纪以后经院哲学兴盛的重要背景。

德国著名的中世纪史学家克拉森说：“每一次较高的文化都能创造出与之相同的较高的教育形式和较高的学校的形式，欧洲特有的高等教育形式大学是中世纪中期，具体地说是12世纪的一个创造。当时在波罗那和巴黎已经产生了大学，1200年之前，按照巴黎的模式在牛津也有了大学。……罗马风格的和早期哥特式的艺术，都是这个令人难以置信的创造性的时代的标记。与此同时，还出现了科学的和神学的拉丁语文献的繁荣……”[②]

三、中世纪大学：近代科学的制度贡献

中世纪创造的大学成为教育制度确立和机制完善的重要机构标志。尽管“事实上，为知识本身而获得知识这种古代和中世纪的学术理想在很大程度上依然没有改变。即便中世纪大学的艺学科目没有为社会提供实际利益，它们也为科学和科学观的发展奠定了坚实基础。这是因为大学有着非同寻常的结构和传统，它是中世纪为西方文明做出的独特的体制性贡献。其非凡成就甚至渗透到阿拉伯世界中”[③]。

公元5—15世纪，在传统印象中是科学的停滞时期，但是近年来，随着学界对于中世纪史料文献的挖掘与研究，人们的认知也越加趋于理性和客观。

① 张绪山：《经院哲学：近代科学思维之母体》，侯建新主编：《经济-社会史评论》（第一辑），北京：生活·读书·新知三联书店，2005年，第186页。

② 克拉森：《12世纪的高等学校和社会》，《文化史档案》1966年第48期，第155页。

③ 参见[美]爱德华·格兰特：《近代科学在中世纪的基础》，张卜天译，长沙：湖南科学技术出版社，2010年，第64页。

“黑暗中世纪”的观念正在被慢慢摒弃，甚至被推翻，其中一个重要特点就是中世纪的科学的人文价值被挖掘出来。尽管近代科学在中世纪的境遇，与15世纪文艺复兴以来相比，确实存在着负面影响甚至是压抑，但是同样有大量事实证据显示了中世纪文化对于近代科学所产生的促进与推动作用，中世纪大学就是重要的事实证据之一，甚至可以把大学看作近代科学之树从种子到萌芽的重要物质基础和现实土壤。

近代科学作为一种社会建制被确立起来，主要体现在两个方面，一是大学的建立，大学是科学研究的秩序在制度上的重要体现之一；二是英国皇家学会的成立。对此默顿进行过深入的研究，他把“清教主义–科学”作为一个案例来分析，他认为清教主义对近代科学的建制做出重要贡献，正是近代科学的兴起是清教主义“有目的社会行动始料未及的后果”①。默顿用“始料未及”（the unanticipated consequences）一词很精准地概括了宗教改革及其余响之于近代科学的动态效果。他更是详尽地分析并指出：“宗教改革者们并没有预见到其教义的全部实际后果，这些后果是与他们的预期不相符合。”② 在这里我们又一次看到，当时的科学家选定了一个目标，这个目标便具有明显优点。

西方一些学者关于清教对于后世的社会影响的论述有很多，统称为清教主义。美国学者玛戈·托德在《基督教人文主义与清教徒社会秩序》一书中，对“清教”“清教主义”等进行了理论梳理和概念的澄清。③ 他认为，“如果把清教徒作为社会理论学家来看的话，却是初期之思想观念的极其重要的一群普及者和实践者——将他们跟文艺复兴运动联系在一起要比跟宗教改革运动联系在一起更为合适些”④。

---

① Merton，Robert，The Unanticipated Consequences of Purposive Action，*American Sociological Review 1*，Vol.6（1936），pp.894-904. 尽管清教对宗教改革本身可以说与科学关系甚微，甚至一定程度上对科学家的压抑不亚于中世纪，如加尔文对科学的态度，但他们为了发展宗教本身所作的一系列努力，间接上是利于科学发展的，或者说使科学抓住了时机。

② ［美］默顿：《十七世纪英国的科学、技术与社会》，范岱年等译，成都：四川人民出版社，1986年，第183页。

③ ［美］玛戈·托德：《基督教人文主义与清教徒社会秩序》，刘榜离、崔红兵、郭新保译，北京：中国社会科学出版社，2011年，第15页。

④ ［美］玛戈·托德：《基督教人文主义与清教徒社会秩序》，刘榜离、崔红兵、郭新保译，北京：中国社会科学出版社，2011年，第28页。

第七章　两宋文明：近代科学萌芽时的中国文化情境

一、引言　中国传统文化中的"人文"化成

本章是对中国文化与近代科学的关系的反思，首先"人文主义"这一概念有必要先予以澄清。在中国传统文化的语境之下，文艺复兴的"人文精神"或"人文主义"与中国传统文化中的"人文"意义在内涵和外延上都是有区别的。从语言文字的流变和科学认识论的角度来看，不同的语境下，同样一个词的意义也许迥然不同，不同的词也许有相同的意义。

随着西方世界现代文明的进步，"人文"被赋予了越来越丰富的内涵，但如果从词源上追溯，humanities 源于拉丁文 humanitas，含义为"自由艺术的教育与训练"（education and training in the liberal arts）。概括地讲，欧洲的人文所关注的是对人的认可和对人性的尊重，认为人是万物之灵，人的地位被提到足够的高度。尽管这一思潮在当代走向了人类中心主义的极端，但是在一个特定的发展时期，对人类的成长和发展阶段而言，这一过程与认知是人类成长与成熟的一个必经的发展阶段。

而我们谈及中国文化的"人文"一词时，则要充分考虑中国古代传统文化视域中的意蕴，需要结合中国传统文化的含义和框架来理解。

中文中的"人文"一词，最早是《周易》中出现的："刚柔交错，天文也。文明以止，人文也。观乎天文，以察时变；观乎人文，以化成天下。"①

---

① 《周易》，太原：太原科学技术出版社，2017 年，第 86 页。

其中的“天文”与“人文”是对仗的，“文”通“纹”，原本是花纹、纹路的意思，在此引申为“规律”或者“秩序”的含义，“天文”也就是“天”的规律或秩序。中国文化中的“天”具有极其广泛而特殊的含义，不仅仅限于西方科学中的“天文学”中的含义，人文则可以理解为，关于“人”的规律，既包括个体的人、人与人，也包括由人组成的社会的规律的内容。

古代中国由于气候和资源禀赋是以农业立国的，传统中国的农民生活方式决定了中国人对农耕的敬畏与尊重，春耕夏耘，秋收冬藏，几乎诸事皆因与农事有关而备受关注。因而，中国人的时间观念与生命观念相联系。对此，钱穆就认为：“时间中涵有生命，生命即寄托于时间。时间属于天，生命主要属于人。中国古人所抱天人相通天人合一之观念，即本农事来。人中即寓有天，贵能以人事合天时，故曰‘人文化成’。”[①] 此“化”字，内涵极为深刻而丰富，“教化”是一个过程，“即包有天有时间，人文即包生命，于自然中演出人文，即于人文中完成自然，故中国古人于同一事中即包有天时、地利、人和三观念”[②]。伯牙鼓琴，志在高山，志在流水，此则己心与山水为一。[③] 伯牙之琴，即中国之所谓人文化成。

例如，孔子在齐国闻韶乐，三月不知肉味，曰：“不知为乐之至于斯也。”钱穆认为这是孔子之心与韶乐之魂气相同。中国对自然界的认识是寓景于情，也就是将自然界人文化，人文情怀也依托于自然界，即自然人文化，人文自然化。这个意义上看，中国的自然和人文是统一的。同时，儒家更关注社会的发展，重视社会规律，重视人文。

李约瑟曾这样评价中国的儒家文化与科学的关系：“现在可以看出，儒家有两种根本自相矛盾的倾向，一方面它助长了科学的萌芽，一方面又使之受到损害。因为就前一方面来说，儒家思想基本上是重理性的，反对任何迷信以至超自然形式的宗教……就后一方面来说，儒家思想把注意力倾注于人类社会生活，而无视非人类的现象，只研究‘事’（affairs），而不研究‘物’（things）。因此，对于科学的发展来说，唯理主义反而不如神秘主义更为有

① 钱穆：《晚学盲言》，北京：生活·读书·新知三联书店，2015年，第53页。
② 钱穆：《晚学盲言》，北京：生活·读书·新知三联书店，2015年，第53页。
③ 钱穆：《晚学盲言》，北京：生活·读书·新知三联书店，2015年，第181页。

利；这在历史上并不是最后一次，而且也不仅在中国是如此。”[①]

综上所述，中西方的文化差异具体表现为内涵不同。西方人文主义是在古希腊文化土壤中生发出来的，最早提出者是希腊哲学智者派的主要代表人物普罗泰戈拉，他在公元前5世纪提出了“人是万物的尺度”这个命题。人文主义以这个命题为基础不断发展和丰富起来，到文艺复兴时期得到彰显，并透过文艺复兴时期的艺术得以展示，尤其是借助绘画与雕塑等艺术形式，透过展现人体之美来表达人性和人的内在精神。通过外在的艺术形式展示注重个性的解放、个体的自由发展的内涵，直指人对于美的追求与缔造。

中国的人文主义原旨是指关于人的规律，当然汉字中的“人”的含义是很深刻的，一如“仁”字，这两个汉字有相同之处，从上面的列举就可以看出，其含义极为深刻而广泛，与西方的人文主义在内涵上是有一定区别的，不过有时也会包括西方人文主义的含义。

中国以农耕立国，其人文之理解是与天文相对应的。中国古代天文的“天”，即自然界，人文是人与人的规律，而天人合一是一体的。中国传统文化是从整体、关系和群体出发的个人，是在整体中分析个体，也就是优先考虑整体情境之后再突出个体。西方的个人主义传统，比较早的系统阐述是穆勒的利己主义，从经济学角度的分析，方法论的个人主义，是从个体出发，再到群体和集体。在这一点上，西方与中国是两个完全不同的路径。

中国传统文化中天人是合一的，是一个整体。《中庸》第二十二章中记载道：“唯天下至诚，为能尽其性；能尽其性，则能尽人之性；能尽人之性，则能尽物之性；能尽物之性，则可以赞天地之化育；可以赞天地之化育，则可以与天地参矣。”[②]化的是“物”，育的是“生命”，即在万物之中，自可养育出生命，包含有充分肯定人的力量的内容，但这是一个条件命题，就是人如果可以帮助天地化育，就可以和天地并列。从动态来看，人文化成是一种人本身在自然的基础上不断创造的过程。此处的“化”所表达的就是这个过程，是依照自然界和人自身的规律不断发展和创造的过程，“自诚明，谓之

① ［英］李约瑟：《中国科学技术史》第 2 卷（科学思想史），北京：科学出版社；上海：上海古籍出版社，1990年，第12页。

② 王国轩译注：《大学・中庸》，北京：中华书局，2006 年，第 106 页。

性；自明诚，谓之教。”[①] 作为儒家经典的“四书五经”中，“四书”之一的《中庸》，“五经”之一的《易经》，都属于儒家的学术渊源，《中庸》是宋以后儒者研读的重点。

宋代，分为北宋（960—1127）和南宋（1127—1279），此时，欧洲正处于中世纪。王国维在20世纪20年代曾说：“天水一朝人智之活动，与文化之多方面，前之汉、唐，后之元、明，势所不逮也。”[②] 陈寅恪于1943年曾感慨：“华夏民族之文化，历数千载之演进，造极于赵宋之世。”[③] 1989年，著名历史学家邓广铭指出：“宋代的文化，在中国封建社会历史时期之内，截至明清之际的西学东渐的时期为止，可以说，已经达到了登峰造极的高度。”[④]

但是，在许多人的印象中，人们往往一提到汉代、唐代就是盛世治世；一讲到宋代，就认为是积贫积弱的时代。然而，世界各地有众多的汉学家研究儒家文化，他们对宋代的溢美之词见诸书籍。例如，《中国新史》（*China, A New History*）是美国高校对中国历史学习采用的教科书，书中有一章的标题就是“中国最伟大的朝代是北宋和南宋”。

从历史和逻辑上来看，宋代被誉为中国传统文化的定型期。中国传统文化的成果之一《中庸》，对于中国人的思维方式与观念有着举足轻重的影响，宋代理学家代表人物朱熹命名了“四书”（《中庸》《大学》《论语》《孟子》）并作章句集注，成为中国文化的重要定型期。

从元代开始，科举制度将考试书目规定为《四书章句集注》。于是，《四书章句集注》成为各级书院、私塾和学馆等的必读书目。如果想通过科举制度步入仕途，就必须把这本书学深学透，倒背如流。这也是宋代被看作是中国传统文化的定型期的重要佐证。

宋代尤其注重对古代经典的学习与创新，从这一点来看，与文艺复兴有相似之处。例如，就写作而言，美国汉学家包弼德就认为，对于宋代的写作“或者说一种载道的工具，而是一种标志，它标志着个人将过去的文化百家归

---

① 王国轩译注：《大学·中庸》，北京：中华书局，2006年，第104页。

② 王国维：《宋代之金石学》，《国学论丛》第1卷第3号，1928年。

③ 陈寅恪：《陈寅恪集·金明馆丛稿二编》，北京：生活·读书·新知三联书店，2001年，第277页。

④ 邓广铭：《邓广铭治史丛稿》，北京：北京大学出版社，1997年，第66页。

一的能力”[①]。

从科技史的角度来看，英国历史学家李约瑟在他的著作中指出，宋代理学至少在世界观上与自然科学的观点极其一致。他认为宋代是中国本土的科学最为繁荣昌盛的时期。“每当人们研究中国文献中科学史或技术史的任何特定问题时，总会发现宋代是主要关键所在。”[②]

从现代意义上来看，中国古代科学技术在宋代达到了新的高度，甚至有学者认为，从现代性的角度来看，宋代被誉为现代性的拂晓。[③]

关于宋代是否进入现代化的争论，持肯定观点的一方对近代化特征进行了描述。吴钩在《宋：现代的拂晓时辰》中认为，关于近代化特征的概括与描述有以下若干关键词：商业化、市场化、货币化、城市化、工业化、契约化、流动化、平民化、平等化、功利化、福利化、扩张化、集权化、文官化（理性化）、法制化等。由于宋代文化基本上包含了以上关键词，据此有人认为宋代已经迈进了近代的门槛。但是，吴钩提醒我们，中国宋代的这一近代化进程，不是西方文明输入中国的，“而是基于中国文明自身的积累与演进，基于中国历史内在的发展动力而形成的……文明的积累与演进如同一个冲积平原，历史是长河，时光的河水流过，不舍昼夜，不断留下前人的经验与成果，慢慢地便堆积出一个豁然开朗的世界”[④]。

刘子健在《中国转向内在——两宋之际的文化转向》中也认为，中国进入近代化，与欧洲最先迈入近代化的内在原动力和外部环境都大相径庭。因此，不能将宋代中国的变化生拉硬拽地同近代欧洲相类比，二者如果用库恩的“范式”理论来解释，是完全不可通约的，是两个完全不同的“范式”。中国有自己特殊的行进路径，“它是一个不断经历修正、更新、丰富、完善的有机体”[⑤]。他打了一个比方：如果把宋代比喻为尽管有着悠久年轮但依然枝繁

---

① [美]包弼德：《斯文：唐宋思想的转型》，刘宁译，南京：江苏人民出版社，2017年，第202页。

② [英]李约瑟：《中国科学技术史》第1卷《导论》，北京：科学出版社；上海：上海古籍出版社，1990年，第139页。

③ 吴钩：《宋：现代的拂晓时辰》，桂林：广西师范大学出版社，2015年。

④ 吴钩：《宋：现代的拂晓时辰》，桂林：广西师范大学出版社，2015年，“自序 一个站在近代门槛上的王朝”，第15页；吴钩：《宋代中国已迈入了近代的门槛》，《意林文汇》2018年第24期。

⑤ [美]刘子健：《中国转向内在——两宋之际的文化转向》，赵冬梅译，南京：江苏人民出版社，2014年，第9页。

叶茂的老树，它有着超乎寻常的生命力，但是一个风暴的季节使它耗尽活力，只剩下维持自身生存和自我守护的力量，却依然坚定地成长着……

宋代的商品经济发展迅猛，被认为出现了中国资本主义萌芽，并使宋朝成为当时世界上最富庶的国家之一，而科技发展的成果相比于古代中国其他朝代也是独树一帜的，因此在哲学和科学领域，宋代在现代性方面都取得了巨大的发展和进步，并且宋代文化的普及度也是前所未有的，可以说宋代文化已经走进寻常百姓家。

从以上中外历史学者的高度评价和赞扬来看，或许我们有必要重新认识宋代……

宋代建朝之前，唐末五代君权薄弱，赵匡胤为防重蹈覆辙，改革科举制度，兴文重教，遴选文人儒客官居要位，同时通过消解掉兵权抑制武将发展，推行“兴文教、抑武事”[①]的国策，“致天下之治者在人才，成天下之才者在教化，教化之所本者在学校”[②]。这就为宋代文化和教育的繁荣提供了发展的机遇。“在宋代开国之前就提出了文为政经的观念。他们本人又是奖掖者，奖掖有志向的年轻人通过学和写作晋升。人们希望他们在士人中提高文学，解释文的重要性，在教育和文化标准衰落了一个世纪之后，提供文化成就的榜样。”[③]

二、中国文化塑形：宋明理学及其教育践行

有学者将宋代誉为中国的文艺复兴，尽管这一论断是否准确和依据是否充足，都需要进一步考证，但是宋代的科技文化成就在整个中国历史中无疑是相对突出的。今天我们提及中国传统文化遗产和标识时，会发现宋代创造了世界文化的若干个第一，也就是说，具有中国特色的世界遗产大多都是宋代创造或者在宋代达到巅峰的。

---

① 司马光：《稽古录》卷17。

② （宋）胡援：《安徽通志松滋县学记》，中国古代教育史资料，北京：人民教育出版社，1985年。

③ ［美］包弼德：《斯文：唐宋思想的转型》，刘宁译，南京：江苏人民出版社，2017年，第197页。

宋代文化的代表是宋学，漆侠先生曾指出，对于宋学的研究在中国学界还没有得到应有的重视，并且常常出现将宋学和理学相混淆的情况。对此，本师邓恭三先生在《略谈宋学》一文中，已经指出了这一问题，并提出“应当把宋学和理学加以区别”。宋学和理学之间的关系是，宋学可以包蕴理学，而理学仅仅是宋学的一个支派。[①] 在宋学创立过程中，“宋初三先生”之一的胡瑗对宋学起到了奠基作用，而在以往对胡瑗的学术思想的研究中却往往把宋学变成了理学的一个来源加以论证，使宋学的奠基人竟成了理学的附属存在，这是有悖于历史事实的。

作为宋代文化的核心，理学是宋代学术文化中最辉煌的成就之一，理学的产生和发展是一个积累、沉淀的过程。唐代，儒学的工作集中在传承自汉代的“汉学”。训诂、考证是汉学的基本研究方法。因此，“汉学”也被称作“章句之学”。因而，理学在中国传统文化的积淀和定型方面起到的是承前启后的作用。

理学在宋代被称为新儒学，宋代儒学是继先秦儒学、汉唐儒学发展而来的，学派林立，频现鸿儒。在宋代以前，周公与孔子并称，自宋开始，才以孟子和孔子并称，周代的时间是八百多年，而且最为兴盛，在文化方面比夏、商两代文化贡献突出，儒家礼乐制度是在周初确立的。宋代儒学“从天人之辨到理气、心物之辨是中国古代哲学的一次大的主题转换，是中国哲学发展阶段性的一个重要标志。”[②]

唐太宗认为儒学门类多，章句繁多，就让颜师古编纂《五经定本》，以正文字，但是却囿于章句之束缚，为赵匡、陆淳等有识之士所诟病，他们极力推崇“舍传求经”，到了宋代，进一步得到了“宋初三先生”等儒学家的认可与推行，与唐代的儒学复兴一致。但与此同时，人们也对传统儒学进行反思。他们逐渐摆脱了汉儒“章句之学”的束缚，从经的要旨、大义、义理方面达到通经的目的，“章句之学”转向“义理之学”，此时也称为“宋学”。以韩愈、李翱、柳宗元为代表的儒学家们，将儒学与道家学说相结合，建立

---

① 漆侠：《宋学的发展和演变》，北京：人民出版社；石家庄：河北人民出版社，2011 年，第 5 页。

② 方克立：《〈中国宋代哲学〉序》，《中国哲学史》1993 年第 2 期。

“道统”说，也将佛教的观点引入儒学，实现“援佛入儒”，兼收并蓄地将儒、释、道三者有机地统一起来，构建了独一无二的理学体系。

尽管理学曾受到官方的打压，但儒学在民间以书院的方式得以巩固和确立，直至最终被定位为正统。程学后人的学说在朝廷中因持道德保守主义而受到冷落和排挤，甚至受到官方的暴力压制，但是程学传人依然以自己的方式著书立说，建立书院，广授学子，使新儒学思想在民间得到广泛传播。当官学日渐衰落时，传授新儒学的私塾却遍地开花，程学逐渐走入寻常百姓家，儒学知识得到广泛普及和传播。几十年中，程学传人以传播和践行新儒学思想为己任，捍卫新儒学，与朝廷分庭抗礼，也经历了政治风暴的洗礼，最终“国家终于赋予他们的儒学以正统的光荣。在中国，这一正统在宋朝灭亡之后继续存在，直到19世纪末，其影响远播朝鲜、日本和越南。新儒家塑造了整个东亚的思想和价值观”①。

欧阳修在对儒家经典及注疏的质疑的过程中创立了义理之学，对宋代新儒学的生成起到了先锋作用。关于欧阳修在宋学中的地位，《宋元学案》专门有《庐陵学案》予以论述。漆侠先生在《宋学的发展和演变》中指出：“欧阳修对经学大胆怀疑，成为开风气之先的一代学者，对宋学建立起了重要作用。”②欧阳修的怀疑精神掀起了“疑古”和“疑经”的思潮。在欧阳修看来，既然儒学及其注疏存在疑义，那就应该放弃汉儒的“章句之学”，直接“师经”，以从根本上准确地把握义理。“夫世无师矣，学者当师经，师经必先求其意。意得则心定，心定则道纯，道纯则充于中者实；中充实则发于文者辉光，施于世者果致。”③

“宋初三先生”——胡瑗、孙复和石介——实践了欧阳修的疑古倡议，以经典为师，直接面对经典，充分挖掘经学的意义。清代黄宗羲著，全祖望补修的《宋元学案》将“宋初三先生”列于卷首，指出：“宋世学术之盛，安定（胡瑗）、泰山（孙复）为之先河，程、朱二先生皆以为然。安定沉潜，泰山

① ［美］刘子健：《中国转向内在——两宋之际的文化转向》，赵冬梅译，南京：江苏人民出版社，2014年，第76页。

② 漆侠：《宋学的发展和演变》，北京：人民出版社；石家庄：河北人民出版社，2011年，第178页。

③ 乐爱国：《宋代的儒学与科学》，北京：中国科学技术出版社，2010年，第16页。

高明，安定笃实，泰山刚健，各得其性秉之所近。要其力肩斯道之传，则一也。”[①]这三个人都曾受到范仲淹的举荐，并在范仲淹门下，因此有学者认为“宋初三先生”的治学精神“实是本之于范仲淹”，“范仲淹实为宋代复兴儒学的第一人”[②]。范仲淹改革科举，兴办学校，使儒学得以复兴，成为宋学的初创人。

（一）宋代儒学理念的践行路径

北宋时期，理学处于形成时期。宋代儒学学派林立，比较有代表性的有王安石的荆公新学，以司马光为代表的温公学派，以苏轼为代表的蜀学派，以及以周敦颐濂学、邵雍象数学、张载关学、二程洛学为代表的理学。在儒学中占主导地位的是王安石的荆公新学。理学发展的鼎盛时期是南宋。朱熹通过文本建设，博采众家之长，消除分歧，接着确立自己的道德观，抬高周敦颐的地位。最后，朱熹建书院，行祭礼，培养习性，规范民俗乡约的实践，使自己的理学的价值理念思想落地生根，把自己对儒家价值的确认转化到包括仪式在内的制度和机制层面，并在书院中以普及教育的方式传播推行。

朱熹理论的普及与传播。朱熹的教育理念始终以社会生活和普通老百姓的日常生活作为切入点，自下而上地推进，使儒家思想的渗透路线，始于社会生活的日常，以此来引导民心。这也许是朱熹的观念深远广播的重要基础。钱穆曾指出：“唐末五代结束了中世，宋开创了近代。”[③]于是，宋代理学在原有哲学的基础上，重建传统礼治秩序。

内圣经世路线的明确助力宋代儒学的发展。从秦汉到隋唐宋初期，内圣之学不是很盛行，秦皇、汉武、唐宗、宋祖们实践外王经世的决策，赢得了空前的显赫功名和政绩。但是随着君权统治的日益强化，统治者发现，外功固然重要，却不牢固。因为君权统治的基础要有和顺百姓的配合，即使统治者也需要心灵的修养。通过“格君心之非”，促使其行善政，从而“正心以正

---

① （清）黄宗羲原著，全祖望补修：《宋元学案》卷1《安定学案·序录》，北京：中华书局，1986年，第23页。

② 李存山：《范仲淹与宋代儒学的复兴》，《哲学研究》2003年第10期。

③ 钱穆：《宋明理学概述》，北京：九州出版社，2010年，第1页。

朝廷”。在理学的逻辑和理论框架内，正心诚意地内在“修身”，是经世的根本，只有“正心诚意”然后才可以谈治国和平天下，做到“正心诚意”才能“国泰民安”。

当时佛学盛行，心学奥义的研究促进内圣理念的推进。要充分发挥内圣的精髓要义，才足以与佛学的心学相抗衡。“周公创建的政教，终归属于外王而非内圣，所以当宋儒为对抗佛教，而深论‘性理’的奥义之时，他们必须抬出‘内圣’的代表思想家，于是，周公被放弃，而代之以讲内圣之学的孟子，这是中国哲学史上的一大关键。”[①]

（二）宋代儒学的践行：形而上的教育理念的实践植入

北宋时期重视教育，有过三次兴学运动，并创立官方太学，治理国子学，改革和健全科举制度，建立由专人负责专门管理的教育机构，规范教育内容与授课形式及方法，建立选拔优秀的制度。在民间，学馆、私塾、书院，不一而足，尤其是宋代书院兼具授课、藏书、研讨等诸多功能，并且数量较多，也具有了一定的规模，成为儒家学者授业解惑和学派交流对话的重要场所，培养和成就了众多鸿儒大家。

朝廷还诏令各州县都设置学官，并掌管学政，划拨学田作为教学经费的来源。“自仁宗命郡县建学，而熙宁以来，其法浸备，学校之设遍天下，而海内文治彬彬矣。”[②]可以说宋代教育达到了前所未有的普及程度，形成了从上到下，从官方太学到民间私塾的相对完整和健全的教育体系。这一系列的管理和保障，为宋代教育的发展创造了史无前例的优越条件，为宋代求学与读书营造了良好的社会氛围，可以说，在民间的普通老百姓中基本实现了“谈笑有鸿儒，往来无白丁”的中国古代文人的美好愿景。

“宋代之具有一种普遍之集体意识，来自‘阶级感’之淡化，从而使‘民’（‘百姓’）之意识，逐渐成为奠立‘社会共同体’之基础。宋儒以《大学》一篇作为‘平民教育’之理念模板，即是由此出发。而‘民’之意识之

---

① 张全明、李文涛：《宋史十二讲》，北京：中国国际广播出版社，2009 年，第 146 页。

② （元）脱脱等：《宋史・选举志》，北京：中华书局，1977 年，第 3604 页。

上升，其理想性，则表现为宋儒所谓‘成德’之理念。所谓‘成德’，即是接受教养，将自身发展成为具有独立‘存在意义’之个体。此一集体共享之理念，透过‘教育’与‘文化传播’之方式深入人心；……此种透过‘儒家教化’所形成之效应，与‘基督宗教’对于西方社会之深远影响，有其于‘社会功能’上类近之处。”①

宋代关于科学发展产生重要影响的教育观念中，胡瑗的“苏湖教法”中的分斋教学有着重要的影响，这是胡瑗教育思想中最富有创新意义的内容。在笔者看来，这是宋代科学辉煌发展的重要基础。胡瑗的分斋教学中的“明体达用”，实现了教育践行的制度表达，在他主管的学校里，分为“经义”和“治事”两斋。

“经义（斋）则选择其心性疏通，有器局，可任大事者，使之讲明六经。”②也就是说，经义斋主要是对六经经义的学习，通晓儒家思想，可以作为治国安邦和治国理政的统治人才，服务朝政，为国家出谋划策。专门“明夫圣人体用以为政教之本”，把既蕴含着“君臣父子礼乐刑政”的“儒家之道”，又蕴含着如何致用的儒经探索放在首位，并引导儒生士大夫由此走上一直向往的“内圣外王”之道。③

“治事斋”则是“一人各治一事，又兼摄一事”（或专或兼，各因其所长而教之——《四库备要》本注）。如果说“经义斋”是对儒经理论的探索，那么‘治事斋’是对具体问题的研究。“如治民以安其生，讲武以御其寇，堰水以利田，算历以明数是也。”④这一分斋本质上就是我们现在的理工科和管理类。

“胡瑗的分斋教学和在治事斋中设立主、副科的教学制度是一项重大的创新，他把民、兵、农、算等实用学科正式纳入正规学校之中，与经义斋处于同等的地位，改变了以儒经为主的单一的教学制度。”⑤同时，胡瑗还把具有

① 戴景贤：《论宋代文化之基本形态及其在中国史上之位置》，《长江学术》2015年第3期。

② （清）黄宗羲原著，全祖望补修：《宋元学案·安定学案》，北京：中华书局，1986年，第24页。

③ 《漆侠全集》第十一卷，保定：河北大学出版社，2008年，第429页。

④ （清）黄宗羲原著，全祖望补修：《宋元学案·安定学案》，北京：中华书局，1986年，第24页。

⑤ 毛礼锐、沈灌群主编：《中国教育通史》（第三卷），济南：山东教育出版社，2005年，第89页。

共同爱好和学习旨趣的人“类聚而别居之”，就共同关心的话题，一起研讨。

这一新型的教育制度在中国教育史上产生了重要影响。例如，明末清初颜元为漳南书院拟定的教育计划，分设文事、武备、经史、艺能、理学和帖括等六斋，就是对胡瑗分斋教学的继承和发展。分斋教学和主副科制度在世界史中也有重要的意义，实际上可以看作我们现在的文理分科、选修、必修课程制度设立的先声。“最先创立并实施分科教学和必修、选修制度的是中国的北宋时期，早于世界各国四百年之久。”[①]而且，这一制度事实上提高了治事各科的地位，为自然科学和专业技能的教育和发展开辟了道路，这在中国教育史上是具有划时代意义的，对于中国的科学发展也是重要的里程碑。但很可惜，“明清之后，由于封建制度逐步走下坡路，统治者的注意力更集中在控制思想维护统治地位，致使这种先进的合理的教学制度长期被扼杀了”[②]。

“从实行分斋教学，发展到创办武学、算学、律学、医学、画学等专科学院，培养实用专业人才。这在中国的教育史上不能不说是一个卓越的贡献。”[③]胡瑗的教育理念体现了崇实、务实、理论联系实践的教育主张，他的教育思想值得我们深入探讨。

“经学笺注”在汉唐倍受推崇，学界和教育界都埋头于名物训诂，尊崇浮华文辞，到了宋代，则对此持批判的态度，认为这一学风有违圣贤之遗志，对世用无补，尤其在兴学运动的推动下，实施教育改革，“经学笺注”走向没落，代之以“明体达用”，倡导经世致用。胡瑗是这一学风的先驱者之一。

简单地讲，“明体”就是领会圣贤之意，理解六经等儒家经典的道理，掌握仁义礼乐等封建伦常道德的基本内容和要求，“达用”的意思是实践这些精神、道理和内容，作为修身、应世的指导思想，即“学以致用”。胡瑗实现了儒生们对“内圣外王”的最高理想的实践，程颢正是从这一内心修炼的最高理想出发，逐渐形成理学一派。[④]如此，理学成为宋学的一个重要支派。

这一教育思想对后世产生了极大的影响，以程朱为代表的理学家强调“穷理以致其知，反躬以践其行”，实质上是胡瑗“明体达用”思想的扩展。

---

① 毛礼锐、沈灌群主编：《中国教育通史》第3卷，济南：山东教育出版社，2005年，第90页。

② 毛礼锐、沈灌群主编：《中国教育通史》第3卷，济南：山东教育出版社，2005年，第90页。

③ 朱保书：《辉煌的宋代文化》，《开封大学学报》2008年第4期。

④ 《漆侠全集》第6卷《宋学的发展和演变》，保定：河北大学出版社，2008年，第10页。

不过，程朱理学把“明体”转化为“穷理”，作为强调读书的依据。而王安石及陈亮、叶适等则更关注“达用”并发展为经验主义和功利主义，直到明清之际的王夫之、颜元等人也受胡瑗“明体达用”思想的影响，并发展为“经世致用”。[①]

至此，宋明理学对中国文化的塑形从理念到践行，从士的阶层，到以书院的方式制度化、实践化，迅速地拓展和传输到寻常百姓的家里，成为教育后代的标配，进而完成了对中国文化的完整塑形。

三、文化的制度土壤：宋代科举制度与书院

（一）宋代科举制度的革新

科举制度在唐代时尚属初创，开始采取科场考试的方式，而最终能否被录取，并非以卷面上的成绩来决定，而是以荐举制为主，只有公卿大臣才有权推荐举人，最终是否可以录取由士族决定，这样就使新晋升的士与旧士之间相互勾结，依靠优越的社会地位掌控着录取权力，由于这种举荐的程序所限，其实只有为数很少的人能够走上仕途。而对于大多数平民来言，这是一条可望而不可即之路，其弊端也尽显无遗。

宋代则对科举制度进行了大刀阔斧的改革，朱忠礼曾比较了三个方面的不同。[②]首先，取消了门第限制，扩大了取士范围，太宗淳化三年（992年）朝廷明诏规定：“国家开贡举之门，广搜罗之路……如工商、杂类人内有奇才异行，卓然不群者，亦许解送，或举人内有乡里是声教未通之地，许于开封府、河南府寄应。”[③]这一诏令使原本没有考取士人权利的平民有了参与的机会，南宋时期，范围进一步扩大，基本上取消了身份限制。

其次，为保证公平竞争，建制根除举荐遗风。为克服“向者登科名级，多为势家所取，致塞孤寒之路”[④]这一弊端，赵匡胤在“收回取士权的同时，

① 毛礼锐、沈灌群主编：《中国教育通史》第3卷，济南：山东教育出版社，2005年，第88页。
② 朱忠礼：《科举制度与宋代文化》，《历史研究》1990年第5期，第120—122页。
③ （清）徐松辑：《宋会要辑稿》，北京：中华书局，1957年，第4490页。
④ （宋）李焘：《续资治通鉴长编》，北京：中华书局，1995年，第36页。

废除‘公荐’制度，严格考试程式，特别是推行封弥、誊录之法以后，从而保证了科举考试中‘一切以程文为去留’这一公平竞争原则的实施”。欧阳修说：“窃以国家取士之制，比于前世，最号至公，盖累圣留心讲求曲尽……不问东西南北之人，尽聚诸路贡士混合为一而惟才是择，各糊名、誊录而考之，使主司莫知为何方之人，谁氏之子，不得有所憎爱厚薄于其间……其无情如造化，至公如权衡，祖宗以来不可易之制也。”①

最后，对考试内容进一步规范和调整。宋代朝廷内部曾围绕到底如何取士进行过长期争论，但一直没有得到宋高宗的认可，他认为：“文学、政事，自是两科。诗赋只是文词，策、论则须通之古今，所贵于学者，修身、齐家、治国以治天下。专取文词，亦复何用？”乃诏省阁，“其程文并须三场参考，若诗赋虽平，而策、论精博，亦不可遗”。于是，仅凭诗赋取士的局面从此结束。

“绍兴三十一年（1161年），进士科最终被分成经义与诗赋两科，各兼以策、论，从而使经义、诗赋和策论在进士科考校中几乎占了同等重要的地位。随着考试内容的多样化和以大义代替墨义，读书人光凭背诵儒家经典或擅长吟诗作赋已难以取得科第，唯有开拓知识面，培养独立见解和分析能力，才有可能在激烈的科场竞争中取得胜利。”②

“在1057年，为了促进经典的学习以树立道本，增加了明经科，用意在于逐渐取代诸科，以回到唐代科举中进士和明经的双轨体制。明经并不仅仅被设想为一个记诵的考试，而是要考察讨论经典‘原理’的能力，这些经典被指定出来让士人研究。在此之前，诸科的应举者只需要对被考察的经书文献（和注疏）有完全墨守因循的了解。没有人让他们表达意见，或展示原创的才能；在声望上，这些科目没有一个能与进士科相比。”③也就是说，这一举措使科举的目标和要求中，有了对“为什么”的追问与思考，而不仅仅停留于记诵。宋代不提倡古文之学，而是继承了唐代的文学和文献的写作传统。

宋代统治者对科举制度的改革举措，在主观上是为其实现治国目标、加

---

① 《欧阳修全集》第4册，北京：中华书局，2001年，第1716页。

② 朱忠礼：《科举制度与宋代文化》，《历史研究》1990年第5期，第122页。

③ ［美］包弼德：《斯文：唐宋思想的转型》，刘宁译，南京：江苏人民出版社，2017年，第194页。

强和巩固以文治国、推行文治政策服务的，但在客观上促进了中国文化的推广与普及，仅就无门槛招揽人才这一项改革而言，就使普通老百姓对之前可望而不可即的仕途道路燃起了希望。这项改革，成为底层百姓摆脱阶层限制，实现政治抱负与治国理想的现实途径。在这个过程中，对古典文献的不断挖掘与阐释，接续和传承了中国的传统文化。

当然，科举制度的弊端也备受诟病，如被批判为过分重视文才。科举科目的设置上以文科为主，认为文采可以反映出一个人的潜力，并以此为标准来预测其为官的素质，尽管这也是成立的，但确实有失偏颇。科举考试这个制度本身也有种种弊端，也或许是因为没有找到比科举考试更好的办法，所以只好退而求其次，“惟一可行的，只有推广他们所认可或亲自撰写的解经著作，对考官和考生尽可能地施加影响。换句话说，他们不得不接受现行制度的躯壳，寄希望于由内而生的力量来改变其内质”①。因此，在客观上带来了阻碍中国科学技术发展的一系列问题。

但无论如何，宋代对唐代科举制度的改革，为平民实现自己的阶层跃升等理想提供了一条可行且具有极大操作性的途径，在这个过程中，读书、学习的习惯养成，甚至成为一种生活与生存方式。因此，科举制度的改革对于宋代文化的提升有着重要的引导和推动作用，一定程度上也使社会文化程度普遍得到了提高。

（二）宋代书院：形而下的教育机构的普及

宋代书院在教育和儒学知识普及方面起到了巨大作用。“宋代共有书院515所，其中73所确考为北宋书院，317所为南宋书院，125所分不清属于南宋还是北宋只能统称为宋代书院，而唐五代只有70余所书院，不及宋代的1/7。”②南宋时期，书院总数高达442所，约为北宋书院的6倍。③

---

① ［美］刘子健：《中国转向内在——两宋之际的文化转向》，赵冬梅译，南京：江苏人民出版社，2014年，第139—140页。

② 白新良：《中国古代书院发展史》，天津：天津大学出版社，1995年，第4—17页。

③ 邓洪波：《中国书院史》，上海：东方出版中心，2006年，第110页。按白新良估计，南宋新建书院299所，不详建于何时、但在南宋有教学活动的书院有125所，复建唐五代、北宋书院18所。参见白新良：《中国古代书院发展史》，天津：天津大学出版社，1995年，第10—16页。

在宋代所形成的“五尺童子耻小言文墨”的社会氛围，以及科举制度所倡导的“遗子黄金满籝，不如一经”①的社会价值观的影响下，无法进入或者不愿意就学于官学的士人便到书院和私塾就读，正如朱熹所说，“予惟前代庠序之教不修，士病无所于学，往往择胜地，立精舍，以为群居讲习之所”②。面对士人的求学渴望，出现了创建书院的热潮，涌现诸如白鹿洞、嵩阳、岳麓、石鼓、睢阳、泰山、茅山等著名书院。③

宋代书院对于理学的形成与传播起到了重要的作用，开创了中国古代学术传播的新平台，促进了理学与教育的互动，一方面促进了教育的规范化、普及化的发展，另一方面使理学得到广泛普及和认可，促进了教育与文化的大力发展。

宋代的教育机构以书院为主，教育的选拔制度是科举制度，构成宋代教育体制的主要架构。宋代的科举制度进行了若干改革，改变了仅以诗赋考查人才的科举形式，导向对经世致用学问的重视，客观上促进了教育的发展，社会上受教育的平民比例提高，促进了社会整体素质的提升。自此，高质量的教育步入寻常百姓家。

四、宋代科技发展的艺术情境

宋代被誉为中国的文艺复兴时期，时间早于意大利文艺复兴运动，按照时间推算，西方此时正处于中世纪。当然，宋代与欧洲的文艺复兴运动是否具有可比性，或者可比性的依据是否充分，当然有待于进一步考察与论证。但是，宋代是一个艺术绽放的盛世确实是不争的历史事实。同时，关于宋代呈现出近代性的诸多特征，近年来也被一些学者研究和探讨。

从宋人对生活质量的追求上来看，宋代讲究和追求高端生活质量，这种讲究不是仅限于部分王宫官宦群体，而是普及到普普通通的老百姓中。在宋代，即使是对前人的继承，也同样继承出了新境界，尤其是在美学上留下了

---

① 班固：《汉书》卷37，《韦贤传》，北京：中华书局，1978年，第3107页。

② 朱熹：《朱熹传》卷79《衡阳石鼓书院记》，成都：四川教育出版社，1996年，第4123页。

③ 李兵、黄艳：《科举应试：北宋前期书院教学的主要指向》，《大学教育科学》2014年第9期。

重要的历史痕迹，并对后世产生了深远影响。

这一时期的文化艺术成为宋人生活的日常，“每日开门七件事”，“盖人家每日不可缺者，柴米油盐酱醋茶”[①]，成为文化发展、繁荣和传承的重要基础。例如，喝茶和茶生意古已有之，但是讲究“茶道”即茶和禅的融合，则始于宋代，甚至讲究到极致，仅喝茶之水就分为18种之多……就茶艺而言，就有若干事情被老百姓所津津乐道，如有“点茶”（这一饮茶方法不同于今天冲泡茶叶，而是把茶研成粉末，以水冲之），有“分茶”（一种将“点茶”点出新花样的高超技艺），还有“斗茶”，由此催生了大量的“茶坊”，与之相匹配的典雅的茶坊布置、书画等随之兴起，需求也与日俱增，甚至茶坊中出现了一些歌舞演出，等等。这其实蕴涵着“喝茶”这件事背后的格调和意蕴的茶文化。

又如戏曲，戏和曲的结合。宋词是因音乐而生的，不少词人既是词人也是音乐家，如北宋的寇准，南宋的辛弃疾。新的节日如雨后春笋般出现，如花朝节、赏花节等。宋瓷创造了中国瓷器的高峰。南宋绘画更是因其独有的风格和特点而有独立称谓“宋画”。哲学上的程朱理学在宗教上，也呈现出儒、释、道合一，综合与兼收并蓄的趋势。如果仅是个别领域的繁荣，也许不足为奇，但宋代却呈现出“百花齐放，百家争鸣”的艺术盛世局面，并且能够综合在一起，在宋代集中出现，到底是哪些动因促成了这些艺术形式同时绽放，是一个值得我们深挖的问题……

宋代文化对社会观念产生巨大影响，主要体现在以下三个方面：

一是宋代艺术对“理”的追求。绘画对写实的追求，对鸟的羽毛的细致勾画，对鱼的鳞片的认真雕工，都是“造理”的一种，反映了艺术家对自然界的细致观察，并力求真实地刻画和表达，格物致知，以理察物。

宋明理学的发展对宋画影响较大，前面介绍宋明理学时提到，格物致知是一个过程，是为修炼心性，即由“人心”到“道心”的过程的磨炼。其最终目的在于最终的境界的提升，也就是观物的目的在于察己。但是，因为格物才可以致知，这一理念“掀起了前所未有的宋人研究客观世界之物理事理的热

---

① 刘坤、赵宗乙：《中国古代民俗（二）》，哈尔滨：黑龙江人民出版社，2006年，第152页。

情。这对于以描绘客观现实为对象的美术来说当然有重大的实践意义”[①]。

宋代理学对宋代画理产生了重要影响。“作画要做到能分出月季花之‘四时朝暮’的区别，孔雀登高要先举左脚，其精致准确，此种‘物理’‘事理’的讲究前无古人，显然与当时流行格物致知的理学倾向有关系。”[②]

同时，宋代文化艺术的风格表现为低敛、内收，讲求“意境”，力图透过画面表达一种情绪和意境，或者借此抒发一种情感和思绪，这在诗词中的体现尤为明显。从画面中所反映出来的人与自然界的关系，人是敬畏自然界的，在画面中人在自然界面前很渺小，以说明人对自然界所应保有的谦卑和敬畏。

二是宋代的艺术不仅仅限于固定的阶层，唐代的艺术是限于一部分人的艺术，宋代的艺术不再仅是王公贵族的奢侈品，而拓展成为寻常百姓生活的日常，反映出宋人对美之追求极其普遍，到南宋时甚至做到了高雅艺术与民间市井文化各自占有一席之地，互不干扰，为中国美育的产生奠定了基础。雅俗分流，各取所好，在笔者看来，这是宋代艺术和美学发展速度快的一个重要推动力，也就是上至皇帝，下至黎民百姓，都对艺术美有着强烈的需求，这样才能在全社会中形成一种氛围与风气，推动着艺术取得更大的进步，并最终形成一股巨大的潮流，融入百姓的生活，覆盖百姓人家的日常起居，并随着百姓的消遣，于瓦舍勾栏中逐渐生长出来，成为社会生活中的一种方式和习惯的场景，从而深入人心，渗透到百姓的骨子里。例如，茶道就是“茶艺”和“禅道”的统一，成为老百姓的日常习惯。这方面和文艺复兴的情境有着相似性。

三是艺术本身就是对自由的诠释，按照心情去绘画、练习书法及赋诗，可以借其抒发情绪，绘画中体现为对意境的追求。贡布里希对12—13世纪的中国绘画艺术给予了极高评价与总结，他认为中国的艺术是为了辅助“参悟”这件事，这与佛教有直接的关系，他说：“虔诚的艺术家开始以毕恭毕敬的态度画山水，不是想进行什么个别的教导，也不是仅仅当作装饰画，而是

① 林木：《穷理尽性观物察己——宋代理学与宋画之理》，《艺术探索》2018年第1期。
② 林木：《穷理尽性观物察己——宋代理学与宋画之理》，《艺术探索》2018年第1期。

给深思提供材料。"[①]贡布里希认为这是中国12—13世纪最伟大的风景画所蕴含的意图，他认为这与中世纪艺术宗教画的目的是教导人们未来是什么样的，有着明显的不同。"中国艺术家不是户外去面对母题坐下来画速写，他们竟用一种参悟和凝神的奇怪方式来学习艺术，这样，他们就不从研究大自然入手，而是从研究名画的作品入手"，首先学会"怎样画松""怎样画石""怎样画云"，"只有全面掌握了这些技巧以后。他们才游历和凝视自然之美，以便体会山水的意境"。[②]从而意境、神韵就成为宋代艺术的重要美学范畴与特色。当然，这样临摹名画和注重传统的代价往往是导致缺乏创新，亦步亦趋，难免缺失自由与灵活，但却体现出与同时代的宗教画作迥然不同的风格。传世的宋人山水画，无一不体现出淡泊静谧、幽深渺远的浓郁意境，追求一种旷远清空、远离人世的超尘脱俗感，以勾勒、物化出天人相融、物我两忘的人生哲理，染有浓郁的禅意道心。

宋画遍布在市民生活的方方面面，雅俗共赏，诗词、绘画也弥漫在寻常百姓家，流淌在人们的日常生活中，借以舒朗身心！从宋代的社会经济发展、科技成就和文化艺术成就来看，尤其到南宋，精英阶层规模壮大，人口膨胀，城市化进程加速，艺术的社会功能强大，人们关注知识，想了解更多的知识，应用科学发展令世界瞩目，科技知识也被老百姓经验并实践着……这让我们没法不联想到意大利的文艺复兴。

遗憾的是，这些成就被后来的蒙古铁蹄蹂躏。大众意识里的历史定论是，这一悲剧结局是由于南宋的"孱弱""苟安""屈辱"。但是上述种种让中华民族骄傲、世界赞叹的科学成就与艺术瑰宝，大多在南宋取得很高成就，甚至是发源于南宋。

从人类文明史来看，宋代一直推行"同风俗，一道德"，通过这种教化的渗透，把原本是上层士大夫认同的文明、伦理和道德等价值观，扩散到整个民众中间，并且构成汉文化认同的标准的统一性。例如，宋代官方发布了很多法令禁止淫祠淫祀，客观上对于破除迷信、崇尚科学普及起到了重要的推动作用。

---

① [英]贡布里希：《艺术的故事》，范景中译，南宁：广西美术出版社，2008年，第150页。

② [英]贡布里希：《艺术的故事》，范景中译，南宁：广西美术出版社，2008年，第153页。

宋代对文官的扶植，使士绅阶层的队伍无论从数量上还是规模上都达到了前所未有的高度，而这一阶层是国家利益的集中体现。同时理学以书院、学馆和私塾为载体，传播路径无比顺畅，使新儒学与士绅阶层密切结合，儒家文化在宋代达到了新的统一的高度。

因此，这也是本书选取宋代来着重研究的重要依据。现在我们说"传统文化""文化传统"，其实不仅仅是指先秦两汉的汉文化，而更多的是宋代以来所塑造的模版。"宋代以及以后的明清，逐步形成了一整套规则、观念和经典，这就是历史过程中被建构起来的'文明'，它一直在影响着我们，也被我们当做资源解释、阐发。所以，从唐宋开始，到元明落实的变化，应当是中国文明史研究的一个重心，它和西洋文明进入中国一样，导致了千年未有之大变局。"①

因而，从文化普及的深度与广度来看，宋代文化渗透至民间，且根深蒂固。把宋代看作中国文化的定型期是有着历史和逻辑依据的。

据考证，宋代"积贫积弱"的帽子，在宋代无人提出，甚至王安石等变法派人物，尽管罗列了诸多社会弊端，但是未见有人提出"积贫积弱"一说，元代和明代也未见提及，对宋史有独特见解的王夫之在《宋论》中认为"仁宗之过于驰而积弱，实不在贫也"，但是经过宋仁宗四十多年的积累，到了宋神宗时，王安石已经认为，"以今日之力，用今日之财，西北之事，无不可为也"。可见，宋代并不贫也。这一说法也许起于钱穆，在他的《国史大纲》中，钱穆认为宋代始终摆脱不了贫弱之势，后来翦伯赞将"积贫积弱"作为一个词组提出来，他们的著作作为教科书，影响极广。

如果从民族伟大复兴的定位来看，宋代已经做到了国家富庶、民族振兴、人民幸福。对比起来，对于南宋后来的衰落，或许可以简要概括为：南宋富而不强，正如纪录片《南宋》解说词所说的，繁荣需要和平，和平要有强大的力量作为保障。而"民族振兴、人民幸福"这两条还是值得我们做深入系统研究的，毕竟南宋所创造的中国的辉煌就是最好的证据。

南宋的科学成就与艺术造诣和文艺复兴有很多相似之处，但在时间上，

① 张全明、李文涛：《宋史十二讲》，北京：中国国际广播出版社，2009年，第12页。

至少要比意大利文艺复兴（当时是中国的明朝中后期）早约200年时间。上文探讨过，文艺复兴成为近代科学兴起的重要人文情境之一，宋代的科学成就与艺术造诣又可以成为我们研究科学与艺术关系的重要佐证。

研究科学与文化艺术的内在关联，艺术对人的熏陶，通过对人的影响而影响社会，影响经济发展，影响科学技术。科学与艺术的内在关系值得我们深挖，并客观地评价其不足和优越，才真正是我们以史为鉴的重要依据和诉求。尽管今非昔比，但是有些内容不会因朝代的更替而失去意义，也不会因时代的变迁而不复存在，恰恰是在历史长河中沉淀下来的人类文明的足迹，才是人类文明的价值所在。

正如陈寅恪所言："尚气节而羞势利，天水一朝之文化，竟为我民族永远之瑰宝；华夏民族之文化，历数千载之演进，而造极于赵宋之世。后渐衰微，终必复振……"[①]

五、宋代儒学与科学技术

现在，人们往往将科学与技术放在一起来讲，但从人类的科学技术发展来看，科学与技术是两个完全不同的概念。在古代，科学与技术分属于两个不同的领域，现代之所以把科学与技术放在一起，根本原因之一在于，今天科学与技术的关系越来越紧密，从科学到技术的周期越来越短。

但从严格的意义上讲，科学与技术无论从产生到研究对象、发展规律和功能都有着本质的区别。人类的科学与技术走向科学技术，19世纪的科学革命和技术革命的爆发可以看作是明显的分界点，科学革命引起了技术革命，科学第一次走到技术的前面，自此以后，科学与技术并驾齐驱，甚至基本上是科学引领技术。

从现代科学角度来看，中国古代更偏重技术，服务于社会实际应用，或者说是实用科学。当然这是从西方科学范式来看中国科学技术的视角，但如果从人类文化发展的角度来看，把科学技术仅仅看作是人类文明进步的物化

① 王剑冰：《大象中原》，郑州：大象出版社，2018年，第177页。

成果，那么文化则是人类文明的本质和核心，如果立足于文化的角度来研究和阐释中国的科学技术发展，我们也许会有不同的答案……

本书之所以选取宋代，也是从科学技术和文化影响程度来看，宋代科学技术的影响可以说是世界性和历史性的。正如英国哲学家弗朗西斯·培根曾指出的："我们应该注意到这些发明的力量、功效和结果。人们将看到，这些发明远不如三大发明那么显著；这三大发明古人并不知道，它们的起源，即使现在仍模糊不清，无人知晓，它们是：印刷术、火药和磁铁。因为这三大发明前者在文学方面，中者在战争方面，后者在航海方面，改变了整个世界许多事物的面貌和状态，并由此产生无数变化，以致似乎没有任何帝国、任何派别……能比这些技术发明对人类事务产生更大的动力和影响。"① 尽管弗朗西斯·培根在提及三大发明时认为其来源模糊，但就整个科学史的记载来看，这三大发明在宋代得到长足的发展，比欧洲早三百多年的时间。

宋代由北宋和南宋两个时期组成，南宋时期是"海上丝绸之路"最为繁华之时，"海上丝绸之路"在南宋获得了实质性的大发展，已形成有国际影响的中西交通干线作为交流媒介，是科学与文化交流和传播的重要基础。南宋的造船技术也堪称一绝。在广东泉州发现的"南海一号"是当时造船技术的见证，并留下了众多的文化遗产。

火药的改进和使用同样意义重大，"火药"一词最早见于北宋年间的《武经总要》，其实在唐末战乱中火药已小范围使用，而到了宋代，火药本身配方的改进及用火药制造的兵器也取得巨大进展，如"铁火炮""突火枪"等，大大提高了杀伤力和破坏力而被广泛地应用于军事战争中。

但遗憾的是，面对潜力巨大的火药，宋代以后的统治者并没有大力发掘，反而用火药来制造供贵族娱乐的烟花爆竹。而在欧洲，火药的命运则大相径庭，被用来制作先进的洋枪火炮，这些武器将以国王为代表的封建势力打出历史舞台，并最终建立资产阶级制度，同时在开拓世界市场和海外殖民地的道路上，欧洲人用火药制造的武器打开了中国的国门……

依据目前的考证，宋代的天文历算中就出现了世界上最早的天文星图之

① 朱寰：《朱寰学术论文集》，北京：中央广播电视大学出版社，2008年，第398页。

一——《天文图》。在历法中《统天历》确定的回归年与现行的公历长度丝毫不差。数学以秦九韶的《九章算术》为代表。医学领域也留下了《政和本草》与《洗冤集录》等经典著作。

宋代的行业竟有440行之多，城镇数目增加，海外贸易发达，通商地区和国家多达50多个，出现了世界上最早的纸币“交子”。当初沈括的《梦溪笔谈》进入市场销售，是经费和资金紧张所致，但是却迫使该书进入商业化运作初期阶段，也使之传播的速度大大快于非商业时期。

宋学在理论上相对于汉学，实现了从句章到义理的变革，这是一个巨大的变革，同时相对于汉学而言，宋学强调理论研究与实践应用相结合，从宋学的创立到发展，从范仲淹到王安石，一再重申和强调把经世致用的经学学问运用到社会实践中，也就是把学者们所尊崇的“内圣外王”理念付诸行动与实践。北宋的宋学十分兴旺，一定意义上来源于这一理念的引导。但是到了南宋，宋学走向衰落则与宋学蜕变为理学关联度很大，因为理学仅限于“道德性命”的空谈[①]，从而使经世致用的知识与社会政治生活相脱离而失去了实践的维度。那么，宋代儒学对科学技术的发展有何影响呢？

一方面，宋学“疑古”“疑经”的思潮对科学技术产生了较大的影响，“疑经”是宋学的突出特点。宋代儒学家对经典著作大胆怀疑，欧阳修是其中的代表，他的《易童子问》是宋人第一“疑古”文章。他认为《易·系辞》并非孔子所作，并且是基于大量的史料考证，当然，他对于注疏就更加持怀疑态度。这一宋学的理念对思想界的影响是很大的。

沈括被誉为“中国整部科学史中最卓越的人物”[②]，北宋的科学家，“中国科学与工程史上最多才多艺的人物之一”[③]。通过沈括的著述能够看出他对于宋明理学的“理”有所研究并十分推崇。沈括在《梦溪笔谈》中多次谈及欧阳修，如《梦溪笔谈》卷九《人事一》记录了当时欧阳修反对效仿文章之风的呼吁和努力；《梦溪笔谈》卷一五《艺文二》对欧阳修“好推挽后学”的事迹给予高度赞扬。这些可以证明，尽管没有看到文字记载沈括和欧阳修的

---

① 《漆侠全集》第6卷《宋学的发展和演变》，保定：河北大学出版社，2008年，第5页。

② [英]李约瑟：《中国科技史》第1卷《总论》，北京：科学出版社，1975年，第289页。

③ [美]席文：《为什么中国没有发生科学革命？——或者它真的没有发生吗？》，《科学与哲学》1984年第1辑。

直接私交，但是可以看出沈括对欧阳修的推崇。以此推理，沈括不可能没有关注到欧阳修所掀起的“疑古”风潮，至少可以认为二者有着共同的态度。沈括的科学研究具有科学怀疑的态度，而且沈括的怀疑精神以事实作为基础。对于前人的观点，沈括往往会加以验证。例如，对于当时《神农本草经》中所记载的草药“野葛”是否具有毒性的说法不一，并且有人误食中毒。为此，沈括“尝令人完取一株观之”，最后断定“此草人间至毒之物，不入药用”。[①] 由此可见沈括的研究理念与当时儒学中“疑古”“疑经”的情境影响。

对于“求理”的追求。朱熹是宋代理学的集大成者，其所在年代为南宋。从师承来看，二程之学传于杨时，又传罗从彦，再传李侗，后到朱熹，从思想脉络上看，朱熹更多的是继承二程，所以称“程朱理学”，尤其是在科学研究方面继承了“穷物理”的思想。朱熹早期对科学研究不是很重视，但他后期十分重视科学研究，形成了自己“格物致知”的观念，具体体现在《大学章句》中的“格物致知”补传：所谓致知而格物者，言欲至吾之知，在即物而穷其理也。盖人心之灵，莫不有知，而天下之物，莫不有理。惟于其理有未穷，故其知有不尽也。是以《大学》始教，必使学者即凡天下之物，莫不因其已知之理而益穷之，以求至乎其极。至于用力之久，而一旦豁然贯通焉，则众物之表里精粗无不到，而吾心之全体大用无不明矣。此谓物格，此谓知之至也。[②]

朱熹认为天下万物皆有理，所谓“理”就是“所以然之故与其所当然之则”[③]。朱熹的“理”包括天下万物，也包括自然界的万物。此外，朱熹很重视事物各自不同的“理”：“万理虽只是一理，学者且要去万理中千头百绪都理会，四面凑合来，自见得是一理。不去理会那万理，只管去理会那一理……只是空想象。”[④] 朱熹此处对于自然之理，或者规律的认识已经很深

① （宋）沈括：《梦溪笔谈》，北京：中华书局，1957 年，第 334 页。

② （宋）朱熹：《朱子全书》第 6 册，上海：上海古籍出版社，合肥：安徽教育出版社，2012 年，第 17 页。

③ （宋）朱熹：《四书或问·大学或问》，《朱子全书》第 6 册，上海：上海古籍出版社，合肥：安徽教育出版社，2010 年，第 512 页。

④ （宋）黎靖德：《朱子语类》，朱熹：《朱子全书》第 14—18 册，上海：上海古籍出版社，合肥：安徽教育出版社，2002 年，第 3692 页。

刻，正确把握事物的个性，通过归纳方法，而后才可以正确认识共性。

朱熹的格物之理的范围是很广泛的。“天地中间，上是天，下是地，中间有许多日月星辰、山川草木、人物禽兽，此皆形而下之器也。然这形而下之器之中，便各自有个道理，此便是形而上之道。所谓格物，便是要就形而下之器，穷得那形而上之道理而已。”① 朱熹关于形而上与形而下的理解既有科学的深度，也有哲学的高度。当然这里的对形而下的研究是为形而上服务的，这是自然哲学的内容。

我们知道，宋明理学的要义之一就是把世俗的情欲与纯然的天理分开，在对世俗的情欲的克制中，逐渐上升到天理的高度。他们十分看重世理与天理的区别，如朱熹所言：“此心之灵，其觉于理者，道心也，其觉于欲者，人心也。”② 虽然朱熹认可物理上人心只有一个，但是道德层面上，却分为“道心”与“人心”，而且他对这两者在境界上的区分尤为强调，他认为只有在道理上确认了这两种“心”的区别，才能在实践中经历艰难学习与受教育的过程，达到超越“人心”直至到达“道心”的境界。

对于道心的修炼就涉及“天理”的成分，在朱熹看来，天理是普遍存在于万事万物中的原则，又处处体现于具体的事物之中，所以只有对万事万物进行仔细的观察与体验之后，才会从中体悟出“理”来，即“格物致知”。当然，朱熹的这个格物的过程，是为达到“天理”，直至实现从“人心”到“道心”境界的一个必然的修炼过程。而对于这个过程中的学习，朱熹对于教育和“师儒”的价值的确认，为其教育理念拓宽了一定的生存空间。在客观上，他为当时的学习风尚的形成和氛围的营造提供了理论基础，也为观察与研究自然界提供了理论支撑，尽管这在朱熹那里并非其最终诉求。

沈括十分重视对自然界的观察，同时这一观察是为求得自然之理的。他说：“大凡物有定形，形有真数……非深知造算之理者，不能与其微也。”③ 沈括在《梦溪笔谈》的卷四、卷二十四等部分中都有对于“求理”的记载。例如，对于白居易的《游大林寺》“人间四月芳菲尽，山寺桃花始盛开”，沈

① （宋）黎靖德：《朱子语类》（四）卷 62，北京：中华书局，1986 年，第 1496 页。
② 《朱子语录》卷 62，北京：中华书局，1986年，第 1487 页。
③ （宋）沈括：《梦溪笔谈》卷 7《象数一》。

括认为："盖常理也，此地势高下之不同也。"[①]另外讨论乐律、制磬和乐器的音准等问题时，这种对自然界内在规律的追求的态度，与对宋明理学的推崇有着千丝万缕的联系。

沈括在《续笔谈》中记载了一段对话，可以看出宋人对于"理"之重视，始于开国之初："太宗皇帝尝问赵普曰：'天下何物最大？'普熟思未答间，再问如前。普对曰：'道理最大。'上屡称善。"[②]"欧阳修则通过'疑古''疑经'抛弃了汉代儒学的章句之学，直接从经典本身来阐发其义理，从而开创了义理之学。……欧阳修、王安石、司马光、苏轼等都讲自然之理；至于二程，更是要建立以'理'为核心的包括自然之理在内的理学。沈括以及当时其他科学家的求理精神正是在这种普遍的讲'理'的儒学背景中形成的。"[③]

沈括在《梦溪笔谈》中，不但记录着他为了验证一些经验的说法，按照自己的理解进行亲身体验、实地考察的经历，还记录着诸如设计巧妙的纸人实验等物理实验，"这里有一个也许并非巧合的细节：按照西方科学史家的观点，实验科学之所以能够在欧洲产生，很大程度上要归功于社会风尚对手工业劳动的认同。……在这样一个看起来几乎不可能出现任何尊重技术的思想倾向的环境中，唯独在沈括身上，却能够发现宋人中绝无仅有的对手工劳动的尊重。"[④]

乐爱国教授在《宋代的儒学与科学》一书中，对宋代的这一科学精神与宋代精神进行了研究，他认为济世精神和博学精神本身并不只是宋学所特有，或者可以认为是儒学家所共有的精神，但是济世精神、博学精神与宋代的理学精神结合在一起，就综合地表现为宋代的特质。

因此，宋代科学是在宋代精神的影响之下得以丰富和发展的。沈括代表科学家们在对自然界细致观察基础上，探寻自然之理，知其然而后知其所以然。"沈括的科学研究所体现的从济世到求理的精神，很可能就是宋代精神对

---

① （宋）沈括：《梦溪笔谈》卷26《药议》。

② （宋）沈括：《补笔谈》。

③ 乐爱国：《宋代的儒学与科学》，北京：中国科学技术出版社，2010年，第62页。

④ 苏湛、刘晓力：《十一世纪中国的科学、技术与社会》，北京：科学出版社，2016年，第265页。

于其科学研究所产生的影响，是宋学精神在科学领域中的延伸；换言之，沈括的科学研究所体现的精神构成了宋学精神的重要内容。”[①]

胡道静先生在《朱子对沈括科学学说的钻研与发展》一文中指出：“在《笔谈》成书以后的整个北宋到南宋的时期，朱子是最最重视沈括著作的科学价值的唯一的学者，他是宋代学者中最熟悉《笔谈》内容并且能对其科学观点有所阐发的一人。”[②]

笔者比较认同刘子健对于朱熹的评价，他认为朱熹“绝不是一个例外。他是屹立于两个世纪之间的伟大的决定性人物，是一场重大变化的传信人。在不止一个方面，无论是其知识的广度、智慧性，还是其学问的重要性，都使得朱熹成为11世纪儒家先行者们的同道和最成功的继承人，同时又超越了他们全体。所以，他能够引导他12世纪的同辈学人”[③]。朱熹的同时代人，没有人取得像他那样的成就。刘子健认为朱熹的伟大在于他经常触及哲学以外的领域，这一特征揭示了新儒家的一个长期性趋势：新儒家无意涉足包括被现代称为自然科学在内的其他知识领域。因此在新儒家学者的头脑中，自然科学的研究不是他们的关注点和最终目标，他们认为尽管需要“格物”以“致知”的过程，但最终和最重要的是完成修身和内心的思想修炼的目标，他们倾向于最终目的是对自身内在的寻求。当然，新儒家对中国历史的伟大贡献绝不会因此而被贬低。

宋代理学中“格物致知”的重要理念，尽管需要修身治家齐国平天下，但出发点和实现路径在于从“格物”走向“致知”，治理国家的前提基础是首先要掌握关于自然与社会的知识。宋代的义理之学与注重辞章注疏考证的汉学不同，义理之学注重知识的广博，不仅仅是书本上的知识，也要面向自然界。“宋儒治经，旨在求义理，这就需要研究儒家经典形成时期的整个社会的思想文化，更需要研究儒家经典中所涉及的各个方面的知识，需要有广博的

① 乐爱国：《宋代的儒学与科学》，北京：中国科学技术出版社，2010年，第63页。

② 胡道静：《朱子对沈括科学学说的钻研与发展》，武夷山朱熹研究中心：《朱熹与中国文化》，上海：学林出版社，1989年，第40页。

③ [美]刘子健：《中国转向内在——两宋之际的文化转向》，赵冬梅译，南京：江苏人民出版社，2014年，第151页。

知识。”[①]

同时，宋代新儒家思想已经渗透到政权当中，一般而言，新儒家是以支持朝政的姿态出现的，但也不失自己的主张，“仍然固执地表达其理想主义的一面，并继续在有限的范围之内进行自我完善”[②]。“尽管在很久以前曾经是新生事物，但是，新儒家确实老了。新儒家教义如此完全地渗透了整个文化，以致失去了变革的力量。”[③]

苏湛、刘晓力在《十一世纪中国的科学、技术与社会》一书中，定量地分析了1001—1120年宋人对科技活动兴趣的变化情况，从职业、地域、哲学观等几个方面分析了可能对宋人科技兴趣造成影响的原因，尤其对宋学精神及其演变过程进行了梳理，认为：“北宋虽然在科技成果的绝对产出量方面确实达到了一个高峰，但是支持科学技术发展的环境条件却每况愈下。相应地，科技成果产出量本身也在北宋中叶以后不断下跌。而这种衰落又与宋学的兴起以及北宋中叶以来的一系列社会、思想和政治变革遥相呼应。”[④]在笔者看来，这恰恰证明了自由与文化在民间的推动的巨大力量，当自由研究的氛围被打破时，对于科学研究的掣肘也是不容忽视的。

在这种情况下，反倒是非职业的士大夫阶层的部分成员部分地起到了枢纽人物的作用，促进了中国古代自然科学和技术知识的社会交流和进步。当时像沈括、苏轼这样对鸟兽草木、天地医卜无所不闻，公卿黎庶、僧道伎艺无所不交的全才型人物，甚至充当了在不同阶层的科学技术参与者群体之间传递知识的载体（当然主要是自下层向上层传递）。

如前所述，宋明理学的“格物”也有一个预设的心理前提，这就是“正心诚意”，即把对道德的提升作为“格物”的终极诉求，其中就隐含着将对知识的寻求转化为道德提升的工具和道路，获取知识是为道德目标服务的。“程颐在回答学生问‘进修之术’时就说：‘莫先于正心诚意’，因为格物的根本

---

① 乐爱国：《宋代的儒学与科学》，北京：中国科学技术出版社，2010年，第168页。

② ［美］刘子健：《中国转向内在——两宋之际的文化转向》，赵冬梅译，南京：江苏人民出版社，2014年，第149页。

③ ［美］刘子健：《中国转向内在——两宋之际的文化转向》，赵冬梅译，南京：江苏人民出版社，2014年，第148页。

④ 苏湛、刘晓力：《十一世纪中国的科学、技术与社会》，北京：科学出版社，2017年，第243页。

目的并不在于对宇宙万象的理解，而在于提升自己的道德心性。”[①] 正如程颐自己说的：“观物理以察己。”[②] 正是在“观物理以察己”这种思路上，理学家提出学问的终极目标是穷理尽性。“理也，性也，命也，三者未尝有异，穷理则尽性，尽性则知天命矣。”[③]所谓“穷理尽性”的含义，便似乎成了体验与探究万事万物之“理”，以凸显人的自我本真的“性”，而格物穷理的终极目标，也就成了对内在心性的探寻。[④]

张载在解释《说卦》时，就说：“穷理尽性，言性已是近人言也，既穷物理，又尽人性，然后能至于命，命则又就己而言之也。”[⑤] 于是“理”的意义便逐渐聚焦于内在的伦理上，并内在于人性中，成为生命价值的“为己之学”。因此，在近代科学的意义上，对于自然界的观察与体验，在宋代的研究群体中，并未出现技术研究的高峰，仍属于实用的“器物”层面，或者为商业发展所必需的应用，由于社会主流对“道心”的修为的倡导，即使有些研究已进行至系统阶段，但这只是作为实现“道心”修为的一个学习过程和阶段。

本章探讨了宋明理学在宋代的生成和发展，以及其对中国传统文化的塑形过程，分析了宋代科举制度和南宋书院的复兴对于宋代文化乃至中国文化的重要作用，提及了制度层面的内容，那么西方学者是如何看待这一问题的呢？

按照美国学者托比·胡弗在《现代科学为什么诞生在西方》中的观点，现代科学革命既是一场制度革命，也是一场智识革命，全书也就围绕智识的演进展开，运用默顿的科学精神范式来分析现代科学的兴起，借鉴经济学的“制度”概念，从制度层面上来解释近代科学的诞生。而制度的缺失恰恰是托比·胡弗在回答题目所设定的问题时，关于“李约瑟难题”的核心答案，也是托比·胡弗所着力论述的。托比·胡弗指出，尽管我们不能否认中国在近古时期所取得的辉煌成就，但是正如经济学家所提醒的，“制度”至关重要，缺乏这一环，即没有了种子发芽的适宜土壤，卓越智识的成熟科学也就无法

① 李晓虹：《理善、性善与程颐的成圣之道》，《郑州大学学报（哲学社会科学版）》，2008年第5期。

② 程颢、程颐：《二程集》，北京：中华书局，2004年，第193页。

③ 程颢、程颐：《二程集》，北京：中华书局，2004年，第274页。

④ 葛兆光：《中国思想史》第2卷《七至十九世纪中国的知识、思想与信仰》，上海：复旦大学出版社，2001年，第207页。

⑤ （宋）张载著，章锡琛点校：《张载集》，北京：中华书局，1978年，第235页。

生根发芽，成材成林。

当然，中国古代不是没有制度，只是促进和保障科学产生的制度相对匮乏，犹如缺乏近代意义上的科学种子萌芽的条件，如适宜的土壤、气候等。同时，托比·胡弗参考了其他学者的观点，认为也许正是中国传统文化中的“制度”土壤的部分缺失，才在相当的程度上阻碍了近代科学萌发。

托比·胡弗列举了科举制度的“三宗罪”。其一，科举制度只注重对人文知识的考量，缺乏对自然界探究的鼓励制度，使关于自然科学的研究被拒之于中国所谓的正统之外。其二，科举制度所考评的海量的记忆和对古典书法的掌握，阻碍了智识的创新。当然，尽管在两千多年的时间里，这一体制确实曾有效地选拔了诸多的优秀人才，但最终又将他们从科学研究引向了行政事务，这让托比·胡弗不由地想起“学而优，则仕”这句“名言”，这是第三宗罪。另外，托比·胡弗还指出中国当时的当权者对学术机构的政治干预与管制，这与伊斯兰翻译运动中的哈里发们对科学研究的支出和鼓励，形成了鲜明的对比。

托比·胡弗认为，古希腊哲学、罗马法及基督教神学三者融合的产物——书中是这样表述的——为形成人与自然在根本上合乎理性的信念奠定了基础。更为重要的是，中世纪社会的文化和法律机构为这种新形而上学综合提供了一个制度化的家园，这就是大学。它们一起为中立制度空间的创立奠定了基础，在这个自由、开放、中立的空间里，知识分子才有了探究各类知识的场地，随之科学、经济、政治大踏步发展。正如上一章所论述的，在近代的西方，由于具备了“软”“硬”件都齐全的空间，其中“硬件”即大学，“软件”即自治制度，这是近代科学诞生的必要条件之一，到了文艺复兴时期，各种各样的因素相会合，才最终促成了近代科学革命的爆发。

尽管托比·胡弗关于科学与社会的探讨是对历史的反思，并且把大多数因素都最终归因于制度的缺失，有以偏概全之嫌。但对于科学已成为独立社会建制的今天来说，如何为科学发展和可持续营造适宜的“制度”的气候与土壤？抑或是要想让科学能够飞得更高、更远，需要怎样的制度之翼？这些问题确实值得我们深思……

另外，对于科学技术的研究是为人类生命质量的提升服务的，学界对此有很多研究，呈现出工具论、价值论等观点，但其实，追求最终的境界的提升未尝不是一个重要的选项。从这一点来看，宋学或许值得我们再进一步研究和拓展。当然，我们在探讨这一话题时，需要充分考虑当时的政治情境，因为一旦从知识的话语权力转变为权利的知识话语，就会限制思想与知识的开放性，自由及自身的批判性，由此甚至会迷失方向而丧失未来成长的可能空间，这对于人性是极大的考验。在古代中国，从北宋到南宋，知识界也经历了这样的过程。由此更显现出制度对权力的约束，以及秩序对人性规约的重要性。

宋代文化繁荣的背后，是诸多因素的共同促进，从商业的迅速发展，到文官制度的实施，从政治的开明到市民阶层的崛起，大量城镇的出现，从固守农耕的土地到商业贸易的发展，包括由于政治的原因而倒逼出的海上贸易的繁荣。从横向的商业流动的迁徙，到科举制度改革为平民百姓所开拓的，纵向上为平民阶层的跃升提供前所未有的宽广与通畅，在竞争度和开放度上都较从前有明显的增强，为宋代社会的文明进步开辟了道路，从而打破了原有的社会阶层的板块固化，松动了封建专制的土壤，为现代文明打开了缝隙，造就了宋代的文化、教育与科技。

从这个意义上看，如果认为晚清是被现代化的，那么两宋则是自发现代化。宋代的平民化社会是一个根本的内生动力，20世纪，北宋画家张择端留下的令人惊艳的《清明上河图》长卷及和他同时代的文人孟元老的《东京梦华录》，为我们图文并茂地展示和勾勒了宋代“街道交错纵横，居民鳞次栉比，商铺百肆杂陈，酒楼歌馆遍设，招牌幡幌满街，商旅云集，车水马龙”[①]的一派繁荣景象。这样才出现了整个社会的基础的、全方位的发展，而这一平民化的前提是宋代政府一系列开明的政策与法规的落地。

---

① 吴钩：《宋：现代的拂晓时辰》，桂林：广西师范大学出版社，2015年，第3页。

结语：意犹未尽——可期的未来

一、科学的人文本性

美国学者爱德华·格兰特在《现代科学在中世纪的基础》一书中，将现代科学的早期基础归结为背景前提和实质前提两类，其中的背景前提包括翻译、大学、神学家-自然哲学家三个要素，其实这三个要素都与伊斯兰文明密不可分。

第一个要素是翻译，爱德华·格兰特这里说的“翻译”包括希腊-阿拉伯的科学和自然哲学著作12、13世纪被译成拉丁文。这里面奠基性的工作就是希腊-阿拉伯科学的形成，后来传入西方。“虽然没有这希腊-阿拉伯遗产，西方科学或许也能发展起来，但现代科学即使诞生，也肯定会推迟几个世纪。”①

第二个要素是大学，这里的大学尽管指的是中世纪欧洲的大学，但是伊斯兰的高等学府也是研习科学的主要场所。

第三个要素更是有直接的关系，爱德华·格兰特的内容包括中世纪伊斯兰教和自然哲学、伊斯兰自然哲学和西方基督教自然哲学；拜占庭帝国的科学和自然哲学。而伊斯兰哲学与基督教在阿拉伯帝国时期有着很多的交集。②

进入文艺复兴时期之后，艺术、宗教和哲学对近代科学的兴起产生了不容忽视的影响。特别是现代文化背景中的若干关键点：文艺复兴、宗教改革

---

① ［美］爱德华·格兰特：《近代科学在中世纪的基础》，张卜天译，长沙：湖南科学技术出版社，2010年，第210页。

② ［美］爱德华·格兰特：《近代科学在中世纪的基础》，张卜天译，长沙：湖南科学技术出版社，2010年，第215—226页。

和启蒙运动，对近代科学的产生与发展起到了重要的作用。

艺术作为人类文化的摇篮之一，在人类思想的攀升进程中扮演了重要的角色。尤其是到了文艺复兴时期，艺术上的复古与创新所营造的氛围，为近代科学的学术传统不仅树立了榜样而且做了良好的铺垫。被艺术所强化的现世主义，不再停留于论证既有的结论，而是鼓励人们主动地探索自然和未知世界，最终发现了世界，也发现了人，进一步为近代自然科学的诞生准备了条件，在开启人类心灵之门的同时，也启动了近代科学之门！

宗教在西方文化思想的进程中有着重要的塑造作用。宗教在为自身寻求发展的同时，无意间也为近代科学的产生和发展提供了土壤、营养和环境，从而成为重要推力之一。宗教改革涉及上帝观、自然观和人性观三个层面的重大转变。这三个层面的重大转变都直接或间接地为近代科学之树的破土而出松动了土壤，输送了营养，并与其他人文背景一起为近代科学之树的萌发提供了适宜且必要的环境。

宗教改革及其余响改变了人们对上帝、对自然界及对人本身的态度，人与上帝、人与自然界、人与人的关系也随之发生变革，这三个方面的改变使人的主体性得到明显的提升，进而把人的心灵从原来的禁锢状态中释放出来，同时在宗教层面上对“经验”给予认同和强调。宗教改革让人们认识到，每个信徒都可以亲自体验上帝，依靠个人的经验去感受上帝的恩惠，将中世纪观念认为的人与上帝之间不可逾越的藩篱打破，启蒙了人依靠自己的信心就可以直接接触上帝的观念。因而，宗教改革在宗教意义上为人们认识世界播下了经验的种子。罗吉尔·培根的经验主义观点中的“经验”包括宗教体验的含义，包含着对经验的重视和经验意识的增强。人类凭借自身的努力去亲历上帝，凭借自身的经验来感知上帝的恩惠，这是对人的经验的一种认同。

宗教改革的洗礼把人的主体性认识彰显出来并提升到一定的高度，由原来的超验的上帝，转向经验的上帝，并显示出经验或者个人的经历的重要价值，人可以以此积极主动地争取得到上帝拯救的机会。事实上，从宗教上来看，由“超验”向“经验”的转变，在自然观和人性观上也都经历了这样的过程，这给人们的心灵、精神、政治、经济带来了巨大的变化，并且与其他因素，诸如艺术、政治、经济、哲学等因素结合在一起，一道为近代科学之树的产生准备了适宜的土壤与气候。

同时，宗教改革十分强调个人信仰的重要性，以及对带着这种信仰积极地参与在世的工作的认可和赞赏，这种态度对自然科学的研究有着重要的意义。如果说中世纪更注重“来世”，那么宗教改革则既有“来世”也有“现世”，借助于对“现世”的积极生活态度与“善行”（此处的“善行”与宗教改革前天主教的“善行”不同），为“来世”积累功德，而“来世”则需要依靠“现世”的信心。如果“来世”是人们的目标，那么“现世”的所作所为就是到达美好“来世”的“桥梁”，这座“现世”的桥建得好与坏直接决定着是否能通往并顺利到达“来世”的美丽世界。这种从信仰层面对人的积极主动性的启蒙与开发，也就是鼓励人可以自己去改变自身的命运与人们探索自然界的主动性是合拍的。正如默顿曾总结的：“恰恰就是清教主义在超验的信仰和人类的行为之间架起了一座新的桥梁，从而为新科学提供了一种动力。”[①]宗教改革运动思潮已然为这座桥梁设计了框架并打好了地基。

本书重于考察近代科学产生起点上的宗教改革背景，以及其在历史进程中曾给予近代科学的冲击和为自然科学提供的人文动力，即使是反面的，也是值得我们深思的。因为从社会系统论的角度看，这些临界点上的微调往往会成为系统突变的重要因子。当然，这并不能必然地推出科学与宗教不存在冲突的结论，更不是否认宗教曾给科学带来的阻力，因为在宗教改革时期，以人为中心的世界观与以神为中心的世界观仍然不时呈现出尖锐的冲突，宗教压制科学的事件依旧存在。与中世纪相比，这个时期由于教派林立，基督教不同宗派对异端的压制甚至有过之而无不及。但无论如何，宗教改革对近代科学的冲击是不容忽视的，尤其是宗教改革的余响对近代科学发展的影响，从文化的角度来看甚至可以说是重要的，这一点是毋庸置疑的，也是值得研究的。

启蒙运动是近代科学勃兴不可忽视的推动力量。启蒙运动在认识论、方法论和价值论上对近代科学产生了影响。同时，启蒙思想家能够紧扣自然科

---

① ［美］R. K. 默顿：《十七世纪英国的科学、技术与社会》，范岱年、吴忠、范效东译，成都：四川人民出版社，1986年，第121页。

学发展的脉搏，并随着自然科学的发展不断调整与发展，时刻跟踪自然科学发展的动向调整思路与方法。这就进一步为自然科学的发展做好了准备，此时的近代科学不再像文艺复兴和宗教改革时期那样，需要在艺术和宗教中为自身发展寻求庇护。

正如本书所探讨的，艺术为近代科学的产生准备了思想动力，宗教成为人类探索自然界之神秘的动机。因为艺术的现实主义手法所强化了的现世主义，加上宗教的认识自然就是认识上帝的教义，在文艺复兴和宗教改革的强大推动下，使信徒把潜心研究自然界作为终生为之献身的神圣职责。哥白尼、伽利略、开普勒、莱布尼兹、牛顿等著名近代科学的开创者，就是在这种观念的鼓励之下走上科学研究道路的。他们认为从事科学研究工作是促进人性之善的，是改变人类在世的命运。于是，艺术在现实主义手法与宗教的现世主义的相叠加和互动中，共同构成了科学家从事科学研究的思想感情动力。如果说文艺复兴和宗教改革运动为近代科学的产生准备了土壤，那么启蒙运动为近代科学大树的茁壮成长除了准备土壤、阳光与雨露之外，还有自由的空气，即科学研究者的思想观念相对自由，不像中世纪那样处于被压抑状态。

文艺复兴时期借助于主流艺术的形式，揭示中世纪天主教会的贪污腐化，推动了宗教改革，卸掉了人类的精神枷锁。启蒙时代则更在意于将更多的观念散布和远播出去，放到公共空间上，更现实地表现人的心情，直接达至心灵深处。百科全书的出版与发行，直接使知识不断地渗透到各个领域，为人类的心灵开辟了更广阔的舞台，启蒙运动放飞了人的心灵！

艺术，尤其是文艺复兴时期所彰显的心灵的自由、复古与创新所营造的氛围与治学传统；宗教，尤其是宗教改革及其之后的清教主义对现世生活世界的积极主动探寻的科学态度；哲学，尤其是从近代哲学转向到启蒙运动的经验与理性完美结合的方法体系的形成，都在一定程度上为近代科学从“形而上”到“形而下”的全面孕育，准备了充足的条件与丰厚的滋养。从一定意义上说，没有人文背景的文化铺垫，就没有近代科学之树生发与滋长所根植的土壤！

同时，中世纪是科学进程中不可或缺的一环，进一步追溯中世纪对近代科学的积淀，近年来此类研究正多起来。

从世界文明史的范围来看，中国古代有着辉煌的文明，在某些方面甚至领先欧洲文明上百年，毋庸置疑，东方文明为近代科学孕育也输送了养分。

二、中国优秀传统文化的可期未来

本书探讨了宋代文化与科技的生成和发展及对中国传统文化的塑形过程，分析了科举制度及在宋代尤其是南宋的书院的复兴，对于宋代文化乃至中国文化的重要作用。

科学主义盛行和科学的人文缺失所带来的弊端正在凸显，文化对于治愈现代科学弊端的重要价值越来越成为普遍共识。我们的任务是：深入挖掘中国古代辉煌文明的动力与机制，研究中国优秀传统文化的人文独特性优势，使中国文化焕发出新的活力与生命，并真正彰显出其独特魅力和价值……

本书通过对近代科学的产生与发展的文化背景的考察，希望以有力的事实证据佐证近代科学观与后现代科学观的偏颇，力图塑造一种新的科学观、文化观和教育观；有助于在事实上作为科学与人文相融合的佐证，从而在内涵上真正促进科学与人文的融合，进而促进整个人类文化的普遍繁荣与和谐发展，促进社会的全面进步和人的全面发展。试图从人文情境的角度寻找近代科学发展所带来的困境与病症的人文疗愈的可能路径。尤其是在方法论层面上，寻求中国优秀传统文化的思维方式或许会成为解决部分人类社会问题的一剂良方的可能性。正如本书所探讨的，艺术体现的是文化素质，全社会的整体实力由全民的素质来体现，或可简称“民质”，整体地反映社会的“软实力”。信念或信仰，虔诚做事和恭敬做人的前提，即国民的信仰，简称为“民信”，反映的是国民的境界。哲学的思维反映了时代的脉搏。近代启蒙思想家们的影响，反映了时代的思维方式，是时代前进的原动力，国民的思维方式简称为“民思”。这三个要素协同作用构成人类文化智识的动力结构，构成民族文化的智识系统。透过科学史的研究，让我们了解到保持虔诚的信仰、高雅的心境、科学的思维方式，三者协同作用，是保持民族文化的内在的生态和谐的重要条件。唯其如此，才能在抑郁时驱除人的心灵之雾霾，才能不断地为时代、为民族精神、为社会输送能量和活力。

由于本书研究具有多学科兼容的特点，尽管在学科交叉和边缘地域很欣喜地发现值得研究的新生长点，但要在厚重且纷繁复杂的历史中抽丝剥茧地理出清晰线索，无疑是一种挑战，而文献梳理和挖掘更是一项浩大且艰巨的工程，需要在史料中深耕，需要思想的积淀，并不断地聚焦和凝炼，但做的还是远远不够，其实，这一研究也许会一直处于在路上的状态，我们能够做到的也只能是管中窥豹。